MARCO ZERO

MARCO ZERO

JOE VITALE

Tradução de Alice Klesck

Rocco

Título original
AT ZERO
The Quest for Miracles Through Ho'Oponopono

Edição original publicada por John Wiley & Sons, Inc., Hoboken, Nova Jersey
Publicado simultaneamente no Canadá

Copyright © 2014 by Joe Vitale
Todos os direitos reservados.

Nenhuma parte desta publicação pode ser reproduzida, armazenada em sistemas ou transmitida por meio eletrônico, mecânico, fotocópia, gravado, escaneado, entre outros, exceto quanto à autorizada em conformidade com as Seções 107 e 108 de 1976 do United State Copyright Act, nem tampouco sem a prévia autorização por escrito do proprietário, ou permitida através de pagamento de taxa acordada para o uso do material ao detentor dos direitos autorais: Copyright Clearance Center – 222 Rosewood Drive, Danvers, MA 01923, (978) 750-8400, fax (978) 646-8600 ou pelo website: www.copyright.com.
Os pedidos de autorização devem ser endereçados ao Permissions Department, da John Wiley & Sons, Inc., 111 River Street, Hoboken, NJ 07030, (201) 748-6011, fax (201) 748-6008, ou online pelo www.wiley.com/permissions.

Copyright edição brasileira © 2014 by Editora Rocco Ltda.

"Edição brasileira publicada com autorização
do editor original John Wiley & Sons, Inc."

Direitos para a língua portuguesa reservados
com exclusividade para o Brasil à
EDITORA ROCCO LTDA.
Rua Evaristo da Veiga, 65 – 11º andar
Passeio Corporate _ Torre 1
20031-040 – Rio de Janeiro – RJ
Tel.: (21) 3525-2000 – Fax: (21) 3525-2001
rocco@rocco.com.br|www.rocco.com.br

Printed in Brazil/Impresso no Brasil

Preparação de originais
FÁTIMA FADEL

CIP-Brasil. Catalogação na fonte.
Sindicato Nacional dos Editores de Livros, RJ.

V821m   Vitale, Joe, 1953-
　　　　　Marco zero: a busca por milagres por meio do Ho'oponopono/Joe Vitale; tradução de Alice Klesck. – 1ª ed. – Rio de Janeiro: Rocco, 2014.

　　　　　Tradução de: At zero.
　　　　　ISBN 978-85-325-2916-9

　　　　　1. Vida espiritual. 2. Sucesso - Aspectos religiosos. I. Título.

14-10995
　　　　　　　　　　　　　　　　　　　　　　　　　　　　　　CDD–204.4
　　　　　　　　　　　　　　　　　　　　　　　　　　　　　　CDU–248

Para Morrnah Simeona,
que carinhosamente nos deu o Ho'oponopono

ISENÇÃO DE RESPONSABILIDADE

A informação neste livro não tem a intenção de diagnosticar, tratar, curar ou evitar doenças. Se você tem algum receio quanto à sua saúde, deve sempre procurar um médico ou outro profissional de saúde. O autor e os editores oferecem este material para sua educação, diversão e inspiração.

INVOCAÇÃO DO AUTOR

Ó Mente Divina Infinita,
Através de meu amado Eu Superior,
Purifique essa unidade de toda negatividade,
Tanto por dentro quanto por fora,
Para que eu possa ser um recipiente
perfeito para Sua Presença.

Sumário

Prefácio – Minha experiência com Morrnah Simeona 11

Agradecimentos 19

Introdução – No começo 21

  1 Jogando merda 29

  2 Você jamais será o mesmo 37

  3 Morrnah é maluca? 47

  4 O verdadeiro Ho'oponopono poderia, por favor, se apresentar? 57

  5 De quem é mesmo a culpa? 63

  6 De onde estão vindo esses programas? 67

  7 Botão de controle: o efeito placebo 70

  8 O Espelho Secreto 78

  9 A Lei da Atração *versus* Ho'oponopono 85

10 Mesmo assim... intenções são para os bolhas! 95

11 Caixa de desejo ou caixa de presente? 100

12 A arte de não atrair 105

13 Novos métodos de purificação 109

14 Algum problema? 119

15 O quinto milagre 125

16 Mais segredos de eventos Limite Zero 130

17 Isso aconteceu mesmo? A mentira cabeluda 135

18 Como iniciar sua própria religião 142

19 O milagre do Ho'oponopono 148

Epílogo – Pegando o "jeito" 153

ANEXO A – Perguntas e respostas do Ho'oponopono 157

ANEXO B – A meditação do quadro branco 161

ANEXO C – Uma entrevista com o dr. Joe Vitale 167
Por Kory Basaraba

ANEXO D – Limite Zero: Perguntas e respostas 198

ANEXO E – Dr. Hew Len visita sua criança interior 203

ANEXO F – Lista de lançamento detalhado do Ho'oponopono 215
Por Saul Maraney

ANEXO G – Histórias de sucesso 245

Fontes 279

Bibliografia 281

PREFÁCIO
Minha experiência com Morrnah Simeona

Quando Joe Vitale me pediu para dividir minha experiência sobre Morrnah Simeona – a magnífica *Kahuna Lapa'au* ("Sarcerdote que cura com palavras" e "Guardião de Segredos", no folclore havaiano) –, imediatamente comecei a sentir uma paz profunda e um senso de leveza que sempre senti perto dela. Ela era um ser humano magnífico que lembrava minha avó materna, Amelia, que me criou no Chile e tinha um amor incondicional por mim.

Claro que não foi preciso estar muito tempo perto de Morrnah para saber que ela era especial – muito especial! Ela fluía – a natureza mudava ao seu redor. Ela estava sempre oferecendo auxílio com qualquer coisa que alguém precisasse – ela o olhava como se visse muito mais que seu corpo físico. Era uma verdadeira curadora.

Em 1984, ela veio morar em nossa extensa propriedade, na La Jolla Farms Road – uma área muito privativa de La Jolla (condado de San Diego), Califórnia. Havia quatro casas separadas no terreno – incluindo a linda casinha, onde ela ficou, por três meses.

Depois que ela já estava morando ali, havia algumas semanas, todos vinham até a propriedade perguntar se tínhamos um novo jardineiro – se tínhamos feito algo diferente com o paisagismo –, tudo estava tão vivo, vibrante e lindo. A própria natureza mudou ao redor dela. Para mim, com meus trinta e poucos anos, foi uma experiência misteriosa, quando estava apenas aprendendo a respeito dos princípios espirituais que regiam a Terra desde a eternidade.

Em algumas ocasiões, quando eu regressava de turnês da Money & You, ela me dava tratamentos especiais avançados de Ho'oponopono para purificar minha energia. Depois me sentia como se tivesse tomado um banho. Era verdadeiramente divino. Ela estava constantemente me incentivando a fazer o processo e pronunciar a palavra *Ho'oponopono*.

Morrnah era decididamente especial.

Ela era da linha dos Kahunas e optou por modernizar o processo Ho'oponopono (parte dos antigos ensinamentos da Huna havaiana) para ajudar os seres humanos a se libertarem de traumas e dramas presos no subconsciente que afetam todos os momentos de nossas vidas... um processo muito poderoso.

A decisão de Morrnah de abrir o "segredo" tão firmemente fechado pelos havaianos, há muitas gerações, não a tornou muito afeiçoada em determinados meios – e ela ficou um pouco isolada, em alguns. Morrnah era uma amante da humanidade que apoiava todos os seres humanos para se libertarem do comportamento inconsciente, apoiando a "purificação" profunda do subconsciente. Ela era corajosa e clara em seu propósito, que era ensinar as pessoas a se libertarem de suas próprias limitações, cortarem as *cordas aka* que haviam sido criadas havia séculos e terem um alinhamento da família interior:

O Aumakua: Au: banho/nado
Makua: pai (banhado pelo Espírito Santo)
O Uhane: mãe (mente consciente)
O Unihiipili: filho (mente subconsciente)

Aprendi que simplesmente dizer a palavra Ho'oponopono purifica o espaço, me purifica imediatamente.

Mas deixe-me contar como conheci Morrnah.

Meu amado amigo Eric Smith, que foi criado em Hilo, na Big Island, Havaí, me apresentou a ela e à aula de Ho'oponopono que ela estava ministrando, junto com o dr. Stan Haleakala (outro ser humano magnífico, agora conhecido como dr. Hew Len), em Los Angeles, em algum momento de 1983. Tenho a sensação de que foi em novembro, meu mês preferido do ano – não somente por ser o mês do meu aniversário, mas porque é uma época linda, ao redor do mundo, outono no hemisfério norte e primavera, no hemisfério sul.

Foi um momento muito especial – um fim de semana para jamais ser esquecido.

A turma tinha todo tipo de gente maravilhosa, incluindo tipos hollywoodianos, como a atriz Leslie Ann Warren (que participou da série de TV *Will & Grace*, como amante do pai de Will). Ela é uma pessoa adorável.

Era um grupo divertido, e nós decididamente nos entrosamos, durante aqueles três dias de purificação, e de rompimento das *cordas aka* que são criadas, conforme nos apegamos às pessoas, lugares e coisas. O processo exigia que escrevêssemos listas e mais listas: nomes de pessoas, que incluíam praticamente todas com quem tivéssemos um relacionamento, de quem pudéssemos nos lembrar e que nos causaram efeito; lugares onde havíamos vivido; veículos que tínhamos utilizado; situações que nos magoaram e aqueles a quem magoamos – todas as experiências humilhantes que pudéssemos pensar. Toda vergonha e culpa que você guardava no subconsciente era incentivada a ser escrita.

Dizer que o lugar ficou desconfortável é pouco!

Foi particularmente interessante escrever a lista de pessoas com quem se teve contato sexual. Foi quando assimilei a enormidade e importância de se proteger a energia. Fazer sexo com alguém é a forma mais veloz de captar não somente a energia de seu parceiro, mas de todas as pessoas com quem aquela pessoa já teve contato sexual – potencialmente, isso pode representar a energia de centenas de pessoas, conforme vocês fazem sexo com outra pessoa!

Ela e Stan eram excelentes professores. Eles ensinavam contando histórias maravilhosas e contos de muitas pessoas a quem haviam ajudado, ao longo dos anos. Há muitas a serem compartilhadas aqui, mas uma que achei interessante foi que Morrnah adorava o ator Tom Selleck, astro do programa televisivo *Magnum PI*, que era filmado no Havaí.

Morrnah estava sempre "purificando" Tom Selleck. Eu o conheci um ano antes, no Havaí, e não pude deixar de pensar que ele era muito abençoado em ter alguém como Morrnah constantemente a purificá-lo. Quando ele deixou os holofotes para uma vida bem mais tranquila, com a nova esposa e filha, não pude deixar de pensar se ele não havia sido influenciado pela prece do Ho'oponopono. É bacana vê-lo de volta no seriado de TV *Blue Bloods*.

Ela compartilhou conosco que atores/celebridades/astros do esporte/políticos – os que estão na visão do público – particularmente correm perigo energético por conta de todas as projeções que são focadas na direção deles. Essas pessoas podem potencialmente possuir milhões de *cordas aka* por causa de toda a atenção, as projeções sexuais, projeções positivas e negativas – todos os pensamentos de fãs que diminuem sua força vital, seu poder pessoal e a capacidade de se manterem purificados.

Nossa, isso foi bem intenso de se ouvir! Comecei a imaginar se esse não seria o motivo para que belos símbolos sexuais como Marilyn Monroe tivessem uma vida tão difícil!

Comecei a ver as coisas de forma diferente.

Minha vida mudou depois daquele fim de semana. Eu me senti como se tivesse tomado um "banho com a duração de uma vida inteira" – que minha energia tinha sido purificada para sempre – e que era minha responsabilidade manter minha energia purificada. Tenho meu "resumo" do processo de Ho'oponopono constantemente comigo. Tem ficado atrás do meu calendário anual de eventos, desde os anos 80. Faço cópias dele e coloco em meu computador, iPad e iPhone. Foi-nos ensinado que deveríamos deixar nosso livro Ho'oponopono aberto, em nossos carros, para ensinar o "subconsciente do carro" a se manter limpo. Não posso deixar de achar que isso ajudou. Não tenho um acidente de carro desde um, bem pequeno, em 1976, antes do Ho'oponopono!

Tenho feito o processo Ho'oponopono em todos os lugares do mundo por onde viajei, exceto Bali, na Indonésia. Comecei a fazer lá e uma sensação muito forte disse "não". Mais tarde, fiquei sabendo que o eu me havia guiado corretamente. Bali tem seus rituais próprios – sua própria energia. É sempre bom seguir seu guia interior.

Da última vez que falei com Morrnah era meados de 1989. Meu então sócio profissional, Robert T. Kiyosaki (da série *Rich Dad/Poor Dad*), e eu regressamos à Big Island do Havaí para ministrar nossa Excellerated Business School® para empresários, no então Kona Surf Resort (já mudou de dono, algumas vezes) – uma propriedade magnífica, ao lado de Keauhou Bay.

Eu liguei para Morrnah para que ela pudesse pegar um voo até a Big Island (que sabíamos que ela amava) e abrir a turma com a prece Ho'oponopono. Ela disse: "Meu bem, estou cansada demais... não estou tão bem como antes... você faz."

Fiquei estarrecido, pois me foi dito por uma grande Kahuna para liderar um processo público de Ho'oponopono, diante de um grupo muito bem-sucedido de empresários. Eu me senti meio incerto, com uma responsabilidade tremenda, de conduzir a prece. Ela me garantiu que toda a região – a baía, o complexo hoteleiro e a Big Island – havia sido programada com a prece e que eu não tinha com que me preocupar, que faria um ótimo trabalho. Eu me sentia tranquilo e pronto, e fiz um bom trabalho – como deixaria de fazer, se estou fazendo o Ho'oponopono!

Dali em diante, conduzi todas as preces Ho'oponopono em nossas aulas e além. Ganhamos muito movimento e muito sucesso. Não voltei a falar com Morrnah pessoalmente.

Alguns anos depois, descobri que havia falecido no começo de 1992. Embora eu tivesse ficado entristecido por não poder mais pegar o telefone e falar com ela, nem ter um de seus tratamentos maravilhosos, nem aprender aos pés dela, ainda sentia sua presença – como sempre.

Ela é e sempre será uma força maravilhosa em minha vida. Realmente sinto seus ensinamentos – os ensinamentos do dr. Haleakala – e a prece teve um impacto tremendamente positivo em minha vida e meu negócio.

Parte da prece é Paz do Eu:

Que a Paz esteja com você, toda a minha Paz.
A Paz que é o eu, a Paz que sou eu,
A Paz contínua, agora e para sempre.
A minha Paz, eu lhe dou, minha Paz eu lhe deixo,
Não a Paz do mundo, mas somente a minha Paz.
A Paz do Eu.

Ela nos ensinou que ao entrarmos em nosso carro ou em um avião, um trem ou qualquer veículo devemos cercá-lo com 300 milhões de Paz do Eu. Particularmente me lembro disso quando embarco em aviões – e durmo profundamente. Sei que estou sendo protegido.

Tenho muitas histórias de Ho'oponopono para contar – um número grande demais para esta edição –, mas podem ter certeza de que, pelos últimos trinta anos, posso honestamente dizer que a prece do Ho'oponopono tem sido uma força tremendamente orientadora (e protetora) para mim.

A palavra *Ho'oponopono* está constantemente em meus lábios. Já a utilizei em ocasiões felizes e tristes. Sei que o alinhamento da minha família interior é crucial para minha paz de espírito, para a clareza mental que preciso para administrar uma empresa global e para atrair os parceiros profissionais maravilhosos que já possuo há décadas, as pessoas incríveis que lecionam nossos programas, as pessoas que participam, a fantástica rede de contatos que tenho – e o amor e a ligação que tenho com meus entes queridos.

Meu sucesso e prosperidade decididamente foram impulsionados pelo trabalho duro e o uso de princípios conscienciais e profissionais sólidos que ensinamos – e não há dúvida de que o vento que impulsiona minhas asas é o Ho'oponopono.

Citando o final da prece:

Que o eu continuamente abençoe todos os envolvidos no processo do Ho'oponopono.
Somos libertados e pronto! Agora estamos no Abraço do Divino Criador...

Aloha!
– DAME   D.C. CORDOVA
Diretor executivo da Excellerated
Business Schools® para Empresários
Programa Money & You®
http://www.Excellerated.com

Agradecimentos

Serei eternamente grato ao dr. Hew Len por pessoalmente me ensinar o Ho'oponopono, ser coautor de *Limite zero* comigo, dividir a liderança dos eventos Limite Zero comigo e se tornar meu mentor. Inúmeras pessoas me ajudaram a criar este livro, desde a ajuda editorial de Suzanne Burns e Mathes Jones até as contribuições de D.C. Cordova, Saul Maraney e Kory Basaraba. Também sou grato pelo incentivo e apoio dos meus amigos, especificamente Lori Anderson, Victoria Belue Schaefer, Daniel Barrett, Mathew Dixon, Mary Rose Lam, Michael Abedin e Bruce Burns. Serei sempre grato à equipe de John Wiley & Sons, Inc., principalmente a Matt Holt por acreditar em meu trabalho. Também quero agradecer à minha equipe do Miracles Coaching®, na Prosper, por ajudar as pessoas a aprenderem e praticarem corretamente o autêntico Ho'oponopono. E, claro, sempre agradeço a minha esposa e parceira de vida, Nerissa, por demonstrar amor e apoio sempre. Se eu me esqueci de alguém mais, por favor, me perdoe. Finalmente, agradeço a você, leitor, por estar aberto a receber esta inspiração. Eu lhe dou este livro com todo meu coração. *Aloha Nui Loa.*

INTRODUÇÃO

No começo

Nós podemos recorrer à Divindade, que conhece nossa composição pessoal, para nos curar de todos os pensamentos e lembranças que nos retêm nesse momento.

– MORRNAH SIMEONA

Eu estava errado. Muito errado. Quando terminei de escrever o livro *Limite zero*, esperava que o mundo me agradecesse. Sabia que a história era inspiradora. Sabia que era milagrosa. E sabia que tinha de ser contada.

Mas nunca imaginei que algumas pessoas a detestariam – e a mim.

Mas o dr. Hew Len sabia. Quando eu lhe contei que nosso livro estava concluído, ele disse: "Quando for lançado, vão jogar merda no ventilador." Eu não sabia o que ele queria dizer. Mas era mais esclarecido do que eu. Ele estava no momento e viu o futuro. A história se desenrolava para ele. Pra mim, ainda estava escuro. Quando o sol saiu, meus olhos doeram.

Resolvi escrever esta sequência por dois motivos: primeiro, para explicar mais a mensagem de *Limite zero* (e o que aconteceu, como resultado de sua publicação), e, segundo, para lhe dar mais métodos secretos avançados do autêntico Ho'oponopono.

Perguntei ao dr. Hew Len sobre a minha ideia. Ficou relutante, pois tinha sido repreendido pelos mais velhos do Ho'oponopono por revelar seus segredos. Não queria passar por tudo aquilo novamente. Para ele, é possível mudar o mundo simplesmente purificando-o. Para mim, eu precisava vencer a causa. Ainda queria que o mundo soubesse sobre essa ferramenta incrível. Decidi que escreveria este livro sozinho, mas, dessa vez, sem o dr. Hew Len como coautor.

Mas, antes de entrarmos neste livro, deixe-me lhe dar uma visão geral do início.

Tudo começou antes de *Limite zero* sequer ser publicado. Antes que eu tivesse entregado o manuscrito ao editor, o livro se tornou um bestseller no Amazon. Como? Ele estava listado para pré-lançamento na famosa loja on-line, mas um resumo do livro estava circulando na internet por pelo menos um ano. Milhões de pessoas viram – e, portanto, muitas mais pré-encomendaram o livro e ele se tornou um bestseller, antes mesmo que o editor o recebesse.

Aqui está o artigo que circulou na internet, em 2005, e fez com que milhões de pessoas quisessem o livro:

O terapeuta mais incomum do mundo

Três anos atrás, eu ouvi falar sobre um terapeuta do Havaí que curou um pavilhão inteiro de criminosos insanos – sem jamais ver nenhum deles. O psicólogo simplesmente estudava o gráfico do preso, depois olhava para dentro de si, para ver como ele criava a doença daquela pessoa. À medida que melhorava a si mesmo, o paciente melhorava.

Logo que li a história, achei que fosse uma lenda urbana. Como alguém poderia curar alguém, curando a si mesmo? Como poderia mesmo o melhor progresso pessoal curar os criminosos insanos?

Não fazia sentido algum. Não era lógico; portanto, descartei a história.

No entanto, voltei a ouvi-la um ano depois. Ouvi que o terapeuta havia usado um processo de cura chamado Ho'oponopono.

Nunca tinha ouvido falar, mas aquilo não me saía da cabeça. Se a história tivesse algo de verdadeiro, eu teria que saber mais.

Sempre compreendi que "total responsabilidade" significa que sou responsável pelo que penso e faço. Além disso, está fora das minhas mãos. Acho que a maioria das pessoas pensa em total responsabilidade dessa forma. Somos responsáveis pelo que fazemos, não pelo que ninguém mais faz. O terapeuta havaiano que curou os mentalmente enfermos me ensinaria uma perspectiva nova e avançada sobre total responsabilidade.

Seu nome é dr. Ihaleakala Hew Len. Nós provavelmente passamos uma hora conversando em nosso primeiro telefonema. Pedi que ele me contasse a história completa de seu trabalho como terapeuta. Ele explicou que trabalhou no Hospital Estadual do Havaí durante quatro anos. Que a enfermaria onde os criminosos insanos eram mantidos era perigosa. Psicólogos pediam demissão mensalmente. A equipe ligava pedindo dispensa médica com frequência ou simplesmente desistia. As pessoas andavam por aquela enfermaria de costas para a parede, temendo ser atacadas pelos pacientes. Não era um local agradável para viver, trabalhar ou visitar.

O dr. Hew Len me disse que nunca via os pacientes. Ele concordou em ter um consultório e revisar os prontuários. Enquanto olhava as fichas, trabalhava em si mesmo. Enquanto trabalhava em si mesmo, os pacientes começavam a sarar.

— Após alguns meses, os pacientes que precisavam andar com correntes nos pés estavam recebendo permissão para andar livremente — ele me disse. — Os outros, que tinham de ser fortemente medicados estavam tendo seus medicamentos removidos. E os que jamais teriam chance de serem libertados estavam sendo soltos.

Eu fiquei admirado.

— Não é só isso — ele prosseguiu. — Mas a equipe começou a voltar ao trabalho. As faltas foram eliminadas. Acabamos com *mais pessoal do que o necessário, porque os pacientes estavam sendo liberados e todo o pessoal aparecia para trabalhar. Hoje, essa enfermaria está fechada.*

Foi nesse momento que tive de fazer a pergunta de um milhão de dólares:

— O que você estava fazendo consigo mesmo para ter causado a mudança dessas pessoas?

— Eu estava simplesmente curando a parte de mim que os criou — disse ele.

Eu não entendi.

O dr. Hew Len explicou que total responsabilidade por sua vida significa que tudo em sua vida — simplesmente por estar em sua vida — é sua responsabilidade. No sentido literal, o mundo inteiro é criação sua.

Ui. Isso é difícil de engolir. Ser responsável pelo que digo ou faço é uma coisa. Ser responsável pelo que todos em minha vida dizem ou fazem é bem diferente. No entanto, a verdade é esta: se você assumir total responsabilidade por sua vida, então, tudo que você vê, ouve, saboreia, toca ou experimenta, de qualquer forma, é sua responsabilidade, porque está em sua vida.

Isso significa que a atividade terrorista, o presidente, a economia ou qualquer coisa que você experimenta e não gosta cabe a você curar. De certa forma, elas não existem, exceto nas projeções que vêm de dentro de você. O problema não está com elas, está com você e, para mudá-las, você tem que mudar a si mesmo.

Eu sei que isso é difícil de assimilar, muito menos de aceitar ou realmente viver. Culpar é muito mais fácil do que a total responsabilidade, mas enquanto eu falava com o dr. Hew Len comecei a perceber que curar para ele e no Ho'oponopono significa amar a si mesmo. Se você quer melhorar sua vida, precisa curar sua vida. Se quiser curar alguém — mesmo um criminoso mentalmente enfermo —, faça isso curando a si mesmo.

Perguntei ao dr. Hew Len como ele curava a si mesmo. O que estava fazendo, exatamente, quando olhava as fichas daqueles pacientes?

— Eu só ficava falando "eu sinto muito" e "eu te amo", repetidamente — explicou ele.

Só isso?

Só isso.

Ocorre que amar a si mesmo é a melhor forma de progredir e, à medida que você se melhora, melhora seu mundo. Deixe-me lhe dar um exemplo rápido de como isso funciona: um dia, alguém me mandou um e-mail que me aborreceu. No passado, eu teria lidado com aquilo trabalhando minhas reações emocionais ou tentando argumentar com a pessoa que me mandara a mensagem sórdida. Dessa vez, decidi tentar o método do dr. Hew Len. E fiquei silenciosamente dizendo "eu sinto muito" e "eu te amo", mas não dizia a ninguém em particular. Estava simplesmente evocando o espírito do amor para me curar por dentro daquilo que estava criando a circunstância externa.

Depois de uma hora, recebi um e-mail da mesma pessoa. Ela se desculpou pela mensagem anterior. Mantenha em mente que não tomei nenhuma atitude externa para obter aquele pedido de desculpas. Nem sequer escrevi de volta. No entanto, ao dizer "eu te amo", de alguma forma, eu me curei por dentro daquilo que o estava criando.

Depois participei de um workshop ministrado pelo dr. Hew Len. Ele, que agora está com setenta anos e é considerado um avô xamã e um tanto recluso, elogiou meu livro, o *The Attractor Factor*. Disse-me que, à medida que eu me melhorar, a vibração dos meus livros irá se elevar e todos sentirão isso ao lê-los. Resumindo, conforme eu melhorar, meus leitores irão melhorar.

— E quanto aos livros que já estão vendidos por aí? — perguntei.

– Eles não estão por aí – ele explicou, mais uma vez me deixando pasmo com sua sabedoria mística. – Eles ainda estão em você.

Resumindo, não existe por aí.

Seria necessário um livro inteiro para que eu explicasse essa técnica avançada com a profundidade que ela merece. Basta dizer que, sempre que você quiser melhorar qualquer coisa em sua vida, só há um lugar para olhar: dentro de você.

Quando olhar, olhe com amor.

Esse artigo, de 2005, preparou o mundo para *Limite zero* e deu a centelha para que ele se tornasse um bestseller, mesmo antes de ser publicado. É claro que quando o livro foi lançado, em julho de 2007, as coisas ficaram agitadas. E a merda começou a voar.

De posse somente do resumo, as pessoas começaram a postar críticas do livro que ainda nem tinham visto. Antigos amigos meus da minha época difícil, em Houston, décadas antes, gente que eu tinha ajudado com trabalho e aconselhamento, se virou contra mim. Eles me acusavam de inventar a história toda. Diziam que o dr. Hew Len era fictício, que a história sobre ele curar os mentalmente enfermos era uma lenda urbana. Acusavam-me de vender os segredos da tradição havaiana por dinheiro. Outros diziam que eu ganhava dinheiro vendendo um livro que não tinha segredo algum.

Eu não podia ganhar. Fiquei magoado. Perplexo. Confuso. Eu me senti como uma vítima, quando achei que o Ho'oponopono deveria me fortalecer.

Como, neste mundo, as pessoas chegaram a essas conclusões? Afinal, o dr. Hew Len e eu passamos muito tempo juntos: realizando workshops, sendo fotografados, fazendo programas de rádio e criando a versão em áudio de *Limite zero*. Estamos em clips no YouTube. Fizemos todas essas coisas. Ele obviamente era – é – real.

E havia aquelas pessoas que não tinham lido o livro, que não poderiam ter lido, pois ainda não havia sido publicado, porém faziam críticas dizendo que tinham odiado, até mesmo a mim. Elas me xingavam e tentaram me colocar numa lista negra, a partir de e-mails que eu enviava à minha lista. Criaram e batizaram um vírus de computador com meu nome. E mais.

Sim, também havia legiões de fãs por mim e pelo livro. *Limite zero* se tornou um bestseller oficial quando foi publicado. Milhares, talvez milhões de pessoas aprenderam o método simples de cura descrito nele e isso mudou suas vidas. As pessoas usavam não somente para si, mas ensinavam em escolas, prisões e hospitais, e viam resultados milagrosos. O livro foi traduzido para outros idiomas. Fui convidado para falar em outros países. Os workshops do dr. Hew Len passaram de trinta participantes para mais de oitocentos em cada evento. Ele se tornou um guru. O Ho'oponopono passou a ser tendência.

Mas nem tudo era um mar de rosas. Meu melhor amigo se voltou contra mim. Sua esposa enviou um e-mail nada amoroso a uma lista que eu ajudei a criar me massacrando e sujando meu nome. Foi incrivelmente doloroso e certamente não foi de coração. Estava claro que eles não estavam praticando o amor e o perdão – nem com o Ho'oponopono, nem de outro modo.

Por que tudo isso aconteceu?

Um amigo meu diz que o sucesso gera desprezo. Eu chamo isso de crença. O dr. Hew Len chamaria de programa. No entanto, tenho de admitir que *algo* aconteceu quando o livro mais importante da minha vida foi escrito e publicado. Eu poderia chamar isso de uma oportunidade de me purificar e esclarecer, mas acho que tem mais coisa nessa história. Olhando para trás, acredito que isso foi um catalisador do meu próprio despertar.

Quando escrevi *Limite zero*, disse que havia três estágios de despertar. No fim das contas, estava incompleto, pois de verdade existem quatro. O quarto vai além de *Limite zero*, adentrando um lugar onde o Divino vive através de você. Irei explicar todos os estágios neste novo livro.

Depois que escrevi *Limite zero*, achei que tivesse domínio da forma como a vida funcionava. Em vez disso, tantos acontecimentos amargos aconteceram que me senti mais como uma vítima. Tudo isso me levou a compreender a entrega e a importância da purificação ininterrupta, usando o Ho'oponopono. Hoje conheço o milagre da iluminação.

Se você quiser saber mais sobre o autêntico Ho'oponopono e começar de onde meu livro anterior parou, então veio ao lugar certo.

Se você está curioso quanto à origem do Ho'oponopono moderno, imaginando quem foi a professora maluca do dr. Hew Len, irá encontrar a resposta neste livro.

Mas se prepare. Se você achou que *Limite zero* foi uma viagem empolgante, espere até ler *Marco zero*. Este talvez cause um abalo. Pode sacudir o seu mundo.

Se você se sente pronto, vire a página.
Espere milagres.

Mahalo,
Ao Akua

– DR. JOE VITALE
Em um avião, a 35 mil pés de altitude
Agosto de 2013

1
Jogando merda

Não existe tal coisa como ego. Apenas dados, dados, dados.
— DR. IHALEAKALA HEW LEN

Eu entreguei o manuscrito de *Limite zero* ao editor durante o segundo seminário Limite Zero, realizado em Maui, no final de 2006. Foi uma época divertida para mim. O livro basicamente se escreveu. Eu o escrevi em duas semanas, o que é surpreendente. Outros livros meus levaram meses e até anos para serem concluídos. Duas semanas? Isso é um milagre. O dr. Hew Len, meu coautor, o aprovou após ler apenas algumas páginas. Ele disse: "O Divino está dizendo que está bom." Fiquei orgulhoso. E por que não? Eu não tinha ideia de que o pior ainda estava por vir.

Durante aquele segundo evento, o dr. Hew Len me disse que quando o livro saísse "iriam jogar merda no ventilador". Eu não sabia a que ele estava se referindo, mas não me preocupei. Sentia-me guiado e protegido. Meu espírito se encontrava radiante e minha confiança estava lá no alto. Eu continuaria a purificar. Nenhuma merda me perturbaria.

Eu estava errado.

Na primeira noite do seminário, pouco antes do jantar de apresentação e cumprimentos, recebi um telefonema zangado de uma autora e professora espiritual que eu idolatrava. Ela havia endossado o manuscrito do livro que lhe enviara, mas, aparentemente, não o tinha lido. Depois de fazê-lo, fez algumas objeções, uma das quais era o fato de eu tê-la incluído, embora sem identificá-la. Quando ela se reconheceu, passou a me odiar por isso – e me ligou para ler o ato de revolta.

Eu não tivera a intenção de ferir. Era uma parte que falava como pessoas bem-sucedidas possuem um ponto fraco e atraem o caos. Eu a usei como exemplo, mas sem dizer seu nome. Fiquei surpreso por seu rompante, já que frequentemente usava seus desafios de vida em seus próprios livros. Não era segredo. Mas as pessoas projetam suas inseguranças e significados em tudo, incluindo livros. Ela viu algo que não gostou e, em vez de assumir total responsabilidade pelo que viu (que é exatamente o sentido do Ho'oponopono e de *Limite zero*), descarregou em cima de mim.

Pelo fato de que eu era (e ainda sou) seu fã, isso magoou muito. Reescrevi parte do livro a excluindo, mas a dor permaneceu. Mais tarde liguei para ela e resolvi a questão, mas fiquei abalado com tudo. Como isso aconteceu? Se isso era o que o dr. Hew Len previa e o livro ainda nem havia sido publicado, o que vinha pela frente? Se eu ao menos soubesse... A merda foi claramente jogada no ventilador – quando o livro saiu, ela *realmente* começou a voar.

Como mencionei na Introdução, pessoas quem nem tinham lido o livro (já que não havia sido publicado) o condenavam e também a mim. Diziam que eu tinha inventado tudo, tanto o dr. Hew Len quanto a história de como ele havia ajudado a curar os pacientes do hospital psiquiátrico de criminosos doentes do Havaí. Alguns condenaram o livro como sendo incompleto, e outros me criticaram por não revelar "todos" os segredos de um seminário Ho'oponopono. Fui acusado de tentar inserir meus outros produtos no livro. Alguns disseram que, se o dr. Hew Len fosse real, certamente seria louco.

Foi, no mínimo, espantoso. Como um livro podia incitar tantas pessoas à explosão, como dinamite, principalmente um livro não apenas escrito com amor, mas ensinando amor e perdão?

Ao mesmo tempo, milhares de pessoas que leram o livro estavam se transformando. Eu recebia ligações, cartas e e-mails de gente verdadeiramente grata. Eles encontravam esperança, cura, salvação. Era gratificante, mas as flechas em minhas costas doíam. Ficaria pior, antes de melhorar.

Tenho um amigo querido, um homem a quem dei consultoria, assisti, ajudei e inspirei. Ele vinha sofrendo financeiramente e tinha poucas habilidades comerciais on-line, mas eu gostava dele, de sua criatividade e senso de humor, e vi potencial para ajudar e trabalhar com ele.

Eu dei tudo, sem cobrar nada, para ajudá-lo a se levantar. Ajudei-o a criar um comércio on-line e uma mala direta. Ajudei-o com produtos e marketing. Eu o pagava para me auxiliar em eventos especiais, mesmo quando eu perdia dinheiro para fazê-lo. Ele ficava grato e demonstrava, frequentemente me dando um beijo no rosto ao sair e dizendo: "Joe, eu te amo."

Então, eu o convidei para ir à Rússia, em 2009. Ele ganhou uma viagem de primeira classe e eu ganhei companhia. Também concordou em me ajudar nas apresentações, porque falar por muitos dias pode ser exaustivo. Era uma situação em que todos ganhavam. Embora ambos tivéssemos temores quanto à Rússia (por conta de todas as histórias de ataques nucleares que ouvimos quando éramos jovens – e por falar em dados), fizemos nossas malas, respiramos fundo e voamos para o outro lado do planeta.

A Rússia não foi nada de passeio. A agenda era cruel, quase torturante.

No instante em que pousamos fui levado diretamente a um programa de televisão, em Moscou, sem tempo para tomar banho ou fazer a barba. Fiquei perplexo, sem palavras. Devido ao contrato, sabia que tinha de fazer tudo que os russos me pedissem. Então, fui ao programa de TV. Mais tarde, naquela mesma noite, autografei vários livros durante horas em uma livraria. O itinerário foi implacável pelas duas semanas seguintes. Embora meu amigo estivesse lá para me apoiar, frequentemente ficava em seu quarto e dormia, enquanto eu saía e continuava a falar, apresentar, dar entrevistas, autografar livros e mais. Isso não me incomodava. Eu ficava aliviado por ele descansar um pouco. Ele merecia. Até deixar a Rússia foi um inferno.

Descobrimos que nossos vistos expiravam antes do fim de nossa viagem. Alguém tinha feito bobagem com nossa papelada. Nossos papéis não estavam em ordem. Dava a sensação de que estávamos em um filme de uma Guerra Mundial. Foi surreal. Os consulados americanos disseram ao meu amigo para "fazer tudo que for possível para sair do país até meia-noite".

Foi angustiante. Fomos levados por estradas de terra, passamos por postos militares na Rússia, constantemente mostrando nossos passaportes e finalmente deixados numa floresta, na Finlândia – pouco antes de meia-noite, apenas alguns minutos antes que nossos vistos expirassem. Ainda tínhamos que ir até Helsinki e encontrar novos voos de volta aos Estados Unidos (a um alto custo para mim). E, meu bom Deus, não foi fácil.

Mas isso não foi a merda de verdade.

Uma vez que chegamos em casa em segurança, meu amigo teve um tipo de surto. Depois de 72 horas de regresso, ele me mandou um e-mail com uma conta inesperada e totalmente fabricada, referente aos dois últimos anos. Tudo que ele tinha feito de graça, como meu amigo, ou por se sentir em dívida comigo estava discriminado na fatura. Ele disse que eu lhe devia dinheiro e muito. Eu não pude acreditar.

Embora nunca tivesse feito parte do acordo lhe pagar para ir à Rússia, enquanto estávamos lá, eu disse que lhe daria algo. Nunca fui pago integralmente pelo meu trabalho no exterior e nossos bilhetes aéreos de volta para casa me custaram dez mil dólares, no último minuto. Mas seu apoio na Rússia me ajudou a sobreviver ao que estava sendo exigido de mim. Como um presente-surpresa, eu havia planejado lhe dar um carro que sabia que ele adorava. Mas a raiva que ele expressou a mim, menos de três dias após nosso regresso, me fez parar na hora. Fiquei pasmo. Aquilo me abalou profundamente. Eu não conseguia entender o sentido de seu comportamento.

Tentei encontrá-lo. Liguei para ele. Deixei recado na secretária eletrônica. Eu sentia que, se ao menos nos sentássemos para conversar, poderíamos destrinchar o que estava tão errado. A determinada altura, eu me ofereci para pagá-lo, apenas para trazer paz ao nosso relacionamento. Zangado, escreveu: "Esqueça." Ele continuou a extravasar, escrevendo coisas terríveis a meu respeito on-line. Secretamente escreveu para pessoas que eu conhecia – até meus funcionários – tentando fazer com que tomassem seu lado contra mim. Suas atitudes foram maldosas, traiçoeiras e desleais em seu ímpeto sombrio de minar minha reputação.

Não há um meio de se recuperar inteiramente da dor dessa experiência. Foi como acordar e descobrir que seu cônjuge foi embora ou morreu. Fiquei arrasado. Traumatizado. Como é que meu melhor amigo podia ter um comportamento tão diabólico e de tanta frieza? Eu não conseguia compreender. Isso era tudo por dinheiro? Ele estava jogando fora uma amizade, uma parceria profissional, um pacto espiritual, tudo por *dinheiro*? Onde estava a espiritualidade? Onde estava o Ho'oponopono que eu o ajudara a aprender? Onde estava seu *coração*?

A ironia é que foi por causa dele que me interessei pelo Ho'oponopono. Ele tinha lido uma história e visto um livreto, e me contara a respeito. Ele não fazia ideia do que era o Ho'oponopono. Achei o assunto interessante e quis saber mais. Então comecei a pesquisar a respeito de onde vinha a história, quem e o que estava por trás daquilo tudo. Acabei conhecendo o dr. Hew Len e escrevendo *Limite zero*.

Pensei que meu amigo entendesse os princípios da responsabilidade pessoal, do amor e do perdão. Afinal, paguei para que ele participasse de seu primeiro evento do Ho'oponopono. No entanto, quando ele se sentiu provocado, ou pelo trauma da Rússia, ou por alguma outra coisa, não assumiu responsabilidade. Culpou-me e foi além disso. No Ho'oponopono, chamam esse tipo de retaliação de ino, que significa agir mal intencionalmente com a raiva em mente. É uma das transgressões mais pesadas que se pode imaginar.

E ele fez isso *comigo*.

Isso é uma merda e tanto, não acha?

Eu purifiquei... purifiquei... e purifiquei.

Olhei para meu próprio envolvimento nesse drama, em nível energético, tentando entender como eu o havia atraído. Sei que nossas vidas são entremeadas. Somos uma dança de energia. Nada acontece à toa. Meu amigo e eu estávamos compartilhando um programa – um vírus da mente. Fiz o máximo para relembrar tudo que o dr. Hew Len havia me ensinado, até o ponto de saber que o único caminho é purificar, purificar, purificar.

Comecei a sentir tristeza por meu amigo. Comecei a entender que, de alguma forma, ele tinha adquirido um programa que estava tomando sua mente. Eu sabia de suas explosões com a família e amigos. Já tinha visto acontecer. Só nunca poderia esperar ver isso em nosso relacionamento ou ter isso direcionado a mim. Deu realmente a sensação de que um programa o possuíra e que estava sendo conduzido por aquilo. Queria ajudá-lo, curá-lo, de alguma forma. Fiz a purificação incessante para apagar aquilo de mim, torcendo para que apagasse de dentro dele também.

Na realidade, do autêntico Ho'oponopono nada tinha a ver com ele.

Tinha a ver comigo.

Se alguém tivesse uma justificativa de se sentir vítima, seria eu. Se alguém tinha provas da traição de um amigo, eu tinha. Ainda guardo nossa troca de e-mails e as mensagens das pessoas com quem ele entrou em contato provando tudo que fez em público e secretamente. Outra pessoa poderia usar isso contra ele, mas não o farei.

Conforme o dr. Hew Len me ensinou: "Não tem nada por aí." Está tudo dentro. Tive que me forçar a assumir responsabilidade total por tudo que meu amigo havia feito, buscar a programação em mim e em nós que criou, atraiu e manifestou todo esse drama.

Meu amigo se mudou para longe, algo que sempre achei que ele tivesse vontade de fazer. Será que criou esse cenário de pesadelo para se liberar do relacionamento profissional comigo? Achei que tivesse problemas financeiros. Será que precisava de um bode expiatório? Se positivo, eu certamente estava à mão. Isso não é para culpá-lo, já que culpa não faz parte do Ho'oponopono autêntico, mas para mostrar como a mente humana se esforça para dar sentido ao que não tem. Não faço ideia se estou certo ou não, mas isso não importa. O que importa é que o dr. Hew Len estava certo. A merda foi *jogada*, mesmo, no ventilador.

E o que fiz para lidar com a crise originada pelo programa em meu amigo e em mim? Nada.

Não contratei um advogado, nem uma agência do governo. Isso não parecia amoroso e clemente ou algo parecido com o Ho'oponopono. Embora meu amigo tenha feito coisas horríveis, na tentativa de arruinar minha reputação (o que magoou ainda mais, porque ele sabia a respeito da inteira responsabilidade e da purificação), não retaliei.

Em vez disso, eu purifiquei – senti minha dor profunda, a traição, a injustiça e levei tudo ao Divino. Usei o mesmo processo que o dr. Hew Len me ensinara. Assumi a responsabilidade e a situação. Eu não disse nada negativo publicamente e só estou compartilhando a história agora com você, por uma lição maior (que virá num instante). Trouxe o drama para dentro e foi onde o purifiquei.

Também utilizei uma forma avançada de Ho'oponopono que irei compartilhar com você, mais adiante, neste livro. Foi uma combinação de todos esses métodos que permitiu finalmente liberar a energia das minhas percepções sobre meu ex-amigo. O drama cessou. Ele parou com a campanha difamatória. A poeira baixou. A vida prosseguiu. Os negócios continuaram como habitualmente, apenas sem ele em minha vida. Sinto falta do relacionamento afetuoso que tínhamos, mas prefiro ser livre a ser desvairado.

O interessante é que ele entrou em contato comigo enquanto eu estava escrevendo este livro para me perguntar se eu dividiria a liderança de um evento Ho'oponopono com ele. Seria um sinal de que minha purificação teria funcionado e agora estávamos em paz? Sim. Mas declinei sua oferta. Ele era parte do passado e eu tinha purificado e aberto mão. Eu o amo, perdoo e lhe desejo bem.

E sigo adiante.

Qual é a maior lição aqui?

Por favor, entenda que nada desse drama foi culpa do meu amigo. E nada foi culpa minha. Ninguém deve ser culpado. A causa foi um programa.

Isso é o essencial ao que se ater. Assumi total responsabilidade pelo programa que tomei ciência, em mim mesmo. Conforme me purifiquei daquele programa, a situação se resolveu.

Essa é a primeira lição a se obter. É o motivo para que eu tenha dividido esta história com você. Até para autores e gurus, tudo se resume à prática do Ho'oponopono para purificar programas, lembranças e outros dados, para voltar ao estado de amor puro.

Como o dr. Hew Len costuma dizer: "Só estou aqui para purificar."

Como você vai aprender neste livro, a vida sempre irá lhe apresentar desafios. Essa é a natureza da vida. O passe livre para sair da prisão é a prática do Ho'oponopono. À medida que você disser as quatro frases – *Eu te amo*, *Sinto muito*, *Por favor, me perdoe*, *Obrigado* – apaga os programas e crenças dos quais não tem ciência, facilitando sua aventura pela vida. Quanto mais você purifica, mais "dados" são apagados e mais perto você chega da Divindade ou do Zero.

Mas é realmente tão fácil assim? Sempre funciona? Por que a vida frequentemente parece ficar pior antes de melhorar?

Fique comigo e vamos mais fundo nessa aventura...

2
Você jamais será o mesmo

Ho'o significa fazer, realizar, criar.
Pono significa equilíbrio, bondade, retidão, ordem perfeita.
Ho'oponopono é um método de criar ordem e equilíbrio perfeitos para curar uma situação.
— JOE VITALE

Depois de aprender o processo básico de pronunciar as quatro frases do Ho'oponopono – *Eu te amo, Sinto muito, Por favor, me perdoe* e *Obrigado* –, as pessoas geralmente reclamam, dizendo que acontecem mais coisas negativas do que positivas.

Por que isso acontece?

Pense em um copo de água que estava parado havia algum tempo. Quando você remexe, a sujeira revolve, e um pouco dela invariavelmente vem à tona. Você precisa continuar limpando para tirar a sujeira toda. A programação de nossa mente repousa em locais lodosos; portanto, podemos experimentar a escuridão antes de enxergarmos a luz. Mas temos que nos livrar dos destroços antes de obtermos a água limpa. A purificação literalmente limpa.

Dados é a palavra utilizada para essa programação inconsciente, o lixo que o impede de ouvir a voz de sua Divindade. Em um evento Limite Zero, uma vez perguntaram ao dr. Hew Len sobre a diferença entre o ego e a Divindade. O dr. Hew Len respondeu:

Em primeiro lugar, não há tal coisa como ego. Sabia disso? Não há tal coisa. São apenas dados. E são os dados que falam, os dados é que dizem que é o ego – mas não existe tal coisa. Apenas dados. Posso fazer essa afirmação? São somente dados. Os dados é que falam e você fala os dados; portanto, não tem controle algum. A ideia é que você chegue aos dados e apague. Você já é perfeito e só queremos remover os dados do caminho para que possamos ficar na luz.

Há somente três tipos de dados para se lidar, algo que chamo de ZI ou Zero Infinito. Esse é o estado neutro. O outro é quando a Divindade chega a zero e o inspira, o que chamo de IZI ou Inspiração de Zero Infinito. Isso é inspiração e significa que você está no fluxo. Acontece sem esforço e com tranquilidade. Você também tem o que chamamos de memória, e a memória vai contra a tranquilidade. Você tem intranquilidade, distante da Fonte e de si mesmo.

Sua mente só pode estar em um desses três estágios. Não há meio-termo. Você não pode estar aqui e lá.

Quando *Limite zero* foi lançado, ele mexeu com as pessoas e seus programas. Mais de uma vez tive que lembrar a mim mesmo que não era a pessoa que estava falando mal da questão, eram os dados – o programa – nelas que estava fazendo com que reclamassem.

Você certamente passou por isso. Você diz algo que não tinha a intenção de dizer e não sabe de onde veio. Segundo o Ho'oponopono, isso veio à tona originado pelo *programa* de seu inconsciente. Você nem sabia que estava ali, até surgir a situação certa para acionar o botão certo. Então, fique alerta, pois lá vem merda.

Em relação ao ex-amigo, sobre quem escrevi no capítulo anterior, e que teve uma crise após nossa viagem à Rússia, a pergunta a fazer é: "Foi ele ou um programa ativado?" De lá para cá, aprendi que literalmente tudo que fazemos, enquanto seres humanos, é resultado de nossa programação. Eu, pessoalmente, nunca conheci ninguém vivendo no quarto estágio de despertar. Já li sobre eles, mas não sou um deles. Ainda estou no terceiro estágio (entrega). O quarto estágio (iluminação) vem pela graça – e, até lá, significa que a maior parte de nossas atitudes é impulsionada por motivos inconscientes.

Isso não é nenhuma surpresa. O campo da neurociência revela o quanto somos inconscientes. Temos mais poder e controle disponíveis do que jamais se suspeitava, porém, a maior parte das pessoas não sabe disso, muito menos como lidar com isso. Portanto, transitamos pela vida essencialmente como robôs programados por nossa criação e nosso passado herdado para reagirmos de forma determinada e previsível.

Dessa forma, quando as pessoas extravasam contra mim ou quando o fizerem contra você, raramente será por sua causa, minha ou de alguém. Tem a ver com o *programa* que possuem. E aqui está a questão: se você consegue enxergar isso no outro, você também o possui. O dr. Hew Len é famoso por dizer: "Já notou que, quando você tem um problema, você está ali?"

Você está ali, *porque* é parte do problema. Ou, melhor dizendo, você é parte do programa. O programa em você atraiu outra pessoa com o mesmo programa. É como olhar um espelho. O que você vê em um espelho é você; o que você vê na vida também é você. O externo é uma projeção. Você nem saberia de sua existência, a menos que o vivenciasse POR DENTRO. Tudo acontece do lado de dentro. O exterior é apenas um reflexo. Por isso é importante perceber que a responsabilidade total tem a ver com assumir tudo que você vê e vivencia. Em muitos sentidos, não há nada lá fora, pois você só se torna ciente daquilo por dentro. Mais uma vez, é tudo um reflexo do que há dentro de você. É tudo um programa compartilhado. Quando você se purifica, você purifica o programa e se torna parte da solução.

Dessa maneira foi que o dr. Hew Len ajudou a curar uma ala inteira de criminosos com problemas mentais. Ele não trabalhou neles; trabalhou em si mesmo. Ele os via como projeções de um programa dentro dele. A terapia tradicional já tinha fracassado ao tentar curar aqueles internos. O dr. Hew Len os modificou ao trabalhar em *suas próprias* percepções. Enquanto limpava aquelas projeções, os pacientes melhoravam.

Você precisa entender que, quando olha para este livro, para qualquer pessoa ou passa pela experiência de um momento, você raramente – se é que alguma vez acontece – está vendo puramente pelo que é.

Em 2011, psicólogos da Vanderbilt University descobriram que nossa percepção visual pode estar contaminada por lembranças do que vimos recentemente, o que atrapalha nossa capacidade de compreender e agir adequadamente em relação ao que estamos vendo.

"Esse estudo mostra que reter na mente a lembrança de um acontecimento visual por um breve período pode 'contaminar' a percepção visual durante o tempo em que estamos nos lembrando", disse Randolph Blake, coautor do estudo e professor centenário de psicologia.*

Por exemplo: alguns anos atrás, o carro da minha esposa pegou fogo enquanto estava dirigindo. Felizmente, ela viu fumaça saindo do painel, encostou o carro e desceu, e ligou pedindo ajuda. Em minutos, seu carro foi tomado pelas chamas. Por estar perto de nossa casa, ligou para mim e, rapidamente, estava ao seu lado. Juntos assistimos, enquanto o carro derretia no chão. Foi algo inquietante e inesquecível.

Durante a semana seguinte víamos fumaça e sentíamos o cheiro. Eu me lembro de uma manhã, durante o café, quando ela olhou lá fora e viu fumaça. Parecia fumaça para nós. Em pânico, corremos até lá procurando uma casa pegando fogo, mas não era. Era só a neblina matinal. Nossa experiência traumática de ter visto o carro dela queimando, alguns dias antes, fez com que nosso cérebro visse fumaça onde não havia.

Mas isso vai além de trazer uma percepção ao momento. Sim, se você acabou de ver um filme assustador com imagens inquie-

---
* http://news.vanderbilt.edu/2011/07/memories-visual-perception/

tantes que ficaram em sua cabeça, tudo terá impressões assustadoras depois de um tempinho. Seu cérebro vai filtrar durante os momentos seguintes, em razão de as visões ainda estarem em sua lembrança.

O dr. Hew Len me ensinou que temos lembranças inconscientes também que afetam todo o nível de nosso ser, mental e fisicamente. Ele disse: "Se o seu subconsciente está carregado de informações e tem a sensação de oprimido, ele o abandonará. Você sabe disso. Ele simplesmente levanta e dá tchau. Aquela parte de você se foi – você fica com uma casa vazia. E o que acontece quando se tem uma casa vazia? Alguém se apossa. Os demônios entram. Vem a ideia de que você precisa ficar em casa. Precisa se assegurar de estar sempre trabalhando para estar no nível Zero, para que essa parte de você não o abandone.

"Uma célula cancerígena é uma célula que perdeu sua identidade. Ela não sabe quem é. E por não saber quem é cria devastação. Destrói as coisas. Fica maluca. Assim como você. As coisas surgem porque você não faz ideia de quem é. Você foi deslocado por lembranças. Em vez de estar no Zero, a lembrança vem e o desaloja. Agora você está num inferno, e todo tipo de problema surge. Demônios."

Lembranças inconscientes também têm um lado revelador, apesar de mais sutil. Por exemplo, quando você vai a uma festa e vê alguém de quem gosta instantaneamente – ou não –, geralmente é por conta de um programa em sua cabeça. Você não está vendo a pessoa claramente. Está vendo seu programa projetado na outra pessoa. Não se admira que tanta gente se case com pessoas parecidas com os pais. Aquelas primeiras imagens são projetadas sobre o que está diante delas.

Eu costumava ter problemas com figuras de autoridade, rebelava-me contra chefes. Detestava estar no trabalho. Fazia um ótimo trabalho enquanto resmungava baixinho dos meus "superiores". Eles não eram nada superiores. Isso era por conta do meu relacionamento com meu pai – um ex-sargento da Marinha – que estava sendo projetado em qualquer pessoa que agisse com autoridade. Eu não estava vendo o chefe como uma pessoa, mas o via como uma versão de meu pai. Claro que eu não sabia disso. Levou um bom tempo de purificação para chegar ao ponto em que apaguei o programa.

Não pense que você é imune a esse truque da mente. É fácil achar que acontece com os outros, mas não com você. Isso, em si, seria um truque do cérebro; uma forma de evitar a responsabilidade. Na verdade, *nesse momento*, você não está vendo a realidade.

Há 100 bilhões de neurônios em seu cérebro de um quilo e meio. A cada segundo, 11 milhões de impressões sensoriais disparam pelas vias cerebrais, mas somente 40% de fato chegam à consciência. Quarenta! O que aconteceu com os outros 10.999.960 bits de informação? Seu cérebro filtrou e arquivou como algo inútil para sua sobrevivência.

Como ele sabia o que filtrar e excluir? Ouça isto: seu cérebro cria uma imagem do mundo com base nas lembranças que já possui. Em outras palavras, suas experiências são as lembranças que criam um modelo de realidade que seu cérebro utiliza para lhe dizer o que é real. Se o que está acontecendo nesse momento não coincidir com o que seu cérebro determinou como valoroso e real, você, como um ser consciente, jamais saberá. Você nem sequer verá a informação. Seu cérebro irá protegê-lo disso. Seu cérebro é uma máquina de criação de realidade. Só que você provavelmente não sabia disso – até agora.

Não se admira que eu ouça perguntas como: "Por que algumas pessoas acreditam na Lei da Atração e outras, não?" Fácil. Os crentes permitem a entrada da informação que respalda sua crença; os que não creem, de maneira igual, permitem a entrada da informação que descarta a Lei da Atração, que apoia a crença *deles*.

A Lei da Atração é real? Já que você pode atrair dados para respaldar *qualquer* crença, aparentemente, a Lei da Atração é real.

O que o Ho'oponopono autêntico revela é que nossas lembranças nos impedem de experimentar a realidade pura desse momento. Embora você provavelmente não queira que 11 bilhões de bits de dados o oprimam, você tampouco irá querer excluir a inspiração, porque ela não irá se adequar às suas visões de mundo.

Segundo muitos cientistas, somente os bebês veem o mundo como é. Eles enxergam uma versão sem cortes da realidade, já que possuem menos lembranças, experiências e filtragem de dados do conteúdo que lhes chegam. Como o dr. Hew Len sempre diz: "Tenha olhos de um recém-nascido. Só assim você pode enxergar."

Deixe-me compartilhar outro exemplo com você, apesar de ser doloroso escrever sobre ele.

Anos atrás, minha esposa e eu encontramos uma mansão que adoramos. Era majestosa e reclusa, localizada sobre vales de um terreno lindo de oito hectares, e se encaixava nas nossas necessidades da época. Por ser uma casa tão cara, sua compra exigiria um empréstimo gigantesco. Iniciamos o processo para fechar o negócio e começamos a fazer nossos planos de mudança para lá. Planejamos comemorar o Natal em nosso novo lar. A empolgação estava no ar.

Porém, três dias antes do fechamento, o banco ligou e acrescentou algumas provisões no empréstimo. Meus consultores contábeis e legais me disseram para não assinar, pois me arrependeria. À época, essa era a forma como os bancos estavam colocando as pessoas em dificuldades financeiras. Decidi descartar a compra da mansão. Ficamos profundamente decepcionados. Cancelamos a compra.

Achei que tinha acabado.

Eu estava errado.

Os vendedores eram um casal de advogados que estava se divorciando e decidiu me processar por não comprar sua casa. Eu não pude acreditar que tal coisa fosse possível. Por conta de uma linha no contrato, basicamente me proibindo de voltar atrás na compra, ele tinha um caso contra mim. Precisei ir a três advogados diferentes, até encontrar um de quem gostei e quis me ajudar.

Isso se arrastou na Justiça por quase três anos. Três anos! Precisei prestar um depoimento, no qual me perguntaram tudo, desde o motivo para que não tivesse comprado a casa até sobre meu relacionamento com minha ex-esposa falecida. Aparentemente, vale tudo nessas reuniões. Foi exaustivo e doloroso. O que mais doeu foi a ideia de que estavam fazendo isso por ganância ou por vingança. Não havia amor. Meu coração murchou ao pensar que as pessoas fossem impulsionadas por coisas assim.

Conheço diversos métodos de redução de estresse, assim como modalidades de cura, e pratiquei tudo. Mas nada removia essa situação. Continuei purificando. E purificando. E purificando. Purifiquei literalmente todos os dias por mais de três anos. Nada acontecia ou assim parecia.

Quando o dr. Hew Len veio me visitar em Austin, pouco antes de outro evento Limite Zero, eu o encontrei na esteira de bagagem, o que foi interessante, levando-se em conta que comecei a lhe dizer sobre a bagagem que estava carregando. Ele ouviu atentamente a minha história.

– Você ainda tem cartão de visita? – ele me perguntou, referindo-se ao cartão que uma vez me disse ser um dispositivo de purificação, o que tinha o meu carro chamado Francine. Eu disse que sim.

– Pegue o cartão e use-o para cortar a imagem dessa gente que o está processando – explicou ele. – Simplesmente veja tudo sendo picotado em pedacinhos e se desfazendo.

Ele estava me ensinando um método de limpeza avançado do Ho'oponopono. Fiz exatamente como disse. Ainda assim, nada pareceu mudar. Na verdade, agora o casal alegava que ia me processar por três milhões de dólares. Fiquei horrorizado, pois não haviam tido uma perda real. O casal ainda tinha a casa. No entanto, estava me processando pelo que alegava ser uma perda de rendimentos.

Compartilhei meu apuro com amigos próximos. Ninguém conseguia explicar por que isso estava me acontecendo. Então, me lembrei que em meu próprio livro, *The Attractor Factor*, disse que, uma vez que você aprende a lição, já não precisa da experiência.

"Qual é a lição?", eu me perguntava. "Qual é a lição?"

Depois de alguns meses de busca espiritual profunda, cheguei à conclusão de que um programa em mim estava atraindo essa situação para me ensinar a lição de ler contratos. Eu tinha confiado em meu corretor imobiliário, que deveria ter removido aquela frase do contrato, por causar tanto problema, e não tinha lido atentamente, apesar de um cutucão por dentro para que o fizesse. Ignorei esse alerta interior. O resultado foi infernal. Uma vez que aprendi a lição – obedecer aos sentimentos e ler os contratos –, eu me senti livre.

Então, um milagre aconteceu.

O casal ofereceu um acordo para deixar a Justiça. Já não queria mais os três milhões de dólares. Não queria prosseguir com o processo. Foi um final rápido e pacífico para o drama. Tinha acabado.

Embora processos judiciais levem anos, esse terminou no instante em que obtive minha clareza. Para mim, esse é outro milagre.

É importante notar que precisei purificar até aprender a lição e ter o programa apagado. Uma vez que isso aconteceu, a cena se dissolveu. Mas você precisa assumir total responsabilidade para que isso funcione.

Certa vez, um advogado me disse: "Há algo no cérebro humano que não permite que as pessoas digam que são responsáveis. Mesmo com provas empilhadas contra, elas negam, ignoram e racionalizam para afastar seu envolvimento."

Por isso que o Ho'oponopono tem frases como *Sinto muito* e *Por favor, me perdoe*. Essas afirmações o ajudarão a despertar para seu próprio papel no que estiver vivenciando. É interessante que essas duas afirmações sejam as mais difíceis para que as pessoas digam. São afirmações que a maioria das pessoas se opõe até a pensar.

Novamente, não é culpa sua que você tenha algo a resolver em sua vida, mas é sua responsabilidade.

Se você estiver relutando com uma questão obstinada em sua vida, perceba que o problema não tem nada a ver com você ou com nenhuma outra pessoa. A questão é o programa. Está em você, de forma bem parecida com uma bactéria ou um vírus. É mais psicológico. É o que o Ho'oponopono chama de lembrança. Não temos ideia de onde isso se originou e não precisamos saber. Apenas precisamos apagar.

Como? Praticando o Ho'oponopono autêntico. Mas, antes que eu explique novos meios de apagar velhos programas, vamos nos aprofundar em um pouco da história do Ho'oponopono que conhecemos hoje.

De onde esse método estranho veio mesmo?

3
Morrnah é maluca?

*Todo sentido do Ho'oponopono moderno
é apagar dados de você mesmo.*
– DR. JOE VITALE

Morrnah Simeona era uma criaturinha esquisita. No início, o dr. Hew Len também achou. Ele saiu dos seminários dela três vezes. Mesmo depois de regressar e sentar para ouvir toda a sua conversa sobre demônios, elfos e espíritos, ele ainda achou que ela fosse maluca durante dois anos. Mas algo o manteve com ela. E ele se tornou um discípulo leal de sua versão atualizada do Ho'oponopono, até a morte dela, em 1992.

Em 1976, Morrnah adaptou a prática tradicional de cura do Ho'oponopono em um grupo para que ele se curasse. Morrnah era considerada uma *Kahuna*, ou guardiã de segredos. Porém, não manteve segredo. Ministrava aulas e os revelava a qualquer um com alguns dólares. Frequentemente era convidada por enfermeiras para purificar hospitais, mas não ia com balde e vassoura. Ia para afastar espíritos que caminhavam pelos corredores, andavam nos elevadores, à noite, ou davam descarga nos vasos sanitários, conforme sua vontade. Morrnah foi fazer a cura no hospital, para que as enfermeiras tivessem paz. Aparentemente se saiu bem. Enfermeiras de outros hospitais solicitaram o mesmo serviço.

Embora Morrnah fosse hábil no Ho'oponopono tradicional, o método de cura coletiva, seu foco tinha uma abordagem mais interna que ela própria aparentemente criou. Apesar de ainda honrar os costumes e crenças havaianos, sabia que, se as pessoas cuidassem de seu mundo interior, seu mundo externo mudaria. Ela criou uma técnica de autoajuda moderna, a partir da tradição havaiana.

Ela sempre dizia que quando você corta as *cordas aka*, ou os laços às pessoas e coisas, fica livre. Ela comparava uma linha telefônica com uma *aka*, ou um elo invisível com outra pessoa. Para ela, quando você passa um tempo com uma pessoa, lugar ou coisa, cria uma ligação com aquilo – um elo invisível que fica com ambos, mesmo quando você deixa aquela pessoa, lugar ou coisa. Também permanece com a outra pessoa, lugar ou coisa. Imagine uma teia de aranha ligando você a todos que você tocou e dá para sentir a confusão. Ela chegava a dizer que as antiguidades que você compra e os presentes que recebe ou dá também possuem *cordas aka*. Você precisa ser cauteloso e, para ela, sempre tem de apagar as ligações.

Uma vez, pedi ao dr. Hew Len que autografasse uma bola de beisebol usada numa apresentação, porque eu *queria* a energia dele. Tenho uma coleção de objetos que pertenceram ao famoso fisiculturista e astro de cinema Steve Reeves, porque eu *queria* sua energia. Mas e quanto às antiguidades que possuo, que não tenho ideia a quem pertenceram, ao longo de gerações passadas? Tenho que intencionalmente cortar as *cordas aka* a esses objetos ou talvez acolha sua programação em minha casa.

Morrnah sentia que tínhamos que romper *todas* as *cordas aka* para sermos livres, para que a Divindade possa agir por nós. Quando ingressava nos hospitais, sua visão de raios X conseguia enxergar as almas que ainda perambulavam por ali. Seu Ho'oponopono tinha a ver com purificação cármica. Uma vez que ela libertasse seus laços com esse plano, elas seguiriam adiante. Seu método era fazer sua prece preferida, a Prece da Purificação. Ela a comparava com o Pai-Nosso, mas preferia essa para a limpeza dos elos. Era sua inspiração fazer as coisas dessa forma. Deu essa prece ao mundo, como um presente a ser utilizado livremente. O dr. Hew Len e eu ainda a utilizamos. Aqui está:

> *Espírito, Superconsciente, por favor, localize a origem dos meus sentimentos, pensamentos de (_____ preencha o espaço com sua crença, sentimento, pensamentos).*
> *Leve cada um dos níveis, camadas, áreas e aspectos do meu ser até essa origem.*
> *Analise-a e revolva de forma perfeita com a verdade de Deus.*
> *Atravesse todas as gerações de tempo e eternidade.*
> *Curando cada incidente e seus agregados com base na origem.*
> *Por favor, faça isso segundo a vontade de Deus, até que eu esteja no presente.*
> *Preenchido de luz e verdade.*
> *A paz e o amor de Deus, o perdão de mim mesmo, por minhas percepções incorretas.*
> *Perdão de cada pessoa, lugar, circunstâncias, acontecimentos que contribuíram para isso, esses sentimentos e pensamentos.*

Morrnah disse que deveríamos fazer a prece quatro vezes, cada vez que quiséssemos desprender algo. Ela sentia que se você memorizasse a prece poderia mais facilmente trazê-la à sua consciência, mas que estava tudo bem em apenas lê-la.

Uma vez, uma médica perguntou a ela se seus sentimentos aborrecidos pela perda de um paciente que falecia ficavam com a alma do paciente. Ela disse: "Sim." Bem pesado, hein? Ela explicou que temos laços com os outros, e a emoção os fortalece. Se queremos desprendê-los, precisamos nos desprender. Para nos desprendermos, fazemos o Ho'oponopono, dizendo o texto anterior.

Segundo Morrnah, somos computadores. Estamos abarrotados de programas que tiveram pouco a ver com o que recebemos. Nascemos em uma linha de tempo que não começou no nascimento, mas antes dele. Ela acreditava em reencarnação, mas dizia que cada um de nós era único. O que trouxemos conosco para essa vida está muito além do que os olhos podem ver. Nossas mentes foram programadas com dados, em sua maioria já não necessários a nós, e tudo isso impede que o Divino nos inspire.

Conforme ela ensinou ao dr. Hew Len e ele me ensinou, nosso único propósito é purificar nossas questões. Mesmo quando temos um problema com outra pessoa, isso está em nós, não na outra pessoa. Para muitos leitores de *Limite zero*, isso foi um problema. Eles passaram por cima ou entenderam mal. Todo o objetivo do Ho'oponopono moderno é apagar os dados em *você mesmo*.

Morrnah repetidamente ensinava que a forma de apagar a programação era com sua prece. Repeti-la quatro vezes era o truque. Também dizia que ninguém mais precisa saber a respeito. Ela explicava que tudo de que você precisa é o nome deles.

Na verdade, é assim que o dr. Hew Len se purifica antes de cada um de nossos seminários Limite Zero. Ele me pedia uma lista de todos os participantes. Só queria seus nomes. Olhava para cada um daqueles nomes e mentalmente apagava quaisquer *cordas aka* entre ele e aquela pessoa.

Com grande frequência usava a borracha na ponta do lápis e ficava tamborilando em cima de cada nome, enquanto silenciosamente dizia: "Gota de orvalho" ou "Apagar". Duvido que fizesse a prece inteira para cada nome – podia segurar a lista e fazia a prece a seu respeito.

Não canso de enfatizar que todo sentido de fazer qualquer parte disso é sua paz interior. Ninguém mais importa, exceto o efeito que ele ou ela tem em seu bem-estar interior. Se alguém o provocar, purifique, purifique e purifique novamente.

Na última aparição pública em que Morrnah foi filmada, alguém perguntou se uma forma de pensamento poderia ser plantada na mente de uma pessoa. Achei essa pergunta fascinante. Desde meu próprio satori (ou vislumbre de despertar), percebi que a comunicação com o Divino é uma via de mão dupla. Você pode se purificar para receber inspiração do Divino e pode claramente *enviar* pedidos ao Divino.

Morrnah disse: "Sim, você pode inserir uma forma de pensamento no computador de outra pessoa." Isso me surpreendeu. O dr. Hew Len disse: "Não mexa com outra pessoa. Você irá mexer com o carma dela e terá muito a pagar." No entanto, ali estava Morrnah, a professora do dr. Hew Len, dizendo que você pode influenciar outra pessoa.

Qual das afirmações era verdadeira?

Ambas. Você pode enviar uma mensagem a outra pessoa através de uma intenção, com o combustível da emoção, imaginando aquilo sendo direcionado para a outra pessoa. Eu torceria para que sua intenção fosse pelo bem e a cura daquela pessoa. Tenho certeza de que Morrnah também desejaria que fosse assim.

Mas isso levanta uma questão: quem sabe o que é certo para quem quer que seja? Não conheço sua linha de vida. Você não conhece a minha. Às vezes, parece óbvio – as pessoas estão sofrendo; então, ajude-as. Mas não vemos o panorama geral. O sofrimento pode levá-las a uma dádiva que não conseguimos prever.

O enfoque de Morrnah era na cura. Tenho certeza de que queria que as formas de pensamento fossem de intenção positiva e abertamente admitia a existência de feiticeiros que praticavam magia negra. E confessou que já haviam usado isso nela, tentando feri-la. Sabia que havia o poder do bem e do que não era tão bom.

Na verdade, os primeiros Kahunas do Havaí frequentemente eram feiticeiros que, segundo diziam, "faziam rezas para que as pessoas morressem". Segundo Julius Scammon Rodman, em seu livro *The Kahuna Sorcerers of Hawaii*, havia mais prática de magia negra do que magia branca. Havia mais ódio do que amor. Havia mais vodu do que luz clara. O amor e o perdão do Ho'oponopono moderno não eram vistos. Era uma arte sinistra de manipulação.

Scott Cunningham, em seu livro *Cunningham's Guide to Hawaiian Magic & Spirituality*, escreveu que alguns Kahunas "mandavam espíritos voando para missões destrutivas".

Parte disso pode ser compreendida. Os cristãos só apareceram em 1820, quando começaram a converter e civilizar os havaianos, banindo costumes, como a famosa dança hula. Antes disso, o medo, a superstição e a paranoia dominavam o povo. Eles ficavam aterrorizados com a terra, o escuro e outras coisas. Os deuses do vento e do mar talvez não os ferissem se agissem de forma correta, oferecessem sacrifícios ou contratassem um mago ou feiticeiro. Achavam qualquer pessoa que pudesse protegê-los como alguém com poderes mágicos. Esses poderes eram geralmente usados para praguejar ou até matar qualquer ameaça percebida. Isso era o Huna inicial – uma arma psíquica.

Morrnah era considerada um das últimas Kahunas remanescentes da velha escola, mas ela usava seus poderes para o bem. A diferença era que, por meio dos ensinamentos de Morrnah, ela focava na *cura de você mesmo*. Seu bem-estar é o suficiente para influenciar os outros. Uma vez, entrou em um hospital e se reuniu com o diretor. Explicou que, se era para o hospital ser mais eficiente, precisava curar a si mesmo. Ela ficou junto a ele e leu a prece. Conforme contou, no dia seguinte o hospital melhorou.

O fato de influenciar outras pessoas sem lhes dizer nada não é novo. Phineas Parkhurst Quimby, geralmente considerado o pai do Novo Pensamento de meados de 1800 e que se tornou a cura Nova Era de todos os tipos, dizia:

> *Fato irrefutável que a filosofia jamais explicou é que pessoas afetam umas às outras, sem que nenhuma delas tenha consciência disso. Segundo o princípio pelo qual eu curo os enfermos, tais incidentes podem ser considerados e podem ser comprovados, acima de qualquer dúvida. O homem é inteiramente ignorante*

quanto às influências que sobre ele atuam e, ignorando a causa, é constantemente suscetível ao seu efeito.

Isso também ajuda a explicar como o dr. Hew Len pôde levar sua vibração pacífica a uma ala caótica de pacientes com doenças mentais e aquietar as pessoas sem que soubessem disso. Eles relaxaram por conta de sua calma silenciosa. Ele os influenciou sem dizer uma só palavra.

Morrnah acreditava que o mundo imaginado é tão sólido quanto o mundo real. Ela sempre dizia que você não precisa de água como uma ferramenta de limpeza, por exemplo, que você podia *imaginar* a água. A mesma limpeza ocorreria. O dr. Hew Len sempre diz que a água azul solar é uma ferramenta de limpeza feita ao se colocar água comum em uma garrafa azul e deixá-la ao sol, por uma hora, mas Morrnah ensinava que tudo que você precisa é a imagem mental da água azul solar. Tudo acontecia na mente.

Uma vez, tive uma sessão de purificação com um praticante experiente de Ho'oponopono que enviara um e-mail completo com letras maiúsculas em lugares estranhos, dizendo: "A meditação começou com a queda de um enorme Arco-íris que veio e aterrissou sobre você e tudo. Conforme se dissolveu, fracionou as lembranças de suas preocupações físicas. O Arco-íris então se dissolveu. Esse processo levou vários minutos. No final, foi-lhe dado um Biscoito Arco-íris. Esse Biscoito é uma ferramenta para você utilizar especificamente com sua experiência de peso. Coma-o com frequência. Imagine-se comendo biscoitos para emagrecer. A meditação fechou. E está feita!"

Para Morrnah e outros veteranos do Ho'oponopono, o imaginário era tão real quanto o físico. Porém, todo o foco está em você e em ninguém mais: *você*.

No primeiro evento Limite Zero, realizado em 2006, dois dos alunos do dr. Hew Len se sentaram no fundo da sala. Eram como estátuas de concreto. Não diziam nada. Não demonstravam qualquer emoção. Ficaram sentados, observando em silêncio absoluto e imóvel. Exceto por suas roupas ocidentais, poderiam passar por monges de uma vida passada.

Quando lhes perguntei o que estavam fazendo, um deles disse: "Nosso trabalho." Eu tive a impressão de que estavam ali para ajudar o dr. Hew Len a manter a sala purificada, para que todos pudessem experimentar um contato com a Divindade mais depressa. Não acredito que estavam fazendo algo além de se purificarem. O enfoque que tinham do seu próprio bem-estar estava apagando dados em todos nós.

Lembre-se, a única intenção é seu próprio bem-estar. Desse local que o dr. Hew Len chama de Zero, você pode se inspirar a ajudar outra pessoa, mas deixe que isso venha da inspiração, não da intenção do ego.

Enquanto isso, continue purificando.

Morrnah sentia que toda vida era sagrada. Ela literalmente encarava assim. Não havia exceções. Ela via objetos inanimados como animados. Ela era o animismo encarnado. *Tudo* estava e está vivo. Ela dizia que o mais importante era respeitar toda a vida.

Não se admira que o dr. Hew Len fale com mesas, cadeiras, tapetes e salas. Ele está verificando o bem-estar de tudo. E reconhece os objetos como vivos. Ele também é animista. Está procurando por quaisquer *cordas aka* para cortar e permitir a purificação.

Sempre achei o dr. Hew Len meio engraçado quando falava com salas e cadeiras; no entanto, conforme a minha coleção de violões cresceu, notei que cada um deles parecia falar comigo. Músicos sempre dizem que os violões trazem canções com eles. Peguei um violão da Huss & Dalton e, enquanto o segurava, subitamente comecei a cantarolar uma porção de palavras incomuns. Aquilo se transformou na canção "Ghost Train", do meu álbum *The Healing Song*, porém, note que a canção não existia até que o violão pareceu contá-la a mim. Agora, já não questiono o dr. Hew Len falando com móveis. Agora falo com violões.

Morrnah ia ainda mais fundo. "Você pode purificar a sala", ela disse, uma vez, "mas e quanto à terra?" Ela explicou que toda terra era sagrada e precisava de cura. Quando as máquinas vieram e a construção começou, a terra foi profanada. A terra também precisa de cura.

Enquanto eu escrevia isso, recebi o manuscrito de um livro de Mark Anthony, um advogado da Flórida, que tem a habilidade de ver o mundo invisível. Ele se denomina advogado vidente. Seu livro está repleto de provas – de sua própria experiência até a experiência de pesquisadores – provando que há um mundo de seres invisíveis.

Morrnah era frequentemente convidada para ajudar espíritos invisíveis em hospitais a concluírem seus assuntos, perceberem que estavam mortos e prosseguirem em sua evolução. O dr. Hew Len sempre alertava para não se prestar atenção a fantasmas, já que sua atenção os atrairia. Ele sente que seu dever fundamental é cuidar de si mesmo.

No entanto, sempre que Morrnah ou o dr. Hew Len se deparavam com espíritos com assuntos inacabados, eles os purificavam. Como? Repetindo a prece Ho'oponopono. Para ambos, a prece era uma ferramenta de purificação que rompia as *cordas aka* e liberava os dados, de modo que todos os envolvidos podiam ser livres. Morrnah uma vez foi solicitada a purificar Pearl Harbor, pois almas de falecidos habitavam a região. Ela concordou em fazê-lo.

Também acreditava que você nunca faz uma purificação em si. "A prece é uma aplicação para alívio", explicava ela. O dr. Hew Len chama de petição. Sua purificação é um pedido. Cabe à Divindade fazer qualquer coisa. Às vezes, uma pessoa tem um débito cármico a pagar e não haverá Ho'oponopono que chegue para ajudar, a menos que o Divino mostre que a dívida foi paga.

Resumindo, purifique e desapegue. Purifique e confie. Pratique o Ho'oponopono e tenha fé. Confie no processo. Qualquer outra coisa é exigência do ego, e o ego não está no controle. O Divino é que está.

Tem gente demais nos círculos de cura culpando as pessoas por não serem curadas. Elas dizem que você tem de fazer isso ou aquilo, que é culpa sua se nada acontecer. Infelizmente, esses curadores estão causando mais danos do que benefícios. Segundo o autêntico Ho'oponopono moderno, ninguém deve ser culpado. Jamais. Você tem problemas por conta dos dados e você trabalha para apagar os dados. Mas, se os dados serão apagados ou não, não cabe a você.

Na verdade, gera *mais* dados esperar resultados de uma maneira específica. A crença são dados. Por isso que o dr. Hew Len continuamente enfatiza, tanto em público quanto em particular, que ele só está ali para purificar. O restante cabe à Divindade.

Não se admira que haja quem considere Morrnah esquisita. Ela não podia garantir resultados. Podia garantir que faria a purificação, mas os resultados não cabiam a ela.

Pense a respeito.

E purifique.

4
O verdadeiro Ho'oponopono poderia, por favor, se apresentar?

A clareza é o recurso mais importante de sua vida.
– DR. IHALEAKALA HEW LEN

De onde veio o Ho'oponopono, mesmo?
O dr. Hew Len sempre diz que veio de outras galáxias. Há uma extensão mental para você. Ele me disse que pode ter vindo de Lemúria, um continente perdido semelhante à Atlântida que pode ou não ter existido. Como um escritor que deseja saber de fatos rastreáveis, não achei nenhuma dessas duas possibilidades muito úteis.

Qual é a verdade?

A forma original do Ho'oponopono era usada como ferramenta para curar relacionamentos e resolver conflitos de família. Tem pelo menos um século, sem origem clara, embora se suponha ser polinésia.

Segundo o livro *Nana I Ke Kumu* (*Procure a fonte*), vol. 1, que Morrnah recomendava, para o entendimento do velho método de H'oponopono, "Ho'oponopono era essencialmente um assunto de família ou somente os mais envolvidos no problema".

Usado no Havaí por terapeutas, pastores, conselheiros e chefes de família, geralmente envolvia uma família sentada em círculo e revezando a palavra para falar sobre suas diferenças, rancores, raivas etc. A finalidade era extravasar a emoção, sendo ouvido e terminando com o perdão.

Ainda é utilizado hoje, porém, com uma variedade de gente interpretando como deve ser feito. Muitos acham que está contaminado. Segundo *Nana I Ke Kumu*, "quando o cristianismo chegou, há mais de um século, o Ho'oponopono sumiu". A abordagem da antiga escola seguia estas diretrizes:

- Reza de abertura (prece)
- Uma afirmação do problema a ser resolvido ou sanado
- Análise pessoal dos pensamentos e ações de cada pessoa
- Verdade absoluta
- O líder controla a discussão e dirige o grupo
- Confissão honesta de atos errados aos deuses e uns aos outros
- Acordo em recompensar as partes lesadas
- Reza de fechamento (prece)

Nos tempos anteriores ao cristianismo, o sacrifício de um animal seguia a prática já citada, do Ho'oponopono tradicional. Depois que o cristianismo foi introduzido, uma refeição vinha após o ritual. Morrnah dizia que comer frutas após já estava ótimo.

O Ho'oponopono que eu e o dr. Hew Len ensinamos é atualizado segundo o que Morrnah ensinava. É basicamente o mesmo que o Ho'oponopono tradicional, mas sem que seja necessário mais ninguém. É tudo feito por dentro. O insight de Morrnah era ter tudo a ver com você. O dr. Hew Len vai até mais além e diz que não é preciso mais ninguém. Por isso que não é necessário ensinar o Ho'oponopono ou criar produtos ao redor dele. Tudo que você precisa é do processo – então, só precisa fazê-lo. Em todo caso, ter um treinador pessoal (como o dr. Hew Len tinha Morrnah e eu tive a ele) pode ajudar.

Uma vez perguntei ao dr. Hew Len se eu deveria fazer treinamento de Ho'oponopono. "Não", disse ele, sem pestanejar. "Você já está lá."

Eu não concordava; portanto, continuei a me encontrar com pessoas que haviam estudado ou com Morrnah ou com o dr. Hew Len. Queria absorver tudo que pudesse. Claro que eu só estava acrescentando dados ao meu disco rígido mental, já tão sobrecarregado.

Que ótimo. Mais para purificar.

O que é o verdadeiro Ho'oponopono? Aquele que você pratica.

É basicamente uma ferramenta, não uma religião de supremacia. Ao longo do caminho, muitas pessoas criaram produtos ao redor do Ho'oponopono. Claro que até o dr. Hew Len tem itens à venda. Ele oferece seus adesivos Ceeport, por exemplo. Essa foi a imagem que ele foi inspirado a criar. Ceeport significa "purificar, apagar, apagar e regressar ao porto". Ele tem a mesma imagem em seu cartão de visitas, o qual vende por dez dólares cada. Sempre admirei essa ousadia. A maioria das pessoas luta para encontrar meios de fazer com que os outros aceitem seus cartões de visita. O dr. Hew Len os *vende*.

Uma vez, quando alguém perguntou sobre criar e vender um produto inspirado no Ho'oponopono, o dr. Hew Len disse: "Se a ideia vier da inspiração, está tudo bem."

Usando ou não esses produtos, você se sente inspirado. Mas pergunte a si mesmo se realmente os precisa. No Ho'oponopono, a única pessoa a mudar é você mesmo. Quando você usa o método em seus próprios aborrecimentos, independentemente de quem ou o que o provocou, então está praticando o Ho'oponopono autêntico. Não precisa de mais nada.

Por mais que eu adorasse vê-lo comprar mais cópias deste livro (e do *Limite zero*) e dá-los a todos que você conhece, só você precisa fazer algo em relação aos problemas que você passa. Sei que é tentador dizer aos outros "purifique", mas não é assim que funciona o Ho'oponopono autêntico.

Ninguém mais tem de fazer nada para resolver qualquer problema.

Apenas você.

O Ho'oponopono tradicional é assim: alguém está aborrecido por conta de uma situação. Para resolverem isso, todos os envolvidos são chamados para uma reunião. Nessa reunião, os rancores são externados, nem sempre com o amor ou a aceitação do perdão. O líder do grupo faz com que todos assumam responsabilidades, e a reunião prossegue pelo tempo necessário, até que haja uma resolução completa, significando que o amor incondicional é restituído no grupo.

O Ho'oponopono moderno é assim: você está aborrecido por uma situação. Então, você se volta para si, sente a dor e roga à Divindade (Deus, Gaia, Tao, Zero, Natureza...) para remover seu programa interior (dados, pensamento ou crença) que causou ou atraiu a situação. Você repete essa purificação, apagamento ou reparação, até que esteja se sentindo em paz.

No primeiro cenário, você precisa de outros e depende deles. No segundo, não precisa de ninguém. O dr. Hew Len, Morrnah e eu ensinamos a segunda abordagem.

Por exemplo, uma amiga minha estava tendo problemas para lidar com uma mulher de seu grupo. A mulher parecia dizer e fazer todas as coisas só para irritar a todos. Pelo fato de que eu não era do grupo e não conhecia a mulher que estava provocando todo mundo, nada disso me incomodava. Eu não estava envolvido, mas minha amiga certamente estava.

No desespero, finalmente me disse: "Tentei o Ho'oponopono, pois não conseguia resolver a situação."

Em outras palavras, estava tentando resolver o conflito que vivenciava, dizendo e fazendo as coisas de forma diferente. Mas nada disso estava funcionando. Por conhecer o método do livro *Limite zero*, ela decidiu fazer uma tentativa. Como resultado, conseguiu encontrar a paz interior e finalmente dormiu um pouco.

Conseguiu zerar a situação.

Aqui está outro exemplo: há vários anos, minha mãe esteve na emergência de um hospital. Estava doente havia 13 anos. E havia piorado muito. Estava sofrendo. Seus órgãos vitais estavam falhando. A família inteira foi chamada. Cancelei eventos para ficar ao seu lado.

Ela estava numa unidade de terapia intensiva que se restringia a apenas cinco pacientes além dela. Três deles morreram enquanto eu estava lá visitando. Quando vi minha mãe, tão pálida e fraca, me senti impotente. Parte de mim até se sentiu zangada. Achei que ela poderia ter se cuidado melhor. Eu estava aborrecido e assustado. Não sabia o que fazer. Até os médicos pareciam apenas mantê-la nos aparelhos e nada além disso. Eu não estava em paz e me sentia impotente para fazer qualquer coisa.

Lembrei-me do Ho'oponopono. Todo o sentido é que eu encontrasse a minha paz interior, e minha paz poderia ajudá-la naquilo de que ela precisasse para ficar ou na transição. Comecei a me trabalhar. Eu precisava recuperar a paz. Pela minha pesquisa sobre cura e curadores, sabia que meu próprio bem-estar poderia afetar os que estão à minha volta. Fiz tudo que sabia fazer.

Fiquei ali sentado, olhando para dentro de mim, e repeti as frases "Eu te amo; desculpe; por favor, me perdoe; obrigado". Eu não estava dizendo para ela e não estava falando em voz alta. Ninguém podia saber o que estava fazendo e provavelmente pensavam que estava meditando, rezando ou simplesmente sentado em silêncio impotente. Continuei a fazer essa prática até terminarem as horas de espera.

Isso foi há muitos anos. Minha mãe ainda está viva. Ela está em casa. Não está tão melhor, mas ainda está viva, respirando e conversando, compartilhando e se comunicando. Ela tem dias muito ruins e dias muito bons. Há momentos em que me olha e diz: "Eu te amo." Houve feriados quando esteve na sala, com todo mundo, e ficou com a família.

Meu pai é o principal cuidador. Como ex-funcionário da Marinha americana, tendo servido na Segunda Guerra Mundial, e casado com minha mãe há mais de sessenta anos, ele vê como missão cuidar dela; portanto, o restante da família e eu abrimos caminho e o deixamos fazer o que acha melhor. Enquanto isso, a vida prolongada de minha mãe parece realmente um milagre.

Será que minha prática de Ho'oponopono salvou sua vida? Será que minha prática lhe deu seus anos extras, ou minha prática nada fez, além de me trazer paz?

Eu não sei. Não tenho meios de medir algo assim. Mas sei que minha paz interior me permitiu estar com minha mãe, de estar centrado e presente, e isso é um verdadeiro milagre. Talvez o fato de eu permitir a realidade do momento, sem julgamentos ou exigências, tenha libertado minha mãe para fazer aquilo de que seu ser precisava: nesse caso, melhorar o suficiente para voltar para casa.

Segundo Larry Dossey, médico e pesquisador, está escrito em seu livro, *Healing Words*: "Pesquisadores sugerem que os curadores serão mais eficazes se se esforçarem para se livrarem completamente de visualizações, associações ou metas específicas." Ele segue explicando que pode ser melhor permitir a abordagem "Seja feita a Tua vontade" para a cura.

Segundo disse Henry Ward Beecher, "a força de um homem consiste em encontrar o caminho de Deus e seguir esse caminho".

Isso é mais fácil de dizer do que fazer, é claro. Ver minha mãe quase morrendo numa UTI foi inquietante. Eu queria um desfecho certo: sua recuperação. Mas o autêntico Ho'oponopono nos ensina que o Divino é quem guarda o desfecho perfeito, não eu. Preciso ter fé a ponto de me desapegar, fazendo o único trabalho necessário para encontrar a minha paz interior.

Vamos mais fundo nisso.

5
De quem é mesmo a culpa?

Não é o povo; não é a pessoa. É o programa.
– DR. IHALEAKALA HEW LEN

Um amigo passou em minha casa e me fez várias perguntas sinceras sobre *Limite zero*.
– Como uma *criança* já podia ter crenças limitadoras?
A pergunta surgiu porque a filha do dr. Hew Len tinha uma doença de pele e, quando ele conheceu Morrnah, ela ajudou a curar a criança.
– Mas como a criança pegou a doença? Elas não são inocentes?
Chegamos à vida com uma programação. A ciência da genética confirma que o que foi feito por nossos bisavós frequentemente aparece no DNA de uma criança de hoje. Não chegamos a este mundo com uma tela em branco. Não somos um quadro branco sem nada escrito. Chegamos com uma programação – depois, fazemos o download de mais conteúdo de nossos pais e outras pessoas, assim como da cultura em que vivemos.
Eu disse ao meu amigo que uma pessoa trabalhando em meu Miracles Coaching® tinha perdido seus gêmeos, logo depois que nasceram. A mãe se sentia culpada, imaginando o que havia feito de errado. O médico disse que não tinha feito nada errado. Não era culpa dela.
Em outro caso, um famoso fisiculturista que conheço teve um ataque do coração. "Como?", ele se perguntava. Sempre comeu conscientemente, sempre se exercitou. Fazia tudo certo. O médico

explicou que não foi nada que ele fez. Estava em seu organismo herdado, baseado no que a árvore genealógica fez, até antes de seu nascimento. Ele não tinha nada a ver com isso.

Meu amigo compreendeu. "Se isso é verdade, então temos muita purificação a fazer", resumiu ele. E esse é o objetivo do Ho'oponopono. Há tantos dados a serem purificados que talvez nunca consigamos literalmente parar.

O dr. Hew Len estava caminhando pelo centro de Austin durante um dos eventos que fizemos juntos. Ele disse bom-dia a um estranho em um ponto de ônibus. Não houve resposta. O dr. Hew Len disse que ficou instantaneamente zangado. Ele queria um olá amistoso. Isso mostra quanta purificação temos que fazer. O dr. Hew Len vem praticando a purificação há mais de 25 anos; no entanto, a petulância de um estranho o ofendeu.

Continue purificando.

A maior parte do que você precisa purificar é inconsciente. É sua programação. Também tenho. Venho purificando há anos, o que me levou a momentos de descobertas e de união com o Divino, mas não terminei. Nem vocês. Se você está lendo isso, tem mais trabalho a fazer. Isso não é um julgamento de você ou de mim. Nós somos humanos. Herdamos programas. Ninguém tem culpa. Contudo, temos a responsabilidade de purificar o mundo e nos purificar.

Se você quer ser um com a vida e se sentir contente agora, continue purificando. Eu digo contente, embora costumasse dizer que o objetivo é ser feliz agora, e acrescentar essa felicidade é uma opção – até uma conversa com um amigo que me fez repensar minha linguagem.

Mathew Dixon é um guitarrista de flamenco moderno e meu professor de violão. Ele me ajudou a me preparar para o meu primeiro CD musical, o *Blue Healer*. Depois prosseguimos e criamos dois álbuns musicais, *Aligning to Zero* e *At Zero*. Quando ele vem me visitar, geralmente falamos mais da vida e do Ho'oponopono do que de violão ou de música.

Um dia, Mathew comentou sobre a ideia de que a felicidade é fugaz. Ele disse que todos nós queremos amor e, com essa finalidade, fazemos todo tipo de coisa. Porém, segundo ele, o que mais queremos é contentamento. Isso me lembrou a palavra *imperturbabilidade*. Em outras palavras, queremos estar em paz. A felicidade pode ser uma forma de expressar isso. O contentamento é outra.

A maioria de nós não é feliz, tranquilo, contente. Sempre digo que, se você quiser saber o quanto é esclarecido, deve visitar sua família. Eles sabem como provocá-lo. Poucos de nós se sentem contentes quando cercados pela família por qualquer período. Eu costumava visitar minha família com um escudo psíquico. Eu ficava nervoso, esperando que alguém criticasse o meu estilo de vida ou a mim. No entanto, nesses dias, geralmente volto para casa em paz. Fico purificando e, de alguma forma, minha família parece mudar.

Você precisa fazer a limpeza, incessantemente. É seu bilhete para o contentamento. Outros privilégios virão pelo caminho, alguns quase místicos e sobre-humanos (falarei sobre isso mais tarde). Você não quer se ater a prêmios. Purificar para obter qualquer coisa é um programa. Você se purifica para estar aqui, agora. O milagre é agora. O poder é agora. O prêmio, de fato, é o agora. Ainda assim, não conheço ninguém que esteja dentro do aqui e agora; portanto, prossigo purificando.

De onde vieram? Por que as quatro frases funcionam?

Não consigo encontrar nenhum apoio em pesquisas quanto à origem das frases. É fácil concluir que as crenças cristãs (como o arrependimento com o "Desculpe" e "Por favor, me perdoe") estavam envolvidas. Também fica aparente que as antigas superstições havaianas podem ter criado frases em torno da entrega aos deuses ou uma Divindade que poderia curar ou ferir. Também é tentador dizer que as quatro frases são mais diretas do que qualquer pessoa diria, em uma sessão de terapia em grupo, como "Por favor, me perdoe por jogar tomates em sua casa", e terminar com o perdão ("Desculpe"), para que um possa dizer ao outro: "Eu te amo".

Independentemente de como chegaram, as quatro frases estão aqui para ficar. Agora, milhares de pessoas as repetem para que se curem de uma longa lista de reclamações.

Mas por que as frases funcionam?

Isso é ainda mais difícil dizer. Pode ser simplesmente pela crença. O placebo é poderoso. Em combinação com a famosa história do dr. Hew Len e a ala hospitalar que ele ajudou a fechar, tornou-se fácil acreditar que as frases têm poderes mágicos.

E não podemos negligenciar a possibilidade de que as frases tenham, mesmo, poderes mágicos. Seja se o poder venha de sua crença em acreditar nelas ou de fato dizê-las, independentemente do que você acredita, ninguém pode saber com certeza. Posso imaginar um cientista criando um estudo no qual um conjunto de pessoas utiliza as frases e outro, não. Então, *talvez* possamos dizer o que deu certo. Porque há muitas variáveis em tal estudo, mesmo isso não pode ser conclusivo. (Só para constar, o dr. Hew Len uma vez me mandou um estudo revelando que as pessoas faziam cair a pressão sanguínea usando as quatro frases como meditação. Mas o estudo foi tão pequeno que não valeu praticamente de nada.)

Sempre explico que as quatro frases dão a centelha para um processo mais longo. Por exemplo, quando eu digo "Desculpe", estou realmente pensando: "Peço desculpa por quaisquer programas em mim que criaram esse acontecimento." Quando digo "Por favor, me perdoe", na verdade, quero dizer: "Por favor, me perdoe pela minha inconsciência dos meus próprios processos de pensamento." Quando digo "Obrigado", estou querendo dizer: "Obrigado por liberar esse programa do meu ser." Quando digo "Eu te amo", estou regressando à Fonte (à Divindade ou ao Zero) e limpando o meu quadro branco interior.

A boa notícia é que hoje há mais métodos de limpeza para nosso uso que trazem resultados rápidos, e nós os abordaremos no próximo capítulo. Por hora, vamos olhar como a ciência respalda as ideias por trás da cura do Ho'oponopono.

6
De onde estão vindo esses programas?

Você já é perfeito.
– DR. IHALEAKALA HEW LEN

Eu *adoro* o campo da neuroplasticidade. É fortalecedor. Afirma que seu cérebro pode ser moldado como plástico. E pode ser remodelado e rebobinado *por você* – uma neuroplasticidade autodirigida. Isso ajuda a explicar como funciona o Ho'oponopono.

Segundo o dr. Jeffrey Schwartz, em seu livro mais recente, *You Are Not Your Brain*, escrito com Rebecca L. Gladding, doutora em medicina, literalmente qualquer hábito pode ser mudado com o processo de quatro passos. Agora você pode acabar com qualquer autossabotagem ou maus hábitos. Você pode se libertar.

Entrevistei o dr. Schwartz. Esse médico psiquiatra e pesquisador passa uma alta energia, tem fé profunda e adora seu trabalho. Ele foi consultor do filme *O aviador*, de Martin Scorsese, sobre a vida de Howard Hughes. Agora, Schwartz está ajudando gente como nós a aprender a rebobinar nossos cérebros para que possamos obter os resultados que queremos para nos tornar as pessoas que queremos ser.

Na essência de sua abordagem inovadora está a compreensão de que você é algo além de material. Por isso que você pode se separar de seu cérebro, ter consciência dele e, de fato, rebobiná-lo.

Schwartz é um homem da ciência que também escreveu um livro com base científica, publicado em 2002, intitulado *The Mind and the Brain: Neuroplasticity and the Power of Mental Force*. No entanto, ele também é um homem espiritual e não teme dizê-lo.

Ele não declara de onde vêm os pensamentos, mas sugere que alguns deles servem e outros são mensagens enganadoras do cérebro. Esses últimos, você pode aprender a ouvir, mas não a obedecer. Eu disse a Schwartz que na maioria dos meus livros, tal como *The Attractor Factor*, chamo de crenças limitadoras o que ele chama de mensagens cerebrais enganadoras. Ambos são pensamentos que não servem aos seus altos ideais. Schwartz explicou que, em seu trabalho com pacientes com TOC (Transtorno Obsessivo Compulsivo), as ressonâncias cerebrais revelaram que eles estavam obedecendo às mensagens cerebrais disparadas pelo cérebro que os estavam prejudicando. Mas não era um problema com os pacientes e sim *com os seus cérebros*. Com novas habilidades, puderam aprender a treinar seus cérebros. (O dr. Schwartz escreveu sobre TOC em seu primeiro livro, *Brain Lock*.)

Isso vale para todos nós. Nossos cérebros nem sempre estão ajudando. A mensagem para nós é que, independentemente da dificuldade, você sempre pode mudar as coisas. O desafiador é aprender como. Os quatro passos de Schwartz são uma solução universal que se aplica a tudo – seja o que for –, coisas como vício em Blackberry ou em iPhone, compras compulsivas, bulimia, vício em fast food, trapaça, procrastinação e como parar de regressar ao seu ex nocivo.

Em outras palavras, esses pensamentos que surgem em sua cabeça, como "Esse negócio de Ho'oponopono é baboseira!", não estão vindo de você, mas do seu cérebro.

Schwartz os chama de mensagens cerebrais enganadoras, contudo, até que você as separe de si mesmo, você *sentirá* que são você. Purificar o ajuda a apagá-las de sua memória. Purificar o ajuda a ludibriá-las para que não disparem mais.

Resumimos os quatro passos de Schwartz para ajudá-lo a dominar isso:

Passo 1: Refaça o rótulo: Identifique as mensagens cerebrais e as sensações desconfortáveis; chame-as do que realmente são.

Passo 2: Reformule: Mude sua percepção da importância das mensagens cerebrais enganadoras; diga por que esses pensamentos, ímpetos e impulsos o estão incomodando ("Não sou eu, é só meu cérebro!").

Passo 3: Refaça o foco: Dirija sua atenção na direção da atividade ou processo mental que seja salutar e produtivo – mesmo quando pensamentos, ímpetos, impulsos e sensações falsos e enganadores ainda estiverem presentes e incomodando você.

Passo 4: Reavalie: Claramente observe esses pensamentos, ímpetos e impulsos pelo que são – sensações causadas por mensagens cerebrais enganadoras que não são verdadeiras e têm pouco ou nenhum valor.

Você pode exercitar seu corpo e sua mente. Por hora vou chamar isso de ioga cerebral. Essa informação o ensina a ser o piloto de seu cérebro e não um passageiro, deixando que o faça voar de encontro a paredes. Livros e pesquisas feitas por cientistas pioneiros da neurociência, como Schwartz, me empolgam e inspiram, pois provam que você pode ter o que quiser, com persistência, determinação e estratégia.

Mais importante, pode chegar a um ponto em que esteja aqui. Você está vivenciando esse momento inteiramente, é capaz de ouvir o Divino sussurrar suas intenções e inspirações, e consegue agir segundo elas, sem hesitação ou medo.

Até lá, purifique, purifique, purifique.

7
Botão de controle: o efeito placebo

Segndo um psequiasdor da Cmabridge Uinervtisy, não imorpta a oredm dsa lteras de uam paalrva, a uinac ciosa imoprtnante é qeu a pirmiear ltera esetja no lugra creot. O resot poed etsar uam bagnuça e você anida irá lre sem porbelma. Ioss é proqeu o créebro hmuaon não lê cdaa ltera sozniha, mas a paalrva coom um tdoo.

Seu cérebro é elaborado para criar atalhos a fim de compreender a realidade e buscar quaisquer ameaças à sua sobrevivência. Um dos meios pelos quais ele faz isso é preenchendo as lacunas – exatamente como você fez, enquanto lia as palavras inarticuladas acima. No entanto, essa habilidade ímpar também pode criar problemas na percepção. Sua mente pode ser inclinada ao erro – e talvez *você* nem perceba.

Em 2005, o filme *Control* é um grande exemplo de como isso funciona. É a história de um sociopata, sentenciado à morte por injeção letal, a quem foi dada uma segunda chance na vida. Tudo que ele tem de fazer é ser voluntário para uma experiência (como um hamster) com uma nova droga que todos esperavam trazer a paz para uma alma perturbada. O ator Ray Liotta, interpretando o personagem protagonista do assassino, relutantemente concorda.

Com o passar do tempo, seu personagem se acalma, vivencia o remorso e verdadeiramente parece ter mudado. Mas logo descobrimos que todos os outros voluntários, alguns utilizando a mesma droga experimental, morreram. No entanto, Ray continua vivendo. Por quê?

Não quero estragar o filme para você, mas só vou dizer o seguinte: suas expectativas criam os resultados que você obtém. Você não precisa saber conscientemente quais são essas expectativas. Irá tirar conclusões a respeito a partir de pessoas à sua volta e de seu próprio passado.

Aí que o Ho'oponopono chega para salvar o dia.

Segundo o dr. Hew Len, nosso passado faz parte de nossa programação. O que esperamos da vida e uns dos outros vem das conclusões que tiramos de nossas experiências. Em outras palavras, você quase nunca enxerga o momento claramente. Você vê através de um filtro.

No filme *Control*, o ator principal tivera uma criação violenta. Ele havia presenciado crimes de paixão e ódio. Inconscientemente concluíra que sua vida seria o que viu. Claro que isso não era verdade, pois não tinha de ser assim. No entanto, sua mente tirou conclusões e ele inconscientemente as vivenciou.

À medida que a história se desenrola, ele conhece alguém que o ajuda a tirar uma nova conclusão a respeito de si mesmo e começa a mudar drasticamente. Por quê? Porque sua nova percepção de si mesmo cria um novo modo de ser – ele se torna uma alma benevolente em lugar de violenta.

O Ho'oponopono nos ensina que seu passado não é uma linha de tempo sozinha.

O dr. Hew Len diz que carregamos dados de amebas e de todas as vidas desde o início do universo. É mais que você carrega na consciência de sua vida atual. Sua bagagem é pesada. Você fez as malas para uma viagem algumas vidas atrás. Ainda não desfez as malas. Portanto, o que vê e vivencia é raramente a pureza desse momento.

Mesmo enquanto lê essas palavras, sua mente as transmite a você através de um filtro da programação preconcebida. Se foi ensinado a você ser cético, você lerá esse livro de um jeito. Se você foi ensinado a ser aberto, irá ler de outro modo. Se você gostar de mim e dos meus livros, terá uma determinada expectativa. Se você for uma daquelas pessoas que não gostam, vai ler este livro de outro jeito.

Bem, onde está o livro?

Se há múltiplas formas de assimilar essas palavras, dependendo de seus dados pessoais e suas expectativas, onde está a realidade deste livro?

Aqui está outro teste mental para ajudar a elucidar como as funções cerebrais seguem esses parâmetros. Leia a frase seguinte e conte quantas letras F você vê:

FINISHED FILES ARE THE RESULT OF YEARS OF SCIENTIFIC STUDY COMBINED WITH THE EXPERIENCE OF YEARS.

Esse exemplo ajuda a demonstrar como seu cérebro tem falhas. (A propósito, há seis Fs. Você chegou a notar os que estão na palavra *of*?)

Aqui está outro teste: Quantos animais de cada espécie Moisés colocou na arca?

A menos que você já tenha visto essa pergunta, provavelmente respondeu "dois". Mas você estaria errado. Moisés não reuniu animais. Foi Noé quem o fez.

Segundo Wray Herbert, em seu livro *On Second Thought*, um estudo foi conduzido, no qual alunos universitários foram solicitados a ler instruções no início de um programa de exercício. Um grupo leu as instruções de uma fonte arial preta, clara e legível. O outro grupo leu as mesmas instruções, mas em fonte brush, fazendo parecer que "tinha sido escrita à mão, em paintbrush japonês".

Então, foi solicitado que os alunos iniciassem a rotina de exercícios. Os que leram as instruções na fonte fácil sentiram que o programa seria fácil de começar e realizar. Mas os que leram as mesmas instruções com a fonte mais difícil sentiram que o programa seria excessivamente difícil. Eles nem o fariam.

Segundo o que Herbert escreveu, "os que penaram para ler as letras desenhadas em paintbrush japonês não tinham qualquer intenção em seguir ao ginásio. Apenas a leitura já os cansou".

Perceba que esses alunos não sabiam *conscientemente* que o desenho das instruções estava afetando suas decisões. Isso ocorreu sem que tivessem consciência. Um tipo de fonte os influenciou.

Seu cérebro faz julgamentos súbitos o tempo todo. Ele está tentando ser eficiente e mantê-lo em segurança, e é preguiçoso. Porém, como revelam os exemplos anteriores, esses atalhos talvez estejam limitando sua capacidade de enxergar a realidade da vida e fazer mudanças quando você quiser fazê-las. Talvez você nem veja como tudo e todos à sua volta o estão influenciando. Está ocorrendo de forma totalmente inconsciente.

O Ho'oponopono o convida a abrir mão da programação passada que, essencialmente, cria essas falhas mentais, esquecendo todo e qualquer ato passado, para encontrar o amor e a aceitação deste momento.

É um pedido difícil. O dr. Hew Len não acredita que conseguiremos fazê-lo nesta vida. (Acho que ele está sendo pessimista, mas isso é um dado meu.) De qualquer modo, a atitude a tomar é purificar. Purificar neste livro, em sua vida, em suas expectativas – em qualquer coisa, todas as coisas que lhe ocorrerem que não estejam no *milagre do agora*.

O filme *Control* demonstrou que você obtém o que espera, mesmo quando isso é inconsciente. Mas isso foi um filme.

E quanto à vida real?

Em uma postagem que escrevi para um blog, mencionei acreditar em magia, e alguém comentou, querendo saber sobre os guerreiros antigos que usavam coletes mágicos para se protegerem de flechas e balas. Ele achava que eles estavam mergulhados no pensamento mágico, não na realidade.

Achei isso estranho.

Se eu fosse a uma batalha, usaria qualquer coisa que prometesse me proteger, incluindo um colete mágico – e eu colocaria bem depressa. Vestiria até fios de macarrão na cabeça, ou um colar de cocô de coelho, se eu achasse que isso me ajudaria.

Acho que você seria ligeiramente tolo em não fazer o que fosse preciso para se sentir mais forte, desde rezar até os rituais e ornamentos – o que for. Qualquer coisa que o ajudar a passar por uma experiência aterrorizante como uma guerra deve ser aceitável.

Mas vamos olhar um pouco mais fundo o comentário do meu amigo. Quando o pensamento mágico se torna um problema?

Minha pesquisa sobre placebos – definidos como "pílulas inofensivas, remédio ou procedimentos prescritos mais para benefício psicológico do paciente do que qualquer efeito psicológico" – confirma que, quando você acredita em alguma coisa, sua crença tende a fazer aquilo se tornar realidade.

Há estudos científicos chocantes provando que, quando as pessoas com problemas de joelho foram levadas a acreditar que passaram por uma cirurgia do joelho – receberam anestesia e incisões nos joelhos, mas não cirurgia –, de fato melhoraram.

Mais recentemente, um estudo revelou que um placebo funciona ainda melhor quando você sabe que é um deles.

Isso não é novidade. Sei do poder da crença desde os anos 60, quando li *The Magic of Believing*, obra-prima de Claude Bristol. Sua crença molda a realidade. Acredite que algo seja verdade sobre você mesmo ou sobre seu mundo e você tende a atrair as circunstâncias que surgirão.

Isso também funciona com crenças negativas.

O *nocebo* é uma expectativa negativa e igualmente criará uma condição para ela. Em outras palavras, se você acreditar que as coisas vão dar errado ou que algo terá um efeito danoso, tenderá a atrair essa expectativa.*

---

* www.washingtonpost.com/ac2/wp-dyn/A2709-2002Apr29

Isso leva a um apuro interessante.

Se sua crença influencia sua realidade de forma tão drástica, então quando a sua crença está em conflito com a realidade? Por exemplo: vestir um colete mágico para ir à guerra é apenas iludir-se? A crença em um desfecho positivo é apenas ilusão, apesar da realidade? A crença em um desfecho negativo é um erro, apesar das provas contrárias?

Provavelmente.

Sim, você pode estar se iludindo quando veste um colete mágico ou um anel abençoado. Mas é exatamente essa ilusão que pode ser a crença que irá ajudá-lo a atravessar a vida com força e até ser a ousadia extra de que você precisa para ajudá-lo a sobreviver e prosperar.

Coloque dessa forma e qual será a sua saída? Entrar na batalha sem nada? Passar pela vida sem força?

Pelo fato de que sua crença é o elemento de controle nessa situação, você está livre para acreditar no positivo, no negativo ou em *nada*. (Coloco *nada* em itálico, pois até acreditar em nada ainda é acreditar em *alguma coisa*.)

Alguns acham que o grande deus chamado Ciência é a supremacia do que é realidade; no entanto, a ciência está sempre chegando a conclusões que contradizem as anteriores. E a ciência atual por trás dos placebos prova que o que você acredita é mais importante do que a assim chamada realidade à sua volta.

Se a ciência for o fator decisivo sobre a realidade, por que todos os cientistas não concordam? Por que há cientistas que acreditam em percepção extrassensorial, por exemplo, e outros que não acreditam?

Nossa, achei que a ciência fosse o veredicto.

Deixei de ler revistas populares de ciência, como a *Psychology Today*, porque estava claro que simplesmente relatava os estudos recentes. Se você esperar o tempo suficiente, irá descobrir novos estudos que serão conflitantes com os antigos. E assim vai.

Resumindo, o que é real?

Desde que lancei meu livro e o programa em áudio *The Awakening Course*, tenho enfatizado que a realidade é uma ilusão. Não é uma ideia nova. Buda e outros, principalmente os professores de não dualidade, vêm dizendo a mesma coisa. Quando você vem do quarto estágio de despertar, você vê a ilusão.

Como disse Einstein: "A realidade é meramente uma ilusão, apesar de ser bem persistente."

Novamente, você é livre para usar amuletos ou coletes mágicos, ou não fazer nada disso. Você pode depositar a sua fé na magia ou pode colocar sua fé na realidade.

Ambas refletem suas crenças. Ambas são, essencialmente, realidade.

Afinal, a chamada realidade que você enxerga é vista por meio de suas percepções, e essas percepções são feitas de suas crenças.

Se você me conheceu, me ouviu falar, viu minhas fotografias, me viu na televisão ou no cinema, sabe que uso anéis e colares de miçangas. Algumas peças são para *branding*, outras possuem verdadeiros amuletos – e acredito que me ajudam. Na verdade, sempre que falo em público, uso uma pedra especial feita com parte de um meteorito Gibeon, que estimam possuir quatro bilhões de anos (mais velha do que o planeta Terra). É linda, e eu sinto uma energia extra quando uso. Também foi um presente de Nerissa, minha esposa, há uma década; portanto, também tem um valor sentimental. (Você pode me ver usando-a nas capas dos meus livros *Attract Money Now* ou *Instant Manifestation*.)

O que é mais importante a respeito? Minha crença nela.

Dito isso, o que é real, de fato?

A verdade é que prefiro acreditar em um universo mágico e ver minha vida florescer com milagres a andar por aí, temendo cada folha que cai.

Ao mesmo tempo, concordo com o ditado sufi: "Confie em Alá, mas primeiro amarre seu camelo." Voltando ao comentário do meu amigo, sobre minha postagem no blog a respeito do pensamento mágico, isso significa confie em seu colete mágico, mas também faça o que for necessário para se cuidar.

Isso tem tudo a ver com a cocriação da realidade. Sim, a magia existe, e sim, suas ações no mundo físico existem. A coisa mais sábia a fazer é mesclar as duas coisas.

O único perigo real da magia é confiar somente nela.

Shawn Achor, em seu livro *The Happiness Advantage*, sugere que você use óculos de lentes tingidos de rosa, em lugar de lentes cor-de-rosa. Ele coloca da seguinte forma: "Como o nome diz, óculos tingidos de rosa permitem que os problemas da realidade entrem em seu campo de visão, embora ainda mantenham seu foco mais no positivo."

Vou concluir citando Bruce Barton, que é tema de meu livro *The Seven Lost Secrets of Success*. Ele escreveu o seguinte, em seu livro *What Can a Man Believe?*, de 1927:

Fé no negócio, fé no país, fé em si mesmo, fé em outra pessoa – esse é o poder que move o mundo. E por que é insensato acreditar que esse poder, tão mais forte do que qualquer outro, é meramente um fragmento do Grande Poder que conduz o universo?

Resumindo, se eu fosse para uma batalha, certamente colocaria um colete mágico – e faria todo o possível para me manter em segurança. O colete mágico poderia ou não ter poder, mas minha crença nele teria.

Dito de outra forma, um placebo não é real de fato, mas o efeito do placebo é.

Tenha fé e amarre seu camelo.

Ah, e continue purificando!

8
O Espelho Secreto

Quando você se sente confiante e seguro, pode seguir em frente e falar sobre qualquer coisa. Pode deixar que as coisas fluam e facilmente removê-las. A confiança é o primeiro nível de importância.
– DR. JOE VITALE, DE *THE MIRACLES MANUAL*, VOL. 1

No começo de 2013, a empresa que conduz meu programa Miracles Coaching® disse que queria desenvolver um produto on-line comigo. A empresa achou que seria um canal de entrada de receita para meu programa de treinamento. Achei uma ótima ideia e concordei.

Nenhum de nós tinha a menor noção do que era o produto. Falamos ao telefone com o pessoal que contrataram e discutimos ideias. Eu lhes disse que grande parte do meu trabalho era ao redor do conceito da vida como espelho e que talvez pudéssemos criar um produto que envolvesse um espelho como metáfora ou ferramenta. Dali tive a ideia do Espelho Secreto. Parecia um nome capcioso, mas tenho de confessar que ninguém, nem mesmo eu, sabia o que era.

Os meses se passaram e decidimos convidar quatro pessoas para pegarem um voo e virem até nós para ter um treinamento pessoal comigo – ao vivo, diante das câmeras. Como um programa reality de TV, a ideia era que os ajudasse enquanto isso era filmado e, mais tarde, se tornaria um produto.

No dia das filmagens, na sobreloja da Brewster's Pizza, em Wimberley, Texas, a equipe de cinegrafistas estava pronta. Chegamos até a alugar um espelho antigo para utilizarmos como parte de um produto ainda incerto. Enquanto a câmera estava rodando, conheci as pessoas e bati um papo com elas sobre vida e sucesso.

Até aí, tudo bem.

Então, chegou a hora em que eu me reuniria com cada um para ajudar a vivenciar uma descoberta (novamente, ao vivo, diante da câmera), dentro de meia hora ou menos.

Eu não tinha ideia de como faria isso.

Embora eu possua décadas de experiência em crescimento pessoal e técnicas de sobra, o fato de ajudar um estranho a se transformar, diante das câmeras, era mais que enervante. Na verdade, era aterrador.

Comecei a entrar em pânico.

Pensei: "E se eu não conseguir fazer isso? E se eu parecer um tolo diante das câmeras? E se não conseguir ajudar essas pessoas? E se eu piorar as coisas?"

Então me lembrei da técnica do "E se?", que Mindy Audlin ensina em seu livro *What If All Goes Right?*. Ela diz para perguntarmos coisas positivas, tais como: "E se der certo? E se eu ajudar as pessoas? E se for divertido?"

Isso mudou minha energia. Eu me senti feliz e mais otimista, mas ainda precisava saber que diabos era o método do Espelho Secreto.

Socorro!!!

Fui até o banheiro, tranquei a porta e olhei no espelho.

Eu disse a mim mesmo que precisava de uma purificação – agora – e comecei a balbuciar, para mim mesmo, as quatro frases de purificação. Eu me lembrei de direcionar minha fala ao Divino, não a mim. Meus temores eram programas. Eram dados. Estavam ali para que os superasse. Não me importava com a maneira, o motivo e de quem. Queria ficar purificado.

Após alguns minutos, respirei fundo e disse a mim mesmo que eu me amava e me amaria, independentemente de qualquer coisa – e fui lá fora para a filmagem.

Naquele momento, compreendi a técnica do Espelho Secreto. Tudo se formou em minha mente: um processo de três passos que envolvia um espelho, a minha orientação e o treinamento para ajudar as pessoas a entenderem seus problemas e como chegar ao objetivo que cada uma queria.

Ficou assim:

1. Expliquei as intenções contrárias. Isso é a ideia de que sua mente consciente quer uma coisa e sua mente inconsciente quer outra. Esse conflito impede resultados. Por exemplo, se você conscientemente quer mais dinheiro, mas inconscientemente tem um programa dizendo que o dinheiro é nocivo, irá bloquear o recebimento do dinheiro. Sua intenção contrária inconsciente, oriunda de uma parte invisível e mais poderosa de você, vai imperar.

2. Em seguida, expliquei o próprio Espelho Secreto. Isso é um tipo de experiência imaginária, na qual as pessoas que estou treinando mentalmente viajam ao futuro, a um universo paralelo, ultrapassando as preocupações que possuem, para verem como a futura versão de si mesmas encarou a questão que lhes traz dificuldade agora. Ajudei as pessoas a usarem um espelho real e as conduzi a um transe (de olhos abertos), enquanto olhavam para o espelho. As pessoas podiam perguntar às versões futuras de si mesmas o que deveriam fazer hoje.

3. Então expliquei a atitude inspirada. Esse é o conceito de agir com ideias que surgem em sua mente e surgem em sua realidade desperta. Pelo fato de que nada acontece até que algo se desloque, a ação é crucial para o sucesso.

Inspirado, falei de improviso durante todo o processo. Deixei fluir. Confiei. Tive fé. A primeira pessoa que orientei se transformou, diante das câmeras, em menos de trinta minutos. O mesmo aconteceu com cada uma das outras, e assim nasceu o Espelho Secreto. Fiz uma pequena prece: "Obrigado."

Meses depois, no fim de 2013, a empresa anunciou o processo do Espelho Secreto na internet. O resultado foi um fervilhar de conversas e um salto nos pedidos. O novo produto foi e é um sucesso.

Aqui está outra história para ilustrar meu caso.

Décadas atrás, quando morava em Houston, costumava ir ao Hermann Park e dar uma corrida na pista de duas milhas ao redor do campo de golfe. Como à época eu estava acima do peso, o impacto dos meus calcanhares causou grandes esporões. São depósitos de cálcio sob os calcanhares. Os meus se desenvolveram sob os dois calcanhares. Eram tão grandes que os médicos mostravam para seus colegas, comentando sobre o seu tamanho colossal. Passei a ser uma amostra explicativa em clínicas médicas. Os médicos distribuíam minhas radiografias, mas nenhum deles aliviava a dor.

Com o passar do tempo, esses esporões se tornaram extremamente dolorosos. Faziam com que eu andasse mancando. Isso me levou a ter uma pequena lesão no músculo do ligamento do meu pé direito. Acabei ficando com uma dor tão angustiante que mal conseguia dirigir. Pelo fato de acreditar que literalmente qualquer coisa pode ser curada, estipulei a intenção consciente de encontrar uma cura.

Ao longo do caminho, fui a médicos, curadores, terapeutas, ortopedistas, especialistas em pé, especialistas esportivos, acupunturistas, fitoterapeutas etc. Comprei calçados especiais com palmilhas. Eu afastava a dor com técnicas de libertação emocional, rezava para meu anjo da guarda, tentava poções e cremes, e buscava alívio on-line.

Um podólogo me deu uma injeção de esteroide no pé, o que removeu a dor por um mês. Mas retornou. Ele aconselhou cirurgia, mas não foi muito convincente em dizer que eu ficaria curado. Dispensei.

Fui a um terapeuta de proloterapia que injetou, inúmeras vezes, água adoçada em meu calcanhar direito, na consulta médica mais dolorosa que já tive na vida. Disse que seria a sensação de uma picada de abelha. Pareceu mais como se um monstro pré-histórico abocanhasse meu pé, com mandíbulas tão grandes quanto o nariz do médico. Foi uma dor inesquecível. Gemi como um animal ferido.

E isso também não deu certo. Continuei tentando tudo que vinha pelo caminho. Claro que todos tinham uma opinião. Uma mulher disse: "Eu simplesmente faria a cirurgia." Como a maioria das pessoas bem-intencionadas, ela não tinha ideia se isso seria o certo para mim. Eu tinha que prosseguir em ação, purificando e olhando por onde pisava (literalmente, já que a dor era horrenda).

O que eu ia fazer?

Então, um dia, durante um evento no Havaí para membros do Transformational Leadership Council (Conselho de Liderança Tranformacional), vi um anúncio para um tratamento gratuito de cura de Chi Kung, na praia. Algo dentro de mim fez um clique. As palavras gratuito e na praia ressonaram. Mas eu também tivera treinamento em Chi Kung, a arte chinesa de cura interna, às vezes chamada de Qigong, e fiquei muito curioso. Senti que valia uma tentativa. Parecia uma ideia inspiradora. Eu fui.

Chunyi Lin era mestre certificado de Qigong e fundador da Spring Forest Qigong. Ele encontrou comigo e mais um punhado de outras pessoas na praia ensolarada. Eu lhe disse sobre o esporão em meu calcanhar e do rompimento da lesão no ligamento. Ele se retraiu, como se sentisse minha dor. Eu não via muita esperança em sua habilidade para me curar, pois seu rosto agoniado pareceu dar a entender que realmente não poderia fazer nada por mim, mas minha participação foi pequena. Ele me disse para fechar os olhos, relaxar e ouvir as ondas do mar, a poucos metros de distância, visualizando o amor passando por meus esporões. *Isso* eu podia fazer.

Eu dei uma espiada para ver o que ele estava fazendo. Chunyi estava junto aos meus pés, apontando os dedos para meus esporões. Ele movia as mãos num pequeno círculo, focando sua energia e atenção aos meus pés. Isso continuou por vários minutos. Eu perdi a noção do tempo. Não senti nada acontecendo, mas relaxei e deixei. Depois de um tempo que pareceu cerca de 15 minutos, ele parou e passou para a pessoa seguinte.

Quando deixei a praia andando, percebi que havia mais flexibilidade nos meus pés. Eu conseguia me movimentar e andar mais depressa. Não parecia uma cura, porque ainda sentia dor; então, não liguei muito. Mas durante os próximos dias minha dor diminuiu e minha capacidade de caminhar aumentou. Fiquei mais empolgado.

Fui procurar pelo Chunyi antes de partir do Havaí para agradecer a ele e perguntar o que fez. Ele foi muito amistoso e me disse que simplesmente enviou energia aos meus pés. Pediu o crachá com meu nome e disse que continuaria a direcionar energia curadora em minha direção.

Isso aconteceu há pelo menos dois anos. Hoje não tenho dor alguma, dirijo, caminho e até faço exercícios sem dificuldade. Ainda dá para ver os calombos em meus calcanhares que mostram que tenho esporões. Ainda sou cauteloso com eles, mas é só. A dor, em si, passou. Levando-se em conta a dimensão da dor que sentia, isso foi, de fato, um milagre.

Como aconteceu esse milagre?

Eu tinha a intenção – de curar a dor – e segui a inspiração que, nesse caso, foi ver Chunyi. A combinação, assim como ocorreu com a criação do Espelho Secreto, criou o resultado.

Mas o que permitiu que isso acontecesse? Como criei algo literalmente do nada? Como finalmente encontrei a cura?

Acredito que teve algo a ver com a intenção consciente, com a inspiração Divina e com entrar em ação em ambos os casos. Portanto, vamos olhar mais a forma como funciona o Ho'oponopono quando é mesclada a esses elementos.

9
A Lei da Atração *versus* Ho'oponopono

> *Uma intenção clara – afirmada sem desespero ou necessidade, mas com um pouquinho de espírito infantil de confiança, fé e diversão – leva a oportunidades que ninguém poderia ter previsto ou orquestrado.*
>
> – DR. JOE VITALE

Os fãs do meu livro *The Attractor Factor* ou do filme do qual participei, *O segredo*, sempre têm problemas para conciliar a Lei da Atração com o Ho'oponopono. Alguns até acham que tomei um viés acentuado com *Limite zero*. Eles não entenderam.

Não vejo conflito algum – eles funcionam muito bem juntos. Só sou mais inclinado a dizer que há *intenções* e há *inspirações*, e o que quero é a última.

Deixe-me explicar.

Um dia, eu caminhava pelo corredor do escritório do meu programa de treinamento em marketing, e um dos treinadores me disse:

– Você tem alguma ideia para outro treinamento?

A inspiração acendeu minha mente.

– Eu sempre quis fazer algo relacionado a milagres – eu disse. – Talvez, treinamento em milagres.

Debatemos a respeito. Em uma semana, montamos a página www.MiraclesCoaching.com. Esperávamos talvez conseguir cinquenta pessoas demonstrando interesse no semestre seguinte. Tivemos quinhentas em um dia!

Isso, sim, é inspiração.

Em 2006, realizei um evento particular chamado Beyond Manifestation (Além da Manifestação). Nele, expliquei que há três meios de manifestar sua realidade:

1. *À revelia*: Se você não se dedica à sua vida de modo consciente, terá a realidade criada para você por meio das ações de outras pessoas e por seu próprio inconsciente. É um meio de vida não desperto.

2. *Por opção*: Você pode conscientemente declarar intenções que farão com que seu corpo, mente e espírito enfoquem e sigam numa determinada direção. Isso é melhor do que à revelia, pois você está mais desperto e mais habilitado.

3. *Pela inspiração*: Aí é onde você permitirá que a Divindade ou o Zero lhe transmitam novas ideias. Elas podem parecer vir do nada. Se você relaxar e deixar fluir, mas se mantiver consciente e desperto, pode receber novas ideias impressionantes. Essa é uma abordagem bem mais empolgante e iluminada da vida.

As intenções ainda são poderosas. Você pode ter a intenção de qualquer coisa que quiser, mas é mais sábio permitir que o Divino lhe dá o que você afirma – ou algo melhor. Aí que a inspiração manda.

Veja dessa forma: as intenções vêm do seu ego e são baseadas em seu passado, ou seja, no que sua mente acha possível. Isso significa que as intenções são baseadas em dados atuais, em lembranças. São limitações construídas internamente.

Por outro lado, a inspiração pode deixá-lo perplexo.

A inspiração pode vir de tudo que é – pode-se chamar de Divino, Zero, Deus, Tao ou outra coisa. Inclui sua mente, mas vai além de sua mente. É como você pode pensar maior do que jamais pensou.

Outra forma de ver é a partir dos quatro estágios de despertar, sobre o qual discuto em *The Awakening Course*. Quando escrevi *Limite zero*, não conhecia o quarto estágio (estava preocupado com o terceiro). Mas há um quarto estágio e é quando você se torna um com a Divindade. O Ho'oponopono pode ajudá-lo a chegar lá.

Esses são os quatro estágios:

1. *Vitimização*: Esse primeiro estágio é onde vive a maioria das pessoas. Independentemente do que esteja acontecendo, é culpa de todo mundo ou, pelo menos, culpa de outra pessoa. É o mundo do jogo da culpa. É onde vive a maior parte das pessoas, como frisou Thoreau: "Vidas de desespero silencioso."

2. *Capacitação*: *O segredo*, *The Attractor Factor* e *Think and Grow Rich* são todos sobre capacitação. É onde você pode pretender, visualizar e manifestar. É divertido – até empolgante. Porém, em determinada altura, você se depara com algo sobre o qual não tem controle, geralmente a morte ou uma doença grave, e se defronta com limitações. Percebe que não controla tudo. Não consegue controlar. Isso o prepara para o próximo estágio.

3. *Entrega*: Esse terceiro estágio é o estágio do Ho'oponopono, conforme o dr. Hew Len me ensinou. Você não tenta administrar o mundo. Esforça-se para libertar suas intenções e permite inspirações. Você confia em um processo que já está em andamento. Aprende a captar a sintonia do Divino. Confia nisso.

4. *Despertar*: Nesse estágio final, seu ego se funde com a mente Divina. Quase ninguém chega a esse estágio, somente

alguns. De fora, não pode dizer quem é iluminado ou não. Não há como saber. E isso vem pela graça. Não se pode fazer acontecer o despertar ou a iluminação. Não cabe a você. Tudo que você pode fazer é purificar e se preparar. Novamente, a Lei da Atração não está mais descartada do que a faculdade para um aluno do ensino fundamental. Faz parte de sua evolução. Faz parte da escada do despertar ou, como talvez dissesse o falecido dr. David Hawkins, o mapa da consciência humana. Eles não entram em conflito. Simplesmente estão em planos diferentes de espiritualidade.

Eu sempre disse que a Lei da Atração é como gravidade – está ali. Você pode descartá-la ou não, mas está em ação. Apenas não é a base completa para o entendimento da vida. A ferramenta maior é a inspiração.

A abordagem sábia consiste em dedicar tempo para *permitir* a inspiração. Este capítulo me veio dessa forma. Parei para fumar um charuto (depois falarei mais sobre isso) e deixar minha mente vaguear. Pode chamar de meditação ou o envio de sinais de fumaça ao universo, porém, subitamente, tive a ideia de escrever sobre o começo do Miracles Coaching®. Foi uma sensação extraordinária, e parei tudo para escrever.

Note que eu não tinha a *intenção* de escrever sobre nada disso nessa seção – eu fui *inspirado*. Há uma grande diferença.

Há alguns anos decidi me tornar cantor e compositor, pois isso estava em minha lista de realizações antes de morrer. Eu tinha a intenção, mas também tinha muitos dados armazenados ou muita bagagem. Eu não sabia cantar, nem tocar violão, nem compor músicas, e não tinha certeza se poderia aprender. Afinal, eu era considerado lento na escola, sentava numa fileira especial com os que iam mal na classe e fui reprovado em quase todos os cursos que fiz na faculdade. Nunca me considerei inteligente; portanto, como aprenderia música?

Claro que purifiquei. Repeti aquelas quatro afirmações. Até purifiquei minha frustração com a purificação. Continuei e fui ficando mais limpo. Reduzi meus demônios interiores para um ratinho miúdo, depois para sussurros e a quase nada.

Também escrevi boas canções. "Got a Problem?" é uma canção original inspirada pelo Ho'oponopono, que escrevi e gravei para o meu segundo álbum, *Strut!*. O público a classifica como sua favorita, em meu iTunes. Eu me orgulho dela, assim como de outras canções conhecidas que escrevi, como "Today's the Day!" (também no álbum *Strut!*).

Como consegui alcançar meu objetivo de ser cantor e compositor, começando com zero de experiência?

Mesclei a intenção com a purificação. Uni a Lei da Atração com o Ho'oponopono.

Misturei um coquetel que me deixou tonto de felicidade. Quando você ouve essa história, pode ver a Lei da Atração e o Ho'oponopono funcionando.

Eu tinha a intenção de criar um produto – mas também purifiquei e deixei fluir. Fiz o mesmo com as quatro pessoas sobre as quais falei no capítulo anterior: eu tinha a intenção de ajudá-las, ao vivo, diante das câmeras – mas também purifiquei e deixei fluir.

Faça com intento.

Purifique e deixe fluir.

Simples, certo? Sim, é um ato de equilíbrio. Seu objetivo é focar no que você quer – mas sem apego, vício, necessidade ou desespero. Se alguma dessas coisas estiver na bagagem, você limpa ou liberta.

O ideal é estar em um estado de espírito: "Não seria legal?"

A área da Lei da Atração em que as pessoas parecem mais se prender é o como fazer. Elas têm a intenção, depois ficam imaginando e se preocupando sobre o que fazer para realmente manifestar o resultado.

Querem saber o como – e isso é um erro.

Em *The Attractor Factor*, escrevi que, depois que você afirmar uma intenção clara, seu último passo é deixar fluir enquanto age com inspiração. Mas o que significa isso?

A história seguinte pode ajudar a esclarecer esse ponto.

Em 2012, meu treinador pessoal, Scott York, e eu conhecemos e passamos um tempo com o fisiculturista e ator Lou Ferrigno (provavelmente mais famoso por interpretar o papel-título do famoso seriado de televisão *O incrível Hulk*).

Depois, Scott e eu especulamos sobre quem gostaríamos de conhecer a seguir.

A resposta óbvia para nós era a lenda em pessoa: Arnold Schwarzenegger. Já tínhamos lido sua autobiografia, *Total Recall*, e estávamos admirados com o homem e suas realizações. Sua lista de sucessos quebrando recordes é surpreendente. Mesmo aos 65 anos não desacelerou. Tem novos objetivos, novas paixões, novos projetos, novos filmes e um ímpeto implacável para realizar ainda mais.

Decidimos que queríamos vê-lo. Essa era nossa nova intenção.

Mas como a realizaríamos?

Não ficamos nos afligindo quanto ao modo como aconteceria. Não fizemos planos, nem ligamos para pedir às pessoas que nos apresentassem. Eu poderia ter feito isso. Afinal, conheço pessoas que o conhecem. Eu poderia ter feito uns contatos, procurando a apresentação.

Mas não fiz nada disso. O Scott também não.

Por que não? Não nos sentimos inspirados a fazê-lo.

Quando digo "Deixe fluir e aja com inspiração", significa abrir mão de quaisquer apegos, vícios ou necessidade pelo resultado, o que exige fé. Exige confiança. Exige saber que a intenção irá se manifestar, mas em seu próprio tempo e lugar, ou algo até melhor virá para substituí-la. Abrimos mão de qualquer pergunta sobre como aconteceria.

Isso é desapego – mas é apenas parte da fórmula.

A outra parte é que, ao mesmo tempo, quando você está inspirado, aja.

Numa noite, Scott estava de bobeira, mexendo em seu iPhone, olhando os e-mails, enquanto seus filhos brincavam e assistiam à televisão. Enquanto Scott olhava as mensagens, ele viu uma que dizia: "Quer ver o Arnold?"

Scott não pôde acreditar. Ele achou que fosse piada ou golpe, mas clicou no e-mail e leu que uma pessoa da localidade, que tem ligação com o negócio de cinema, seria a anfitriã da pré-estreia do mais recente filme de ação de Arnold, *The Last Stand*. Havia um concurso, no qual vinte ganhadores poderiam assistir ao filme, depois visitá-lo (e também ao coprotagonista, Johnny Knoxville), após a exibição, para uma sessão de perguntas e respostas.

Scott duvidou que isso daria em alguma coisa, mas se sentiu inspirado a entrar em ação.

A anfitriã queria um parágrafo e uma foto de cada pessoa que desejasse ganhar. Scott cumpriu as exigências, depois esqueceu a respeito. Mais tarde, naquela mesma noite, recebeu um e-mail de resposta, dizendo: "Você ganhou!"

Foi-lhe dito que poderia participar do evento com um amigo e, juntos, fomos à pré-estreia do filme. Sentamos com algumas outras pessoas e fizemos perguntas ao Arnold sobre o filme (ótimo), política (suja), seus objetivos (muitos), seu futuro (filmes), sua rotina de exercícios (diários) etc.

Está vendo como funciona?

Uma intenção clara – afirmada sem desespero ou necessidade, com um espírito infantil de confiança, fé e diversão – levou a uma oportunidade que ninguém poderia ter previsto ou orquestrado. Nossa tarefa era ter uma atitude inspirada, quando ela surgisse, e foi o que fizemos.

Assim funciona a Lei da Atração.

O que você quer? O que seria legal você ser, fazer ou ter?

Arnold disse que seu pai o ensinou a ser útil e que seu conselho norteou toda a sua vida. Ser útil.

Que intenção você pode afirmar que o deixe encantado enquanto você se torna útil para outras pessoas? Isso irá engrenar a marcha da Lei da Atração. Simplesmente não se preocupe com a forma de realizar aquilo. Quando as ideias se apresentarem, aja.

Qual é a sua intenção benevolente?

Afirme-a – depois deixe fluir, prestando atenção a quaisquer cutucões vindos de dentro ou oportunidades que surjam em seu caminho. Quando sentir inspiração para fazer algo, aja – esse é o como para fazer com que seus sonhos se realizem.

Esse é o lugar onde o Ho'oponopono pode ajudá-lo, porque quando você se sente atraído, preso ou dependente de um determinado desfecho precisa se libertar daquilo. Você quer estar no Zero, onde se sente bem com ou sem a intenção.

O dr. Hew Len sempre diz que você nem precisa de uma intenção. "Apenas purifique para que a Divindade possa atuar através de você", ele relembra.

Isso ainda me parece uma intenção.

Uma vez perguntei a ele:

– Se você continuar limpando, será que pode lhe ocorrer uma atitude de ação que você deva tomar?

– Claro que sim! – ele rapidamente respondeu. – Enquanto você limpa, tira tudo do caminho; portanto, o Zero pode lhe dizer o que fazer.

Novamente, praticar o Ho'oponopono é limpar a mente de ervas daninhas mentais e lembranças herdadas, de modo a poder ouvir a inspiração quando chegar até nós.

A inspiração pode parecer uma diretiva do Divino. É mais profunda do que sua mente. Você a sente em seu corpo. Tem a sensação de que você faça algo maior do que quer. É um cutucão que vem de dentro.

Por exemplo: eu estava jantando com Will Arntz, produtor do filme de sucesso *O que diabos nós sabemos!?* (*What the Bleep Do We Know!?*). A uma determinada altura perguntei ao Will:
– Você está trabalhando em outro filme?
– Nesse momento, não – respondeu ele.
– Não recebi as ordens para marchar.

Eu sabia aquilo de que estava falando. Ordens para marchar são diretrizes do Zero para que você faça algo. Parece um pouco com a cena famosa do filme *Os irmãos cara de pau* (*The Blues Brothers*), em que um dos personagens fica dizendo: "Estamos numa missão de Deus."

Algumas das minhas canções me vieram como ordens para marchar. A canção "Ghost Train" (do álbum *The Healing Song*) pareceu vir do nada. Até músicos experientes ouviam a primeira parte daquela música e perguntavam: "Mas o que *é* isso?" Tem um som totalmente novo. E veio como uma dádiva da inspiração. Eu poderia ter resistido em gravá-la, mas quis obedecer à ordem de marcha para escrever e cantá-la.

Muitos dos meus livros são dessa forma. Obviamente, há uma força por trás de *Limite zero* que veio além de mim. O livro foi escrito em duas semanas. Pareceu mais que eu era um estenógrafo do que o autor. Uma mão invisível inspirou meus pensamentos e guiou minhas frases. É meu único livro que reli, pois deu a sensação de que outra pessoa o escreveu, embora, na realidade, tenha sido apenas eu. (O dr. Hew Len está catalogado como coautor, mas já admitiu abertamente, em eventos públicos, que nunca o leu.)

Novamente, não há nada de errado com intenção.

Porém, um caminho mais elevado na vida é se manter purificando até que a inspiração venha a você, depois deixar que essa inspiração seja sua nova intenção. Transforme a intenção inspirada em sua ordem de marcha. A essa altura, tudo que você precisa é de uma postura desapegada, uma entrega total ao desfecho, enquanto você entra em ação – e continua purificando.

Essa é a combinação que abre o caminho para o despertar – você tem desejo, mas também não tem. Você tem a intenção, mas também não tem. Você quer algo, mas também não quer. Você é um espírito do abrir mão à medida que busca sua intenção inspirada.

Quando se tem uma fé tão firme, a ponto de confiar no momento e em tudo que está nele, sem saber o que virá em seguida, você está um passo mais próximo do Zero. Se você achar isso desafiador, então use o Ho'oponopono para purificar a interferência. Quaisquer dúvidas ou incerteza são dados em seu computador. Apague para se libertar.

Uma vez livre, você pode ter, fazer ou ser qualquer coisa que imaginar – mas provavelmente será sábio o bastante para preferir o que o Divino imagina para você.

Lembre-se, a limpeza e a purificação constantes são o que removem os dados da mente para permitir a chegada de algo maior.

Purifique, purifique, purifique.

10
Mesmo assim... intenções são para os bolhas!

Nem sempre se sabe a diferença. É muito fácil se confundir ou ficar balançado numa direção ou outra. Purifique, purifique ou faça uma prece diante de qualquer impulso que surgir, independentemente de você pensar que é do ego ou do Divino.
– DR. IHALEAKALA HEW LEN

Nós jantamos, algumas vezes, com o dr. Garland Landrith, um psicólogo e pesquisador do campo quântico, além de curador energético, cujo trabalho de pesquisa foi citado no altamente aclamado *O que diabos nós sabemos!?*. Ele é um cara fascinante e um profundo pensador.

Em uma de nossas conversas, ele disse que pensamentos e intenções são duas coisas diferentes. Isso me fascinou, porque coincide com minhas próprias descobertas. Pedi que explicasse. Ele disse: "Intenções são a cortina de fundo de sua vida, enquanto os pensamentos vêm e vão diante dessa cortina."

Isso pareceu estranhamente familiar à minha própria prática de ter uma intenção (ou inspiração), conforme adentro o que chamo de quadro branco, para depois libertar a intenção, ao sentar nesse espaço. (Incluí uma meditação de quadro branco para você, no Anexo B.) Quaisquer pensamentos são apenas nuvens flutuando em volta. Não são necessários e não se lhes deve dar muita atenção.

No entanto, Landrith tem alguns refinamentos que achei poderosos. Ele prosseguiu me contando que, em suas meditações quânticas, as pessoas podem obter resultados mais depressa, se praticarem três coisas:

1. Ter uma intenção.
2. Desapegar-se dessa intenção.
3. Deixar que os pensamentos girem em torno de frases como: "Sim, sim, sim", "Eu te amo" e "Sou tão abençoado".

Isso pode não significar muito para você, até você perceber que Landrith esteve envolvido em centenas de estudos científicos provando que essa nova forma de meditar e se manifestar funciona.

A chave parece ser dupla:

1. Abrir mão parece ser mais importante do que ter a intenção.
2. Os pensamentos em volta de palavras positivas criam um vórtice de energia que atrai o positivo.

Enquanto analisávamos tudo isso, durante o jantar, nós dois concordamos que as intenções não eram tão importantes quanto havíamos achado. Sim, é uma boa prática querer algo benevolente como intenção, mas não é essencial. Ao abrir mão disso, deixando entrar no pano de fundo da vida e mantendo pensamentos girando em torno de palavras e frases positivas, você naturalmente cria um desfecho para o seu bem maior.

Em outras palavras, aprender o paradigma: mudar para enxergar o milagre do agora o habilita a se manter na corrente da vida, onde os milagres são a norma.

Quando você está ali, quem precisa de intenções?

Concordamos que uma das melhores formas de entrar na onda do Divino é com gratidão. Já escrevi sobre isso muitas vezes, em muitos lugares. Quando você se sente grato por alguma coisa, qualquer coisa, nesse momento, altera o sinal emitido desse momento. Você atrai mais da mesma vibração para combinar com ela, em momentos futuros.

Resumindo, o que você sente agora tende a atrair o que sentirá depois. Eu sempre disse que aquilo que você pensa com emoção agora tende a se manifestar em sua vida em três dias. De qualquer forma, você está meio que trazendo seu futuro através de seus pensamentos mais energizados.

Novamente, essa parte não tem nada de novo – é basicamente a Lei da Atração, um lembrete suave de observar seus pensamentos. Porém, quanto mais você fizer seus pensamentos circularem ao redor de palavras e frases positivas – tais como "Sim, sim, sim", e "Eu te amo" –, mais você eleva sua vibração interna e atrai os milagres que busca.

Há mais uma coisinha em relação a esse segredo.

Um amigo meu me escreveu um e-mail que dizia: "O Divino quer que eu continue a escrever." No entanto, o que ele escrevia era negativo e em tom de julgamento. Isso parece vir do Divino?

Outro amigo me disse, uma vez: "Meu anjo da guarda não quer que eu tenha dinheiro." É mesmo? Isso parece algo que o anjo da guarda diria?

Deixe que a intenção do pano de fundo seja qualquer coisa que você queira manifestar, mas deixe seus pensamentos serem da natureza mais elevada que você possa imaginar. Sempre que possível, mantenha pensamentos de amor, positividade, alegria e otimismo em sua consciência. Por isso que os elementos-chave do Ho'oponopono moderno giram em volta de frases, como "Obrigado" e "Eu te amo", que o ajudam a permanecer na zona do zero.

Deixe-me explicar isso de outra forma:

Sua intenção é uma tela branca com uma pintura. A pintura é o que você gostaria de manifestar – e seus pensamentos, à medida que você olha a pintura, precisam ser positivos, de maneira geral. Sua atitude deve ser do tipo: "Que seja feita a sua vontade, não a minha."

Sem pressão. Sem prazo a cumprir.

Claro que você ainda pode tomar uma atitude quando for inspirado a fazê-lo, mas que não seja movida pela *necessidade* de fazê-lo.

Quando escrevi meu livro *The Attractor Factor*, bati na tecla de ter uma intenção. Isso direciona sua energia e enfoca sua direção. Depois de praticar o Ho'oponopono por quase uma década e ter várias experiências satori, passei a perceber que intenções podem ter limitações.

Uma vez, estava num programa de rádio e me foi perguntado onde queria estar em um ano. No passado, teria respondido algum objetivo colorido. Porém, naquele dia eu disse: "Não tenho a menor ideia. Qualquer coisa que diga será uma limitação baseada em minha experiência do que é possível. Prefiro que o Divino me surpreenda."

Na nova tradição do Ho'oponopono autêntico, você quer purificar para ouvir a intenção do Divino, não a intenção de seu ego.

Afinal, será que o Divino não sabe mais que seu pequeno eu?

O dr. Hew Len tem suas próprias visões sobre intenção. Eu lhe dei de presente uma cópia de *O segredo*, o filme conhecido sobre a Lei da Atração. Ele aceitou, sorriu e disse: "Vou colocá-lo na prateleira."

Fiquei surpreso, mas à medida que o conheci melhor pude compreendê-lo. Para ele, intenções são limitações. São programas. São lembranças. Ele provavelmente aconselharia: "Você não precisa de intenções. Permita que o Divino o inspire."

O que acho que ele não captou é isto: querer seguir a inspiração já é, em si, uma intenção. Em outras palavras, você talvez possa dizer assim: "Pretendo seguir a inspiração que o Divino tem para mim."

Ainda é uma intenção, porém, é mais evoluída.

Deixe-me colocar desta forma: minha intenção, ao escrever este livro, é permitir que a Divindade fale através de mim.

Essa é uma intenção inspirada. Ainda é uma intenção, mas também está vindo da inspiração, assim como a está permitindo. Enquanto escrevia este livro, sempre perguntava à minha parte superior: "É isso que quer que eu diga? Isso está certo?" Estou sempre escrevendo e verificando para ver se estou no trajeto de minha *intenção inspirada*.

Sinto que isso talvez ainda seja confuso para você; então, deixe-me compartilhar mais um insight.

Um dia, o dr. Hew Len e eu estávamos caminhando por uma estrada de terra, quando perguntei a ele:

– Como você sabe a diferença entre uma lembrança e uma inspiração?

Em outras palavras, como você sabe se seu desejo é uma intenção de seu ego, lembrança, programação ou uma inspiração da Divindade?

O dr. Hew Len não pestanejou para responder.

– Você não sabe.

– O que devemos fazer para sabermos a atitude certa a tomar?

– Purificar – disse ele. – Eu purifico três vezes, em qualquer decisão. Se a mesma resposta ainda está lá após as três purificações, vou com ela.

Purificar, purificar, purificar.

11
Caixa de desejo ou caixa de presente?

> *Quando comecei a entregar o controle do meu ego, eu disse: "Tudo bem, Divino. Não estou indo muito bem sozinho. Ajude-me. Mostre-me o caminho e eu farei." Foi quando encontrei a escada rolante da vida, a qual tenho subido desde então.*
>
> – DR. JOE VITALE, DE *THE MIRACLES MANUAL*, VOL. 1

Bill Phillips é uma lenda. Ele escreveu três livros bestsellers, criou o famoso concurso fitness Body-*for*-Life, com produtos nutricionais inovadores que mudam a vida, e contribuiu com milhões de dólares com a Make-A-Wish Foundation, e continua a apoiar pessoas para conseguirem obter saúde e os objetivos de condicionamento físico em seu centro em Denver, Colorado.

Nós nos tornamos grandes amigos, logo depois que ele transformou minha vida há mais de uma década, quando entrei em seu concurso Body-for-Life, cinco vezes seguidas, perdendo quase cinquenta quilos em um ano. Mais tarde, entrei em seu Transformation Camp, uma abordagem de mudança total do ser. Agora que estou com sessenta anos, estou novamente transformando meu corpo com a ajuda dele.

Um dia, estávamos almoçando com sua bela esposa Maria (que perdeu trinta quilos em seis meses, seguindo seu programa), e ele disse algo estarrecedor.

– Sempre soube que ganharia um anel do Super Bowl – ele disse. – Eu não sabia como seria possível, já que não jogo futebol nos jogos famosos. Eu era treinador e preparador de muitos dos atletas. Simplesmente sabia que aconteceria, mesmo sem qualquer prova que fosse possível.

No entanto, claro, em 15 de julho de 1998, durante a cerimônia de premiação, Bill foi chamado e presenteado com um anel do Super Bowl, por seu apoio ao time vencedor. Seu sonho se tornara realidade.

Mas não terminou aí – um ano depois, ele recebeu o segundo.

– Isso – disse ele – me fez sentir que a vida é simplesmente uma caixa de desejos.

Achei aquilo fascinante. Tive que pesquisar.

– Você tinha a intenção de ganhar ou teve uma premonição de que ganharia? – perguntei.

Um profundo pensador e praticante de meditação, Bill ensina transformação (escreveu um livro com esse título) e sabe que há mais na vida do que os olhos veem. Ele me olhou sorrindo, assimilando a pergunta.

Prossegui, explicando o que tinha em mente.

– Oprah disse que sabia que seria famosa quando ainda era criança. Ayn Rand tinha a maior parte de sua filosofia de vida em mente quando tinha seis anos de idade. E eu sempre soube que seria um escritor.

E continuei:

– Uma vez, perguntei a mesma coisa a Rhonda Byrne, criadora do filme de sucesso *O segredo*, se ela tivera a intenção do filme ou se havia recebido inspiração para fazê-lo, mas não conseguiu dizer com clareza. Disse-me que ela "o atraiu". Mas de onde veio a ideia para fazê-lo? Você acha que tivemos a intenção daqueles sonhos ou sintonizamos nossos destinos?

– Ótima pergunta – disse Bill.

– Talvez a gente precise passar menos tempo pretendendo e mais tempo recebendo – sugeri.

Ele adorou a ideia.

Acredito que isso seja tão importante que quero repetir aqui, como um tipo de aforismo:

Talvez a gente precise passar menos tempo pretendendo e mais tempo recebendo.

Conforme continuo praticando o Ho'oponopono para purificar, fica mais aparente que há um tipo de corrente submersa na vida. Em outras palavras, dá a sensação de que a Divindade tem um plano para cada um de nós, e temos que nos sintonizar com esse plano.

Se a Divindade está tentando nos guiar, precisamos silenciar para ouvir seus sussurros e sentir seus cutucões. Isso significa ficar em silêncio com mais frequência para praticar mais a meditação e ouvir mais as flores e árvores.

Vi o dr. Hew Len em um campo, uma vez, de braços cruzados, olhando algumas ervas daninhas. Quando perguntei o que estava fazendo, ele disse: "Ouvindo." Isso não era incomum. Ele sempre caminhava por jardins para ouvir as plantas. É uma tradição antiga dos havaianos de não apenas respeitar todas as formas de vida, mas também ouvir o que talvez estejam tentando falar, escutar as dicas que possam estar nos dando.

Lembre-se, sua realidade atual é simplesmente o que está acontecendo neste momento, baseado nas lembranças e crenças que você teve no passado. Você está no piloto automático. Seu futuro é um tanto previsível, porque qualquer um que olha o seu presente com objetividade pode ver uma tendência de ir rumo a uma determinada direção. Porém, por baixo dessa programação está um caminho de vida Divino para você descobrir.

De vez em quando me pedem para ler o futuro das pessoas, olhando seu campo energético. É fácil fazer, pois a maioria delas está vestindo os próprios dados. Suas crenças e lembranças estão bem ali para que qualquer um veja – qualquer um, exceto elas, é claro. Não conseguimos enxergar nossos próprios dados, porque estão próximos demais de nós.

Não se admira que o dr. Hew Len sente com as pessoas e descreva seu futuro – a maior parte por conta do que acreditam no momento. Suas lembranças é que comandam o show, não suas inspirações. São dados, não o Divino, para elas.

– Ao purificarem, vocês mudam de caminho – ele disse, uma vez, subitamente, em um evento Limite Zero.

À medida que você pratica o Ho'oponopono, limpa os dados de seu subconsciente (Unihipili), que o liberta para ter o caminho que o Divino lhe reserva. Quanto mais você purifica o eu inferior dessa programação, mais o seu eu superior (Aumakua) pode guiar seu caminho.

Naquele mesmo almoço com Bill Phillips, sua esposa me perguntou como saí das ruas de Dallas no fim dos anos 70. Ela estava fascinada com o fato de eu ter passado de falido e desconhecido à vida dos ricos e famosos.

– Eu fiz *tudo* – eu disse a Maria. – Eu lia livros na biblioteca, ia a palestras gratuitas, sempre praticava os métodos de autoajuda que aprendi e simplesmente continuei trabalhando em mim mesmo para mudar meus problemas de autoestima e crenças limitadoras.

Finalmente, acabei percebendo que, quando não ouvia o meu guia interior, a vida era mais dura, e quando o fazia, tudo era mais suave. Esse guia interior é o Divino orientando meu caminho.

Depois de praticar o Ho'oponopono por quase dez anos, para mim, fica claro que os havaianos possuem uma ferramenta maravilhosa de limpeza dos dados para que possamos ouvir aquela pequena voz que vem de dentro que podemos chamar de Deus, Divino ou Natureza.

E basta ouvir, é simples assim.

Em vez de uma caixa de desejo, eu diria que a vida está mais para uma caixa de presente. Em lugar de colocar suas intenções na caixa, talvez seja mais sábio olhar dentro da caixa e ver que presentes esperam. Você preferiria dizer ao Divino o que fazer ou aceitar os presentes que o Divino tem para você? Afinal, como diz o dr. Hew Len: "A Divindade não é um concierge."

Bill não sabia como ganharia um anel do Super Bowl, mas ganhou. Duas vezes.

Eu não sabia como me tornaria um escritor, mas me tornei.

Sim, você pode rezar por seus desejos e necessidades, e fingir que seu eu consciente (Uhane) sabe o que é melhor. Mas por que você o faria se a Divindade é a fonte de magia e milagres? Os resultados são tão mais espetaculares quando você ouve as premonições do Divino, entregando o controle à Divindade em si.

Continue purificando e aceite as maravilhas que lhe são oferecidas.

Sua vida é um milagre.

Aceite o presente.

12
A arte de não atrair

*Os dados falam e você fala dados –
portanto, você não tem controle de nada.*
– DR. IHALEAKALA HEW LEN

– Qual é o seu maior temor?

A pergunta foi súbita e profunda, e me surpreendeu. Talvez seja por eu não estar acostumado a uma indagação tão filosófica e psicológica, em um jantar com alguém que admiro e acabei de conhecer. Talvez porque a pergunta foi feita por Lou Ferrigno, o fisiculturista e astro televisivo de *O incrível Hulk*, de quem falei antes ou, talvez, porque ainda estava modestamente me acostumando à realidade de uma refeição com esse meu herói de infância. Eu não podia acreditar que esse super-herói – uma montanha de homem, com uma alma delicada e uma mente afiada – estivesse comigo, muito menos fazendo perguntas investigativas.

Demorei tanto para responder que ele finalmente me provocou, dizendo:

– Ora, vamos. Você sabe o que é.

– Tenho medo do fracasso – disparei.

Lou sorriu.

– Você tem medo de perder tudo – disse ele, compreendendo.

– Eu não achava que esse sentimento estivesse aí – confessei –, mas, aparentemente, está.

Ele admitiu que também tinha seus medos. Em determinada altura, ele tinha medo de falar em público. Sendo uma criança com problemas auditivos, tinha tanta dificuldade de ser ouvido quanto de ouvir. Hoje, ele fala destemido, diante de milhares de pessoas. Também admitiu que tem medo de se afogar.

No Ho'oponopono, o medo é apenas um programa. Como um software, ele está apenas girando em seu cérebro – nem bom, nem mau. Morrnah, assim como o dr. Hew Len, geralmente descrevia as pessoas como simples computadores, raramente tão límpidas o suficiente para não possuírem programa algum. Não tenho ideia se Morrnah era iluminada. O Havaí a considera um tesouro nacional, mas isso não significa que fosse desperta. Aposto que também tinha programas.

Os medos de Lou são apenas programas. Os meus também. Felizmente, você pode apagar os medos com tanta facilidade quanto qualquer outra coisa, fazendo a Prece de Purificação que Morrnah nos deu, preferencialmente em voz alta, preferencialmente em quatro vezes.

Não falei sobre o Ho'oponopono com Lou, porque estávamos nos encontrando para falar sobre nosso interesse mútuo por Steve Reeves, o lendário fisiculturista e ator. O Ho'oponopono não surgiu no assunto, mas, se fosse o caso, e eu tivesse tido a chance de libertar nossos programas, talvez tivesse sido assim:

Eu sou o "eu"
Venho do vácuo para a Luz,
Eu sou esse vazio,
Aquele oco além da Consciência,
O "Eu", o "Id", o "Tudo".
Eu lanço meu arco de arco-íris através das águas,
O continuum de mentes com matéria.
Eu sou o invisível, a brisa intocável,
O indefinível átomo da criação,
Eu sou o "eu"

Espírito, Superconsciência, por favor, localize a origem dos meus sentimentos, pensamentos do medo de perder tudo.
Leve todos os níveis, camadas, áreas e aspectos do meu ser até essa origem.
Analise-os e resolva-os perfeitamente com a verdade de Deus.
Venha através de todas as gerações de tempo e eternidade.
Curando cada incidente e seus apêndices, baseados na origem.
Por favor, faça isso segundo a vontade de Deus, até que eu esteja no presente, repleto de luz e verdade.
A paz e o amor de Deus, perdão de mim mesmo, por minhas percepções incorretas.
O perdão de cada pessoa, lugar, circunstância e acontecimento que tenha contribuído para isso, esses sentimentos, pensados.
Que a Paz esteja com Você,
Toma Minha paz.
A Paz que é o "eu",
A Paz que é o "eu Sou",
A Paz para Sempre,
Agora e Eternamente, e até Além.
Minha Paz, dou a Você,
Minha Paz, deixo com Você.
Não a Paz do Mundo,
Mas somente a Minha Paz.
A Paz do eu.

De maneira real, você pratica a arte de não atrair com uma Prece de Purificação, como a prece anterior. Quando você tem um programa ativo em seu computador cerebral, ele irá atrair exatamente aquilo que você ama, odeia ou teme – e são as suas emoções que irão ativá-lo. Porém, se você liberar o programa, ao desativá-lo, por assim dizer, você se liberta para estar naquele momento, para ser feliz agora e para permitir que a Divindade o inspire ou até desperte.

A chave para o Ho'oponopono moderno é abrir mão de todos os programas, de modo a ser um com a Divindade, também chamada de Zero. O segredo é apagar a programação, conforme você toma ciência dela. Quando o fizer, a Divindade virá até você e através de você.

Nesse ponto, você poderá dizer, assim como disse Lou Ferrigno, após um concurso de fisiculturismo:

"Agora, posso comer o meu bolo."

13
Novos métodos de purificação

> *Responsabilidade total significa aceitar tudo – até as pessoas que entram em sua vida e os problemas delas, porque os problemas delas são seus também. Estão em sua vida e você assume total responsabilidade por sua vida, depois tem que assumir total responsabilidade pelo que estão vivenciando também.*
> – DR. JOE VITALE E DR. IHALEAKALA HEW LEN, DE *LIMITE ZERO*

Quando você participa de um evento Ho'oponopono, lhe pedem para assinar um acordo de confidencialidade, o que eu fiz. Por isso eu não podia revelar todos os segredos que aprendi, quando escrevi *Limite zero*, com o dr. Hew Len. Só quando realizei meus próprios eventos Limite Zero, liderados por nós dois, que deixei de precisar assinar um acordo. Tenho os direitos deles e, como resultado, agora posso revelar os segredos do Ho'oponopono. (Veja a seção de Fontes, ao final do livro, e procure as URLs para os eventos Limite Zero.)

Em *Limite zero*, eu lhes dei, fundamentalmente, um método – as quatro frases. Aquelas frases, que são um tipo de mantra, prece ou pedido, o foco do livro. Vou reapresentá-las aqui e explicá-las também, mas irei além delas.

Chegou a hora de você conhecer os segredos avançados.

Sempre que passo um tempo com o dr. Hew Len, me lembro dos fundamentos por trás de *Limite zero* e do Ho'oponopono:

- Não há nada a fazer, exceto purificar.
- Quanto mais você purifica, mais recebe inspiração do Divino.
- Há lembrança ou inspiração, mas geralmente é lembrança (dados).
- A única coisa a purificar é o que você sente por dentro.
- O único objetivo é a liberdade – estar no estado Zero.

Saber os fundamentos é uma coisa, vivenciá-los é outra, bem diferente. Por isso, podemos utilizar livros, CDs, DVDs, ferramentas, seminários, treinadores e o que for, para nos lembrar de que todo o trabalho se dá por dentro.

O mundo é feito de dados e são esses dados que precisam ser purificados. Mas só podemos assimilá-los dentro de nós. Em outras palavras, não há nada lá fora. Está tudo dentro de você. Aí é que você vivencia os problemas – e é aí onde precisa ser feita a purificação.

Mas qual é a forma correta de fazer a limpeza? Se isso é a coisa mais importante a fazer, como também a essência do processo Limite Zero, como fazê-la com precisão?

Embora não haja uma forma única de purificar, descobri que essas cinco ideias funcionam bem para mim e para outras pessoas que as seguiram:

1. *Perceba algo errado.* Isso pode ser motivado por um pensamento, outra pessoa, um acontecimento ou qualquer outra coisa. Isso é o estímulo. Antes de *Limite zero*, você percebe um problema que acha estar lá fora. Depois de *Limite zero*, você percebe que o problema está dentro. Ninguém pode deixá-lo zangado ou aborrecido; você faz isso *dentro* de você, a partir do que percebe do lado de fora. Qualquer que seja

o caso, o primeiro passo é notar que você não se sente bem. Está zangado, chateado, preocupado, assustado ou qualquer uma das sensações e sentimentos que podem ser considerados infelizes.

2. *Comece a purificar a sensação.* Não tem a ver com purificar sobre a outra pessoa, a ideia, situação ou nada lá fora. Novamente, o problema está dentro. Sou eu que estou ciente do problema. Sou eu que tenho que purificar. A forma de purificar é dizendo: "Eu te amo", "Sinto muito", "Por favor, me perdoe" e "Obrigado". Você pode dizer isso em qualquer ordem. Eu digo sem parar, em minha mente, quando sinto o problema que percebi. E digo as frases ao Divino.

3. *Você pode usar outros métodos de purificação.* Por exemplo, o dr. Hew Len explicou sobre a água azul solar e como essa água pode nos ajudar: "Pegue um copo de qualquer tom de azul e encha de água comum. Coloque no sol ou sob uma lâmpada (não fluorescente), de 15 a 60 minutos. Isso irá ensolarar a água. Você pode adicioná-la à sua água potável ou a qualquer forma de utilização da água. É maravilhoso se você tem animais de estimação e na culinária também. Adoro colocar na máquina de lavar. Até borrifo os pneus do meu carro antes de partir para uma viagem. Água azul solar é uma ferramenta de purificação. Você pode bebê-la ou usar de qualquer forma que utiliza a água."

4. *Deixe fluir até estar pronto a ter uma atitude inspirada.* O dr. Lew Hen uma vez me disse que ele purifica três vezes para uma decisão. Se a resposta for a mesma após essas limpezas, ele age. Isso significa que, se eu tiver um impulso para fazer algo para resolver o problema percebido, talvez tenha que purificar três vezes, antes de realmente tomar qualquer ati-

tude. Essa é uma forma de garantir que a ação esteja vindo da inspiração, não da lembrança.

5. *Repita.*

Todos querem um atalho para purificar e chegar ao estado Zero. Eu também. Mas essa própria impaciência precisa de purificação. Querer algo imediatamente é a interpretação da lembrança, que nos urge à gratificação instantânea. São dados. O Divino não tem hora nem urgência. Querer que as coisas se desenrolem mais depressa do que devem é uma oportunidade maravilhosa para purificar.

Estou sempre purificando, porque isso me faz sentir mais leve, feliz e saudável. É um caminho rápido para que eu remova os dados do meu ser, de modo a estar mais próximo do Divino. Também é fácil, não requer esforço e é grátis.

Enquanto o dr. Hew Len ensinava muitos métodos de purificação, também aprendi que os métodos de limpeza podem ser inventados – ou inspirados – na hora.

Por exemplo, no último evento do Limite Zero, alguém disse que a purificação era como ter um brinquedo de tela de areia mental. O dr. Hew Len adorou e disse: "Adoro essa imagem da tela de areia. Você tem algo com uma porção de dados, incluindo sua própria pergunta, e basta sacudirmos para sumir tudo. Adoro essa imagem. Vou usá-la como ferramenta de limpeza. Quando eu tiver uma pergunta, vou simplesmente fingir que escrevi na tela de areia, tipo: 'Qual é o significado da vida?' Pronto, lá está, é só sacudir. Sumiu! Maravilhoso! Sou livre, sou livre."

Outra vez, quando o dr. Hew Len viu meu cartão de visita, aquele que está em *Limite zero*, que tem uma foto do meu carro Francine, ele me disse que o cartão era uma ferramenta de limpeza.

– É?

– Sim – disse ele. – Visualize o problema, depois use a borda do cartão para fatiá-lo.

Meu cartão era realmente uma ferramenta de limpeza? À época, eu não sabia, e ainda não sei. Mas o dr. Hew Len disse isso como uma verdade e sempre uso o cartão para me ajudar a me purificar de quaisquer problemas que surgem em minha vida.

E quanto a charutos como ferramenta de purificação?

O quê? *Charutos?* Eles não fazem mal?

Segundo o dr. Hew Len, não. Charutos podem ser como cachimbos da paz ou defumadores. Uma vez, ouvi dizer que o dr. Joseph Murphy, um dos meus escritores favoritos do Novo Pensamento, fuma muitos charutos. Ele diria: "Estou enviando sinais de fumaça aos deuses." Gosto disso. Meu hábito de fumar charutos se tornou uma meditação. Relaxo e reflito enquanto desfruto do charuto.

Isso me faz lembrar do monge que perguntou ao seu professor:

– Posso fumar enquanto rezo?

O professor disse:

– Não!

Então, o monge sabiamente perguntou:

– Posso rezar enquanto fumo?

Dessa vez, a resposta foi:

– Sim!

Tudo está na percepção.

Quando eu estava promovendo os vídeos on-line para os dois últimos eventos de Limite Zero, levava os espectadores por um novo processo de purificação.

Simplesmente imagine qualquer problema que você atualmente esteja passando como um campo de energia. Pois é isso, de qualquer forma. Alguns chamam de forma-pensamento.

Depois, imagine uma faca. Em seguida, visualize-se cortando o problema. À medida que a energia se quebrar, você pode realmente senti-la se dissolvendo. (Em um vídeo on-line, utilizo uma furba, uma faca tibetana de ritual.) Você pode fazer a mesma coisa.

Essencialmente, você pode usar qualquer coisa como dispositivo ou ferramenta de purificação. Até este livro é uma ferramenta de limpeza. Você deve ter notado que na capa há uma invocação. É uma prece para purificar este livro, de modo que, à medida que você o ler, estará sendo purificado. Talvez você sinta isso, talvez não. *A purificação estará se passando de qualquer forma.*

E também a própria capa do livro é uma ferramenta de purificação. Conforme você a olha, quase pode senti-la purificando e limpando toda a negatividade de seu banco mental de dados. Em minha opinião, a capa é uma ferramenta poderosa para apagar programas.

Tudo é uma questão do que você acredita.

Um dia, Linda Manzer, uma lendária fabricante de violões baseada em Toronto, Canadá, me ofereceu um feito à mão. Eu já tinha três violões dela e sabia que são obras de arte. Pedi uma fotografia do violão que estava me oferecendo e mandei para Mathew Dixon, meu consultor e amigo. Ele deu uma olhada e exclamou: "Este violão é uma ferramenta de purificação!"

Era?

Agora o violão é meu e o apelidei de Marilyn, por conta de suas curvas, e admito que há algo especial em sua aura. Eu adoro. Mathew e eu tocamos nele, em nosso segundo disco juntos, *At Zero*. Nós dois concordamos que é especial.

Mas é *realmente* uma ferramenta de limpeza?

Quando o dr. Hew Len disse que meu cartão de visita era um dispositivo de limpeza, comecei a usá-lo como tal. Escrevi a respeito em *Limite zero* e, desde então, as pessoas sempre pedem para vê-lo.

Por exemplo, quando estive em Moscou, os participantes do seminário me pediram para usar o cartão neles. Queriam que eu acenasse o cartão sobre eles, como se fosse um instrumento sagrado com poderes mágicos. Assim fiz. Sabia que o poder estava na crença deles – não em mim, nem no cartão.

Acontece o mesmo com as furbas, que são antiquíssimas e imantadas de histórias culturais. Você também pode simplesmente imaginá-las e obter o mesmo resultado – ver isso com seu olho mental.

Quando estava trabalhando em meu segundo CD musical, intitulado *Strut!*, decidi usar um exercício imaginário para ajudar a manifestar o CD sendo um sucesso. Procurei um designer gráfico e pedi que me colocasse na capa da revista *Rolling Stone*. A ideia era criar uma capa com uma aparência autêntica, de modo que pudesse lhe olhar todos os dias e programar minha mente para o sucesso. Eu havia me lembrado que Jack Canfield e Mark Victor Hanson fizeram o mesmo antes de seus livros *Chicken Soup* se tornarem best-sellers lendários.

Meu designer gráfico fez a capa e ficou de tirar o fôlego. Cada vez que eu olhava para a capa, sorria. Aquilo irradiava vibrações positivas. Naquele momento, decidi que seria uma ferramenta de purificação. Sempre que a olhava, isso me ajudava a me purificar de quaisquer dúvidas quanto à minha música ser um sucesso.

Lembre-se, é o que você faz em sua mente, com sua mente e para sua mente que realmente importa. Tem a ver com você limpando os dados. Isso que importa, para que haja espaço para o Divino entrar. Qualquer coisa que você realmente sinta que purifica provavelmente irá ajudar, simplesmente por sua crença naquilo. Volte a pensar no efeito placebo, sobre o qual discutimos. Sua mente tem poderes imensuráveis. Quando você acredita em algo como uma ferramenta de purificação, invoca o poder de sua mente. É claro que, a certa altura, você quer ir além da mente e direto ao estado Zero, mas chegaremos a isso, em breve.

Uma vez, eu estava em um programa de rádio com o dr. Hew Len, e um ouvinte nos confrontou em um tom violento e maldoso. Aquilo me irritou, mas não ao dr. Hew Len. Pensei: "Por que essa gente está fazendo isso?" Eu não estava entendendo.

Durante um comercial, eu disse ao dr. Hew Len que lamentava, explicando que não tinha me dado conta de que receberíamos esse tipo de pergunta. Pedi desculpas por todos. Ele disse: "Não é a pessoa; é o programa."

Não é a pessoa; é o programa.

Uma luz acendeu em minha mente, e nunca mais me esqueci disso.

Sempre que fazemos perguntas, incluindo as que faço a mim mesmo, sobre o que é uma ferramenta de limpeza ou não, tudo está vindo de um programa ou dos dados que surgem sobre o estado Zero obscurecendo o Divino.

É a mesma coisa de quando há pessoas diante de nós, e, de alguma forma, estão aborrecidas – gritando ou chorando, por exemplo. Elas estão se sentindo dessa forma por conta de um vírus em seu campo energético, um programa. Claro que não sabem disso, porque o programa as domina. Elas são hospedeiras.

A essa altura, use qualquer ferramenta de purificação que você tiver, ou se inspire para criar ou solucionar, e desprender o programa.

Enquanto estava escrevendo esta seção para você, recebi a ligação de uma amiga.

Eu estava feliz e totalmente contente com o processo da escrita. Mas minha amiga estava aborrecida, e eu a ouvi paciente e atentamente. Logo comecei a me sentir aborrecido, tragado em sua areia movediça. Passei de um estado em que me sentia forte e limpo para um fraco e infeliz.

O que aconteceu?

Quando minha amiga ligou, peguei o vírus – o programa – como uma criança, na sala de espera de um médico, ao pegar um resfriado de alguém. Os anos de purificação que já fiz não importaram. A princípio, fiquei aborrecido com isso. Depois percebi que tinha de me purificar de meu aborrecimento.

Limpar tudo é o segredo. Você purifica a cada instante, usando qualquer método que gostar, tendo ou não um aborrecimento no momento.

Por exemplo, você está lendo isso e pensando: "Não quero purificar tudo."

Purifique isso.
"Não quero purificar nisso."
Purifique isso.
"Toda essa purificação é perda de tempo."
Purifique isso.
"E se essa purificação não der certo?"
Purifique isso.
"E se a purificação não funcionar?"
Purifique isso.
"Estou me sentindo bem; então, não vou purificar agora."
Purifique isso.
"Mas por que purificar se me sinto bem?"
Purifique isso.
"Não entendo."
Purifique isso.
"Eu entendo, sim."
Purifique isso.
"Vou deixar você purificar por mim."
Purifique isso.
"Charutos não podem ser uma ferramenta de purificação!"
Purifique isso.
Está captando a ideia?

Você purifica o tempo todo, a cada instante, tendo ou não um fator motivador para purificar.
"Mas por que tenho que purificar se está tudo bem?"
A limpeza contínua limpa seu caminho adiante.
Hoje, tenho uma vida suave, embora nem sempre tenha sido assim, porque passo meu tempo purificando. Faço isso noite e dia, estou fazendo nesse momento, enquanto escrevo essas palavras para

você. Fazê-lo é como um limpador de rua que limpa as vias à noite para que você possa dirigir no dia seguinte. Purificar mantém limpa a minha estrada da vida, como você verá em algumas histórias por vir.

Outra vez, literalmente qualquer coisa pode ser uma ferramenta de limpeza ou purificação. Acredito que o violão "Marilyn", de Linda Manzer, seja uma. Também acredito que a capa de meu disco *Sun Will Rise* seja uma. A capa deste livro é uma. O dr. Hew Len acredita que meu cartão de visita é uma.

O que realmente é uma ferramenta de purificação?

Aquilo que você acredita que seja.

14
Algum problema?

> *Tudo que você tem a fazer é olhar no espelho e se apaixonar por si mesmo – independentemente do que o resto do mundo diz.*
> – DR. JOE VITALE, DE *THE MIRACLES MANUAL*, VOL. 1

Aqui está algo com que você provavelmente pode se identificar. Não foi fácil ir do zero à criação de seis álbuns, em dois anos. Contratei profissionais para me ajudar: Daniel Barrett, principal vocalista da banda Porterdavis e produtor do Rubicon Studios, que segurou minha mão no estúdio; Guy Monroe, um mago no treino vocal, que me ensinou a cantar; Mathew Dixon, um Monge do Violão moderno, e discípulo do Ho'oponopono, que me ensinou a tocar violão em um nível que só eu tinha esperanças de conseguir; Sarah Marie McSweeney, uma talentosa professora de canto e compositora, foi a primeira a ouvir minhas canções originais e me incentivar.

Também participei de um workshop de compositores, com dois cantores/compositores famosos, Ray Wylie Hubbard e Kevin Welch. Contratei Lee Coulter, cantor de primeira linha, para me dar dicas de canto e composição. Contratei Jay Frank, autor de *Hack Your Hit*, para me dar consultoria na criação de música comercializável.

Quando entrei no estúdio, contratei verdadeiras lendas da música, desde o astro Joe Vitale, do Hall da Fama do rock and roll (sim, o famoso baterista com o mesmo nome que eu), até o baixista Glenn Fukunaga. Também contratei três vencedores do prêmio Emmy, para me ajudar com um dos meus discos (*The Healing Song*).

Todo esse tempo, esforço e dinheiro valeram a pena. Meus discos foram bem recebidos. Canções como "Today's the Day", no álbum *Strut!*, se destacaram com compradores no iTunes e CDbaby, duas das maiores lojas musicais on-line. Outras músicas foram consideradas para a trilha sonora de um filme. Fui comparado a Johnny Cash, Tom Petty e Leonard Cohen. O reverberation.com, um website para músicos, votou em mim como o cantor/compositor número 1, em março de 2013.

Nada mau.

Portanto, você pode imaginar o efeito devastador, quando um membro de minha família me disse que não entendia minha música.

Ele disse que tinha de ser honesto – geralmente, uma afirmação que antecede uma crítica – e me aconselhou a continuar com os livros.

E acrescentou: "Eu não sou fã."

Não pedi a opinião dele; no entanto, sentiu-se obrigado a dar. Eu não estava acostumado a ouvir tanta negatividade, embora meu pai sempre me alertasse que as pessoas gostam de julgar. "Até sua própria família pode ficar contra você", ele me lembrava, às vezes.

Foi chocante. Eu não podia acreditar. Fiquei magoado e confuso, e aquilo me abalou profundamente. Obviamente, havia um ponto fraco onde meu parente tocou – um botão que permaneceu acionado. Essa questão me incomodou durante semanas. Até mesmo com todas as técnicas de autoajuda que conheço, encontrei dificuldades para aliviar essa dor.

Claro que, se meu parente tivesse experiência musical, talvez valesse a pena lhe dar ouvidos. Uma regra geral é aceitar conselhos de gente que já é bem-sucedida no campo sobre o qual você está perguntando. Mas meu parente não é músico, nem toca música.

Ele tem pouco conhecimento sobre teoria musical, história musical ou até mesmo sobre a música popular atual; no entanto, me julgou como se soubesse do que estava falando. Sua crítica não solicitada me magoou profundamente.

Todos têm direito a dar sua opinião. Uma vez, saí de um show do Bob Dylan. Adoro suas músicas (e até reescrevi e gravei minha própria versão de sua famosa canção "All Along the Watchtower", em meu álbum *Strut!*), mas sua voz chiada me irritou. Ainda assim, nunca telefonei para o Dylan para reclamar. Guardei meus pensamentos para mim. (Bob, se você estiver lendo isso, por favor, me perdoe. Sinto muito. Obrigado por sua música e por me dar permissão para gravar "All Along the Watchtower". Você é um compositor lendário. Eu te amo.)

No caso com meu parente, eu queria ser como o músico Tom Petty, que, diante de um repórter que perguntou o que achava quando as pessoas reclamavam, dizendo que sua música não era boa, respondeu: "Cara, é rock and roll, não tem que ser bom."

Mas eu não fui desapegado.

Um programa – dados – foi ativado em mim, e meu parente acionou o botão para fazê-lo. Eu não soube como reagir a essa crítica ofensiva e não solicitada. A maioria das pessoas do meu círculo de amigos e familiares é mais amorosa e incentivadora.

Depois de ler livros como *The Power of Un-Popular*, também sabia que não preciso agradar a todos, apenas a um pequeno grupo de fãs dedicados. Já até ensinei, em meus seminários e programas de treinamento, que você só precisa de um nicho de pessoas que o amem para ficar rico. Esqueça os que não amam. No entanto, a feiura do meu parente me causou uma pontada profunda. Eu não conseguia deixar aquilo de lado.

O dr. Hew Len me disse: "Não é a pessoa; é o lixo que você possuiu daquela pessoa. Então, quando trabalhei com pessoas no Hospital Estadual do Havaí, o que aconteceu dentro de mim foi que vivenciei o julgamento, a raiva, o ressentimento etc. Eu estava empacado. Estava distante de mim mesmo e queria voltar ao estado Zero."

Eu estava sendo lembrado de que a situação não tinha a ver com meu parente; tinha a ver com *o programa* que compartilhávamos. Meu objetivo era apagar o programa, de modo que pudesse ser livre. Àquela altura, não me importava com o que meu parente dizia. E, muito provavelmente, ele simplesmente ficaria calado.

Como eu faria isso acontecer?

Enquanto prosseguia purificando, me lembrei de que aquilo de que não gostamos nos outros, geralmente, é algo que inconscientemente possuímos e não gostamos, em nós mesmos.

Pensei em meu parente dizendo que não era fã de minha música. Transformei essa afirmação em algo que eu talvez dissesse e perguntei a mim mesmo: "Acredito nisso quanto à minha própria música?" Em outras palavras, será que secretamente não sou fã de mim mesmo como músico?

Por menos que quisesse admitir, parte de mim era bem crítica em relação ao meu canto e composições. Parte de mim concordava com meu parente. Ele só estava verbalizando aquilo que sempre suspeitei. Como sempre disse aos outros, o exterior é uma projeção de seu interior. Meu parente era, em muitos aspectos, como eu.

Esse foi um insight gigantesco do qual não gostei. Eu queria que fosse culpa do meu parente o fato de me sentir mal. Eu queria que meu parente mudasse. Não queria que o crescimento ficasse todo por minha conta.

Porém, essa é a forma autêntica como o Ho'oponopono funciona. Você não olha lá fora, olha para dentro.

Como disse o psicanalista suíço Carl Jung: "Aquele que olha para fora, sonha; aquele que olha para dentro, desperta."

Meu insight a respeito dessa situação não parou por aí.

Depois, quando eu estava fazendo meu exercício aeróbico na academia, me senti inspirado a praticar o Ho'oponopono em voz alta, algo incomum. Raramente falo enquanto estou fazendo exercícios, mais porque a intensidade dos exercícios me deixa ofegante. Mas algo me disse: "Faça."

Pensei nas palavras do meu parente e como fizeram com que eu me sentisse mal. Enquanto me mantive atento aos meus sentimentos, comecei a dizer o seguinte em voz alta:

Lamento que algum aspecto de meu ser, ou minha programação, ou meus ancestrais tenham dado a centelha para esse julgamento sobre mim e minha música. Lamento que eu tenha reagido excessivamente e me esquecido de minha paz. Lamento que minha programação inconsciente tenha levado meu parente a me julgar rispidamente.

Por favor, me perdoe por julgar meu parente como insensível. Por favor, me perdoe por possuir essa sensibilidade à crítica dentro de mim. Por favor, perdoe meus ancestrais por quaisquer coisas que eles tenham feito ou pensado, que tenham trazido esse sistema de crença para dentro do meu ser, no dia de hoje. Por favor, me perdoe por ter ignorado meus pensamentos interiores.

Obrigado por trazer essa convicção e esses dados à minha atenção. Obrigado por ouvir meu apelo para apagar essa data de minha mente e de todas as mentes. Obrigado por me ajudar a ser grato porque meu parente me deu essa oportunidade de limpar e purificar e me libertar. Obrigado por me lembrar do amor por trás de toda a escuridão.

Eu te amo, amo meu parente, amo a mim mesmo, amo meus ancestrais e amo o Divino por apagar todas as limitações interiores e os dados, para que eu possa estar aqui e vivenciar o milagre desse momento e o milagre do amor. Eu te amo, eu te amo, eu te amo.

O interessante é que assim que fiz o apelo Ho'oponopono em voz alta senti uma mudança interior. Na verdade, foi uma limpeza tão profunda que mal conseguia me lembrar do que meu parente tinha falado sobre mim!

Isso frequentemente acontece com a cura verdadeira. O fato sobre o qual você estava reclamando some. Você mal consegue se lembrar – e, caso se lembre, não é com emoção. Como uma história que você leu, é interessante, mas não aconteceu com você.

Esse é o milagre do Ho'oponopono.

Minha descoberta com meu parente foi o seguinte: se eu quisesse vivenciar uma cura real – depressa –, precisaria falar as frases de purificação em *voz alta*. Se isso significava que minha mente estava mais envolvida, minha voz estava mais ressonante com as vibrações do universo ou meu apelo estava sendo por anjos que não podiam ler minha mente, eu não sei.

Clark Wilkerson, em 1968, em seu livro *Hawaiian Magic*, explica: "Foi observado e é uma verdade divina que, se você disser algo com desejo sincero e profunda emoção e gritar aquilo bem alto, aquilo será feito."

Verbalizar meu pedido ao Divino em voz alta se tornou um meio avançado; no entanto, simples e certeiro de obter a cura ou um resultado. Meu parente e seu julgamento já não me incomodam mais. Não faço ideia se ele agora gosta da minha música ou não. Não me importo. Gosto da minha música. Não estou tentando competir com grandes músicos – estou apenas tentando criar. E, a partir dessa perspectiva, estou sendo bem-sucedido.

Em 2013, dez das minhas canções foram indicadas ao Posi Awards, o Grammy da música positiva. Devo estar fazendo algo certo – apesar do que meu parente (e eu) havia pensado anteriormente. A minha purificação do programa que compartilhávamos limpou o caminho para o sucesso de minha música.

Como sempre, a solução é purificar, purificar, purificar.

15
O quinto milagre

Quando você está limpo, você não pensa.
Você simplesmente faz.
– DR. HEW LEN

Como você pode criar milagres do mundo real com o Ho'oponopono?

Em outubro de 2012, eu disse ao meu produtor musical e amigo, Daniel Barrett, que meu desejo de fazer música havia morrido. Não me sentia inspirado ou ligado à musa. Estava feliz com meus quatro álbuns de música curadora que já havia criado, mas nada mais via no horizonte.

Eu me sentia acabado.

Enquanto conversávamos, eu continuava praticando o Ho'oponopono interiormente, repetindo aquelas quatro frases. Tinha uma desconfiança sorrateira de que estava enganando a mim mesmo. Afinal, a autossabotagem é desmedida em todos nós e, geralmente, não sabemos que estamos fazendo isso. Será que eu estava?

Daniel sugeriu que encontrássemos um jeito de impulsionar minha energia pela música. Ele não sabia como, mas sentia que havia uma solução.

Num instante, uma inspiração me veio – eu sabia um jeito de dar um arranque na musa. Mas não tinha certeza se queria fazê-lo.

Respirei fundo e disse: "Posso estabelecer a intenção de gravar cinco novas canções até o Natal."

Só faltavam dois meses para o Natal. Seria um milagre escrever e gravar cinco músicas novas até lá. Eu não apenas estaria começando do zero, mas também estava exausto, por ter acabado de concluir meu quarto álbum, *The Healing Song*.

Daniel não pestanejou. "Por que não tentarmos dez músicas?", perguntou.

Resfoleguei. Isso, sim, seria uma meta altíssima, até para mim. Eu já tinha quebrado recordes ao criar quatro discos em menos de dois anos, e quatro milagres já pareciam coisa de sobra.

De qualquer forma, aceitei o desafio.

Combinamos que trabalharia para criar dez canções originais dentro de dois meses e, juntos, gravaríamos todas para o meu quinto disco.

Sentimos uma energia empolgante por termos um objetivo que assustava a ambos; no entanto, também nos dava grande prazer. Estávamos na expectativa, incertos, abertos e desejosos – e não tínhamos ideia de como um novo disco surgiria do nada. Eu tinha muita limpeza e purificação a fazer e me apoiei em minha prática do Ho'oponopono para preparar meu caminho.

Lembre-se, eu não tinha ideia alguma para novas músicas ou qualquer paixão para tanto. Sentia-me esgotado. No entanto, essa nova intenção inspirada evocou mais música. A nova meta revolveu minha imaginação e dentro de alguns dias novas canções me vinham à mente.

Não conseguia desligar o fluxo criativo!

Podia estar sentado, lendo um livro em meu iPad, e, subitamente, a ideia para uma nova canção entrava em minha consciência. Imediatamente parava o que estava fazendo para escrever. (Sempre tome uma atitude.)

Em outras ocasiões, eu me sentia inspirado a verificar formas musicais diferentes, como o antigo rock and roll, estilo chamado de rockabilly. Eu simplesmente seguia a musa para ver o que acontecia. E adorava a pesquisa, a investigação e o aprendizado. (Sempre siga a inspiração, também.)

Em algumas semanas eu tinha mais de duas dúzias de músicas. Dessas, escolhi nove que achei sólidas. Queria deixar a décima ideia aberta para um improviso inspirador no estúdio.

Eu me sentia pronto para gravar meu disco número cinco!

Minha banda (na verdade, não é realmente minha banda, mas os mesmos músicos que gravaram os álbuns *Strut!* e *The Healing Song*, comigo) voltou a se reunir. Entramos no estúdio em 18 e 19 de dezembro, antes do Natal, e gravamos dez novas músicas.

Disseram-me que música geralmente não é formulada assim, tão depressa, nem com essa facilidade ou com tanta energia e foco. Mas quando nos reunimos no estúdio abrimos espaço para que a magia acontecesse ao redor das minhas canções.

O resultado é meu quinto álbum, *Sun Will Rise* – outro milagre.

Quando segurei o CD concluído nas mãos e ouvi a música original que tinha escrito e interpretado, depois de ganhar vida, com os músicos que me apoiaram, comecei a chorar.

O fato de que isso foi criado do nada é algo que ainda me deixa estarrecido. Pensar que as canções são tão boas, a música é tão incrível e as mensagens são tão relevantes me faz simplesmente parar, admirado e grato.

Uma vez, perguntei ao dr. Hew Len sobre entrar em ação.

Ele disse: "Quando você está limpo, não pensa. Simplesmente faz."

Se precisa pensar, então tem crenças opostas relutando em sua mente: uma quer de um jeito, a outra, de outro. A ideia é estar purificado o suficiente para que a inspiração esteja ali, e o ímpeto para entrar em ação vem em seguida. Você age sem ficar pensando, pois a ação é pura. Sem interferência. Sem hesitações.

Não estou dizendo que isso seja uma forma contínua de vida para as pessoas – até o dr. Hew Len medita para obter respostas. Quando um amigo me mandou um roteiro de filme para dar vida ao livro *Limite zero*, pedi ao dr. Hew Len sua permissão, pois nós dois possuímos os direitos do livro. Ele me enviou um e-mail dizendo: "A Divindade diz não."

Como se discute com a Divindade?

Por saber que às vezes é difícil entender a diferença entre a Divindade e o ego, perguntei uma segunda vez. Pensou a respeito e, novamente, declinou.

O curioso é que ele não tinha um motivo lógico para declinar o roteiro. Fiquei perplexo por ele o ter descartado. Seria uma grande oportunidade de levar essa história incrível para as telas de cinema. Um filme era um sonho meu. Eu queria. E também sabia que o dr. Hew Len estivera aberto à ideia anteriormente, porque ele me disse, uma vez, que queria ser interpretado no filme pelo ator Robert De Niro. Mas o "Não!" seco do dr. Hew Len parou tudo. Aceitei, mas fiquei confuso.

Conforme o tempo passou, descobri que os potenciais produtores do filme estavam sendo exploradores e manipuladores. Eles queriam que eu convencesse o dr. Hew Len a mudar de ideia, usando alguns truques psicológicos que eu sabia que o dr. Hew Len veria imediatamente. Naquele momento, soube que o motivo que o dr. Hew Len havia dito não era por conta desses produtores e, no fim, teria sido um arrependimento.

Estou contando isso para mostrar que ele teve que pensar a respeito e porque não tinha uma resposta clara; portanto, não seja duro com você mesmo. Aqui, o lembrete é amar a si mesmo. Estamos todos fazendo o melhor que podemos. Se as coisas parecem não dar certo, estipule uma intenção, peça orientação e clareza, e tome as atitudes que forem necessárias a seguir. Um *não* pode estar protegendo você, deixando você pronto para um *sim* de imenso sucesso. Você precisa confiar. Precisa ter fé.

Se há alguma essência no Ho'oponopono, é a ideia de confiança. Confie em si mesmo. Confie na vida. Confie na Divindade. O anel de ouro antiquíssimo que uso, com a palavra gravada em latim, Fidem, que significa fé, é um lembrete para que eu tenha fé. A medalha com o grão de mostarda que carrego e frequentemente dou uma cópia aos amigos é outro lembrete.

Não faço ideia de quando será feito um filme sobre a história incrível do dr. Hew Len, mas tenho fé que isso vai acontecer. Só não sei como ou quando. Assim como aconteceu com o álbum musical que fiz – quando eu estava sem ideias para gravar mais –, milagres irão acontecer, se você seguir a corrente, entrar em ação com suas ideias e sempre, sempre, sempre tiver fé.

Esse é o segredo para os milagres.

Ou, pelo menos, um dos segredos.

Vamos analisar um pouco mais...

16
Mais segredos de eventos Limite Zero

A purificação é o único caminho ao estado Zero e à inspiração.
— DR. IHALEAKALA HEW LEN

O dr. Hew Len e eu realizamos, juntos, três eventos de Limite Zero, antes que ele decidisse parar de viajar e palestrar, e se aposentasse. Isso não me surpreendeu, porque sempre dizia: "Eu só quero cuidar do meu jardim, mas a Divindade fica me empurrando para fora da porta."

Geralmente me sentia o cara correto dos eventos, o alívio cômico do dr. Hew Len. Algumas pessoas diziam que eu era o legal. Às vezes, as pessoas o achavam ríspido, mas nunca achei. Eu o adorava e ainda adoro. Sempre fui grato por seu foco claro em nossos eventos. Ele não era de rodeios, ia direto ao ponto.

Por exemplo, ele perguntava aos participantes: "Se você estivesse procurando pela habilidade mais fundamental, qual seria o recurso mais fundamental para administrar um negócio?"

Depois de obter algumas respostas que não o satisfaziam, ele dizia: "Vou lhes dizer qual é o recurso mais importante, pois vocês não o possuem; portanto, estão encrencados. Vocês podem ser tão entusiastas quanto quiserem e proverem um serviço. Podem fazer tudo que quiserem, mas o recurso mais importante é ser limpo, purificado. Uma vez que você esteja limpo, tudo acontece, pois a pureza é o recurso mais importante em sua vida. Se você não for purificado, o que a maioria não é, não importa o que você provê ou quão bom seja seu serviço."

Ele prosseguia dizendo que pessoas como Jesus e Buda eram purificadas. Eles não precisavam ser entusiastas nem obter mais informação. Eram purificados, e essa clareza permitia que se inspirassem. A purificação, que ele frequentemente chamava de Zero, ou Vácuo, era o objetivo.

O dr. Hew Len uma vez me disse: "Se as pessoas colocassem Deus em primeiro lugar, teriam todo o dinheiro com que sonharam."

É como a história famosa que conto, no começo de *The Attractor Factor*, sobre o motivo para as pessoas que iam para a América do Sul não se darem tão bem quanto as que iam para a América do Norte em termos de riqueza material. Por quê? Porque as pessoas que iam para a América do Sul estavam em busca de ouro, e as pessoas que iam para a América do Norte estavam em busca de liberdade, à procura de Deus.

Elas estavam em busca de Deus.

A mente humana, repleta de dados e programas, ficaria espantada tentando afetar o tipo de mudanças e ocorrências profundas que podem ser feitas, com tanta facilidade, purificando e permitindo que a Divindade sussurre suas inspirações. Tenho arrepios pensando nisso. É o poder sublime do Ho'oponopono.

"O Ho'oponopono tem somente a ver com olhar o que está acontecendo dentro de mim, do que vivencio com determinadas pessoas, de determinadas maneiras ou determinadas ideias", disse o dr. Hew Len. "Então, a questão é se estou disposto a desapegar. Uma vez que desapego, algo maravilhoso acontece. Instantaneamente, quando você está no estado Zero, essa é a base de partida do Divino, o EU SOU."

Pode ser mais fácil?

Dá para acreditar que é tão fácil quanto respirar e comer?

Nos eventos, o dr. Hew Len demonstrava um processo para desapegar e libertar os dados pela respiração.

Sente-se confortavelmente, com os dois pés no chão e sua coluna levemente pousada no encosto da cadeira.

O polegar representa o Divino, o EU SOU em você. Seu dedo indicador é o dedo direcional e representa você, como um ser. Pegue o Divino em você (polegar) e o dedo indicador e junte-os, de modo que você e o Divino sejam um. Então, apenas coloque sobre seu colo.

Esse processo irá evitar fadiga. Se você estiver com disritmia, isso irá colocá-lo de volta no ritmo. A ideia é regressar ao ritmo.

De olhos fechados, inspire (pelo nariz) bem suavemente, com um processo respiratório normal.

Agora, comece a contar, enquanto você inala e exala, conforme segue: enquanto você inala, conte até sete, pare e conte até sete, depois exale, contando até sete, pare novamente, e repita. Cada rodada consiste em respirar inalando contando até sete, parando contando até sete e exalando contando até sete, depois parando e contando até sete. Isso é uma rodada. Faça isso sete vezes – sete rodadas do Ha.

Nos seminários que realizei com o dr. Hew Len discutimos os benefícios purificadores da ingestão de morangos, mirtilos e até chocolate M&M's. Da primeira vez que ouvi isso, pareceu loucura. Mas o dr. Hew Len sempre diz que você não precisa realmente comer o doce; pode apenas lambê-lo.

Lamber um M&M?

Sem comer?

Meio difícil.

Se você for como eu, isso pode ser um sacrifício. Isso me lembra do homem que foi ao psiquiatra porque se sentia anestesiado.

O médico prescreveu algumas pílulas. O homem tomou por uma semana e voltou dizendo:

– Doutor, pode ser só comigo, mas essas pílulas só parecem doces.

O psiquiatra respondeu:

– Está vendo, você já está ficando mais esperto.

Só depende de você acreditar que qualquer coisa pode ser uma ferramenta de purificação. Segundo o dr. Hew Len, até comer açúcar e chocolate pode apagar dados. Ele disse que essas coisas só são consideradas ruins para nós por conta de nossas percepções. Um favorito pessoal dele era chocolate quente. Ele disse:

Chocolate quente apaga lembranças que colocam o dinheiro em primeiro lugar. Portanto, o que isso significa? Significa que você irá colocar Deus em primeiro lugar. Eu tomo chocolate quente para apagar essas lembranças em mim, que colocam o mundo em primeiro lugar, não a Divindade. Você não precisa dizer ou fazer nada; apenas beba. Você tem que perceber que o chocolate não é problema – é sua experiência com aquilo, e você pode se desapegar daquelas experiências.

Se você tiver qualquer tipo de problema, são as lembranças – não a comida, não as pessoas com quem você anda. Não tem nada a ver com açúcar. Não tem nada a ver com esses negócios todos. É nossa percepção – o que quer que seja –, esse é o problema.

Se você for comer algo, por que não comer algo que apague dados – como morangos, mirtilos, gergelim ou M&M's? Até jujubas têm um processo de limpeza que especificamente o faz estar no lugar certo, na hora certa.

Para um cético, esses métodos talvez sejam só conversa que se diz por aí, mas no Ho'oponopono moderno seriam apenas mais dados – porque não há nada por aí.

Você não pode se ater a algo sem fazer parte do moinho de dados em sua mente. Tudo que está acontecendo está acontecendo em você; portanto, quem pode dizer, exceto você?

Eu, pessoalmente, estou disposto a usar qualquer coisa que possa dar certo. Como o dr. Hew Len nos lembra: "O objetivo máximo é ser livre. Livre de quê? Livre do passado, para que você esteja sempre em ritmo com a Divindade."

Em minha experiência, uma mente aberta pode levá-lo muito mais longe do que uma mente fechada e, se pode potencialmente oferecer a liberdade, sou totalmente a favor. Mas, se você realmente quer testar os limites de sua mente, pense se a famosa história sobre o dr. Hew Len curar uma ala inteira de criminosos com desvios mentais é ou não verdade.

Será que foi apenas uma mentira cabeluda que pegou todo mundo – incluindo a mim?

17
Isso aconteceu mesmo? A mentira cabeluda

> *A maravilha de tudo é que não estamos no controle. Controle. Intenção. Tudo não passa de ilusão. Quem decide? A memória e a inspiração, uma o espinho; a outra, a rosa. Qualquer uma das duas leva à Alma através do nariz proverbial. De verdade.*
>
> – DR. IHALEAKALA HEW LEN

As pessoas que leram *Limite zero* sempre perguntam se a história foi real.

"O dr. Hew Len *realmente* curou uma ala inteira de criminosos com doenças mentais? Se positivo, por que não ouvi isso no noticiário? Onde está o registro público sobre isso?"

Também não acreditei na história da primeira vez que ouvi. Mas depois de conversar com o dr. Hew Len ao telefone acreditei. Mais tarde, participei de meu primeiro seminário com ele, que me convenceu ainda mais de sua autenticidade. Seguimos adiante e escrevemos *Limite zero*, e fui coapresentador de três eventos com ele, eliminando qualquer dúvida de minha mente. Eu sabia que acreditar era mais inteligente do que não acreditar. Afinal, também escrevi um livro chamado *Faith*. A crença tem poder, e prefiro acreditar em milagres a não acreditar.

Ainda assim, como um bom autor de não ficção, eu precisava saber mais e assim que tive a oportunidade seguinte perguntei novamente a respeito.

— *Ao Akua* — começou ele, me chamando pelo nome havaiano que me deu. — Não fiz isso sozinho e não foi fácil.

— Todos foram curados?

— Não — respondeu ele. — Nunca conseguimos fazer o Billy melhorar. Ele foi transferido para outra instituição.

Quando eu estava fazendo pesquisas para *Limite zero*, entrei em contato com assistentes sociais que eram do hospital quando o dr. Hew Len estava lá. Falavam abertamente que sentiam algo na presença dele, mas nunca afirmaram que era um messias. Jamais atribuíram alguma cura diretamente a ele. Ninguém disse que os presos foram curados e a ala fechada diretamente por qualquer coisa que o dr. Hew Len tenha feito.

Isso não me surpreende.

A vida está tão entremeada que, quando respiro, isso afeta a sua respiração, mas você nunca irá me olhar conscientemente e dizer: "Ei, obrigado por respirar!"

O fato de que a mídia nunca tenha relatado sobre o hospital tampouco me surpreende. Anos atrás, a ABC News veio até minha casa e me entrevistou durante uma hora. Falamos sobre muitas coisas, incluindo meus livros e pessoas que tinham sido transformadas. No entanto, não escolheram as notícias positivas para veicular — em vez disso, editaram cortando as coisas boas e transmitiram alguns segundos, me mostrando em busca de uma resposta quando me cercaram com uma pergunta.

A mídia não é feita para lhe dar notícias positivas. Precisam é de que você seja mantido temeroso para que compre os produtos que anunciam. (Agora, enquanto digo isso, estou purificando.) Por isso que veiculam notícias horríveis, trágicas e infelizes. Quando não acontece nada ruim localmente, as emissoras buscam histórias infelizes de outra área, até em outros países.

E quando a mídia não consegue encontrar notícias ruins suficientes geralmente repassam as histórias de seus arquivos. Na verdade, enquanto eu estava escrevendo isso, amigos entraram em contato comigo para me parabenizar por minha participação, ontem à noite, no noticiário da ABC News – uma matéria que foi passada, pela primeira vez, *há três anos.*

Mas você raramente vê, se é que vê, relatos de histórias positivas.

Afinal, qual poderia ser a manchete de um noticiário de horário nobre sobre a cura de presos de um hospital psiquiátrico?

Pacientes loucos curados – Sem explicação – Vamos comemorar!

Se a mídia quisesse relatar o fato de o dr. Hew Len ser um curador, talvez tivesse mostrado uma manchete dizendo:

Um excêntrico não faz nada e pacientes são curados!

Resumindo, a mídia não foi elaborada para escrever sobre acontecimentos positivos ou ocorrências milagrosas. São mais inclinados a pegar o ângulo negativo do caso mais positivo. Eu teria mais sorte com a mídia se tivesse contado a eles sobre meu violão burguês que parece ter um rosto na madeira na parte de trás. (Tem mesmo.) Há quem ache que o rosto parece o de um índio. Penso que é bem mais controverso e revelador. A mídia poderia então dizer:

Buda descoberto num violão!

Ou até:

Jesus foi visto num violão!

Ou talvez:

Escritor de **O segredo** *vê o Salvador no violão!*

Claro que uma história milagrosa passada como realidade precisa ser pelo menos parte verdade, para alguma utilidade real. Histórias de ficção ou, pior, histórias que são mostradas como verdadeiras e que acabam sendo ficção podem ser danosas. Não é a mesma coisa que usar uma história metafórica. Muitos hipnotizadores contam esse tipo de história para abordar questões em seu subconsciente. Isso é diferente. Isso não é mentir. É apenas pura ficção.

Eu me lembro de ler um livro de um conhecido escritor de autoajuda que escreveu que Harry Houdini, o famoso mágico, não precisava de truques mágicos nos últimos anos. Ele disse que Houdini fazia "mágica verdadeira". Fiquei horrorizado. Houdini, na verdade, passou seus últimos anos provando que mágica verdadeira *não* existe! Como membro honorário da Sociedade Americana de Mágicos, mesmo grupo que Houdini fundou, sei que Houdini era contra enganar as pessoas e mantinha os pés firmes no chão.

Por que esse autor mentiu para a massa em seu livro? Não sei, mas fiquei tão aborrecido com sua mentira inocente, ignorante ou intencional, que joguei seu livro no lixo. Levei um tempo para perdoá-lo. Um amigo racionalizou a mentira, dizendo: "Ele provavelmente contou a história para fazer você acreditar em mágica verdadeira." O negócio é que o equívoco berrante me levou a concluir que eu não podia confiar em mais nada que esse autor dizia. Ele se tornou uma fonte não confiável.

Eu não queria que a história do dr. Hew Len se tornasse uma história como a de Houdini; portanto, continuei pesquisando mais. Continuei ouvindo histórias bem semelhantes, tais como essa (recebida por e-mail e utilizada aqui com permissão):

Prezado dr. Vitale:
Eu li seu livro, Limite zero, *em dezembro de 2008. Trabalho como orientadora de vida e instrutora para mães, na prisão feminina de Baton Rouge. Semanalmente, leciono para três turmas com vinte mulheres em cada uma.*
Comecei a fazer o Ho'oponopono imediatamente após começar o livro. Pude ver os resultados instantâneos com as mulheres do grupo. Compartilhei a informação com elas e comprei cinco livros para que elas se alternassem lendo.
Elas compartilharam muitas histórias de sucesso comigo sobre a mudança das agentes responsáveis por elas. Semana passada, houve algum tipo de tumulto ocorrendo na prisão. Dava para ouvir a comoção do lado de fora da minha sala de aula. O diretor do presídio entrou na sala com uma expressão perplexa no rosto. Ele não podia acreditar na calma e silêncio da sala, com todo o estardalhaço que se desenrolava lá fora. Ele me disse: "Não sei o que você está fazendo, apenas continue fazendo." Em diversas ocasiões, ele já me disse que todas as mulheres estão se portando melhor e até estão recebendo privilégios que jamais tinham tido.
Também estou tendo mudanças positivas com minhas filhas adolescentes e meu marido.
Muito obrigada por trazer essa informação à luz.
– Cindy Ray-Huber
Diretora regional, RCB de Baton Rouge

Como humanos, todos temos desafios. Todos temos coisas que precisamos purificar.

O dr. Hew Len veio me visitar quando estávamos trabalhando juntos em *Limite zero*. Seguimos de carro, por inúmeras estradas do interior, à procura de pousadas que eu havia reservado para ele, por telefone. Quando foi ficando aparente que estávamos perdidos, eu o ouvi suspirar. Parecia estar ficando frustrado. Ele disse: "Eu deveria ter ligado para pedir orientação do caminho." Essas foram suas palavras, mas o que ele realmente queria dizer era que eu deveria ter ligado. Seu tédio comigo refletia um homem nada de acordo com tudo que há.

Em outra ocasião, vi uma fotografia dele de mãos dadas com uma moça enquanto caminhavam pela praia. Parecia romântico, embora o dr. Hew Len seja cinquenta anos mais velho do que ela. Isso não é problema, já que podem estar apaixonados, mas certamente é um sinal de que ele é humano.

Mas até Jesus era humano. Como um homem comum que vivia e respirava, ele parecia fazer milagres. Segundo o autor de *Zealot*, Jesus nunca foi acusado de malandragem em suas demonstrações. Ele não estava fazendo mágica, mas milagres. Foi acusado de muitas coisas, mas nunca de ser mágico. Era um homem que aparentemente realizava milagres com a ajuda do Divino.

Será que era isso que o tão humano dr. Hew Len estava fazendo?

Afinal, Albert Einstein disse: "É bem possível que possamos fazer coisas maiores do que as de Jesus, pois o que está escrito na Bíblia sobre ele está poeticamente embelezado."

Mas não quero me esquivar da pergunta: O dr. Hew Len realmente ajudou a curar 99% dos presos do hospital psiquiátrico de criminosos insanos?

Acredito que sim. Mas como podemos ter certeza?

Veja da seguinte forma: se eu secretamente rezar pelo seu bem-estar e um dia sua doença passar, você vai me dar algum crédito? Provavelmente, não. Como poderia, se não sabia que eu estava rezando por você?

Mathew Dixon foi inspirado a escrever um livro chamado *Attracting for Others*. A premissa é que, quando alguém lhe diz que quer ser, fazer ou ter algo, você secretamente purifica a pessoa para que ela o tenha. Você purifica o que surgir em você para que a pessoa possa ter seu desejo.

Em outras palavras, você se torna um ninja do bem. Isso pode ser tão simples quanto dizer as quatro frases, usar alguns dos segredos avançados que você aprendeu aqui – ou qualquer outra coisa que você possa ser inspirado a compartilhar com alguém.

Agora, pare e pense: se alguém silenciosamente purifica algo que você deseja e você o obtém, você vai dar à pessoa algum crédito por isso? Claro que não. Como poderia? Você não tinha ideia de que estava fazendo isso por você. Ela o fez de forma secreta e benevolente.

O mesmo pode ser verdade para a história do dr. Hew Len e o hospital. Ao purificar a si mesmo, ele mandou um campo atrativo que afetou todas as outras pessoas. Elas melhoraram, mas não podem dar a ele qualquer crédito, já que não tinham ideia do que ele estava fazendo por elas.

A mídia atual não tem um meio de relatar uma história como essa. Eles querem causas e efeitos visíveis. Se o dr. Hew Len ministrasse pílulas cavalares e fizesse com que as pessoas melhorassem, talvez lhe dedicassem algum tempo no noticiário. (Porém, muito provavelmente, encontrariam algo errado com as pílulas e falariam sobre *isso*.)

Resumindo, se não tiver nenhum outro motivo, acredite na história de *Limite zero* pelo fato de lhe dar poder para criar seus próprios milagres.

E, se isso ainda for incompleto para você, purifique.

18
Como iniciar sua própria religião

Ua ola loko i ke aloha.
– O AMOR É A FONTE DA VIDA.

O dr. Hew Len levantou, em nosso segundo evento Limite Zero, e anunciou:
– Deixe-me lhes mostrar como iniciar uma religião.

Ele então caminhou até o quadro branco – sempre o quadro branco (falarei mais a respeito, em breve) – e colocou um ponto no centro desse espaço.

– Uma pessoa tem um despertar de Divindade – disse ele. – É pureza e inspiração.

Então, ele desenhou mais círculos no quadro.

– Dali, a pessoa desperta tenta contar aos outros sobre sua experiência.

O dr. Hew Len prosseguiu:

– Mas os outros não tiveram a experiência, eles não compreendem. Eles *acham* que compreendem. Mas não. Então, saem por aí, tentando ensinar aos outros sobre um despertar que jamais tiveram. E assim nasce uma religião.

Entendi totalmente. Sempre que estudava os despertados, eu coçava a cabeça, pensando em seus seguidores. Os seguidores nunca pareciam despertos. Com o passar do tempo, concluí que a maioria das pessoas é carneirinho. Elas seguem o bode-chefe, o líder que pode ou não saber para onde está indo.

Qual era o lugar de Morrnah em tudo isso? O dr. Hew Len mais que sugeriu que Morrnah era desperta. Ela tinha aprendido o Ho'oponopono tradicional, à moda antiga – o método de solucionar problemas e expressar as diferenças verbalmente em pessoa, num círculo, até que houvesse perdão e paz –, e fez disso um processo interior. Mas o despertar de Morrnah não significava que qualquer outra pessoa praticando essa versão do Ho'oponopono fosse desperta.

Ela *era*, mesmo, desperta? Não podemos saber com certeza. Só podemos presumir e, ao fazermos, isso torna a história mais atraente.

E quanto ao dr. Hew Len com quem passei horas incontáveis? Ele é desperto? E iluminado? Ou faz parte do rebanho de carneirinhos?

Uma manhã, quando estávamos tomando café, ele disse: "Você está começando a entender."

Não sei o que eu estava entendendo. Ele não tinha dito uma palavra durante vários minutos. Minha mente tinha exaurido de perguntas.

Naquele silêncio, houve uma abertura em meu coração, como se uma janela tivesse sido aberta. Mais tarde, chamei isso de *satori* – um vislumbre do despertar. Isso não significa que eu tivesse despertado. Significa que alguém me permitiu ver o despertar. Teria sido o dr. Hew Len? Será que seu ser deu a centelha para o meu próprio satori?

Creio que ele seja um discípulo leal de Morrnah, praticando o que aprendeu com ela, e que esteja fazendo o melhor, através de suas próprias idiossincrasias, para realizar o trabalho de purificação.

Esse tipo de limpeza tem o efeito de aquietar o ser interior. Conforme relaxamos, um dia podemos despertar. Escrevi, em meu livro *The Awakening Course*, que a iluminação vem da graça. Não é uma experiência em que se aperta um botão. Você não pode declarar: "Vou meditar até despertar!" Declarações desse tipo vêm do ego, e o ego tem de ficar de fora para permitir que o despertar ocorra.

Mas voltemos à forma como iniciar sua própria religião.

Alguns anos atrás, fiz uma apresentação sobre o Ho'oponopono para meus colegas em uma reunião do Transformational Leadership Council (Conselho de Liderança Transformacional). (Veja as Fontes ao final do livro, assim como o link para assistir ao vídeo.) Esse pessoal que sacode o desenvolvimento pessoal, muitos deles são lendas do mundo da autoajuda, muitos são pessoas que mudaram a minha vida décadas atrás, quando eu estava falido, era desconhecido e passava dificuldades.

Quando subi no palco, eu lhes mostrei um quadro branco – minha ferramenta favorita e metáfora da vida –, e os convidei para subir e escrever no quadro todas as formas como podemos nos transformar. Depois de vinte minutos escrevendo suas respostas, perguntei:

– O que aconteceu com o quadro branco?

Ele estava coberto de escrita preta. Já não podia ser visto.

– Estou aqui para mencionar que seus próprios métodos para a mudança podem, na verdade, ser um impedimento para a inspiração vinda da Divindade.

Então, contei a história do dr. Hew Len, do hospital psiquiátrico e da prática do Ho'oponopono. Enquanto falava, eu apagava a escrita do quadro. Até a hora em que terminei, podíamos ver novamente o quadro branco.

Estávamos de volta ao estado Zero.

A explicação do dr. Hew Len sobre como uma religião é iniciada se encaixa perfeitamente no que a maioria dos autores, palestrantes e professores faz. Claro que acreditamos que estamos ajudando – e, geralmente, estamos. No entanto, sob uma perspectiva mais alta, o que realmente queremos é estar abertos o bastante para que a inspiração possa sussurrar em nosso coração e possamos ouvir.

Em outras palavras, se eu estiver convencido de que a única forma de ajudar alguém é comendo bolo de cenoura (o que *ajuda*, acredite), então, sempre que ouvir um problema, vou sugerir bolo de cenoura.

Os discípulos do Ho'oponopono geralmente são assim. Eles se esqueceram de que o Ho'oponopono é apenas uma das muitas técnicas, não a prática absoluta da autoajuda ou das práticas espirituais. É elaborado para ajudá-lo a apagar toda a interferência – o que o dr. Hew Len chama de programação – para que você possa estar disponível para a inspiração da Divindade.

O sucesso de meu livro *Limite zero* com o dr. Hew Len trouxe alerta ao Ho'oponopono em escala maciça. Infelizmente, ele também juntou um bocado de carneirinhos. Claro, nem todos caem nesse modo de pensar. Há os que sinceramente acreditam no que estão fazendo. Mas seriam eles como os discípulos de um ser iluminado – o ser que foi despertado; os discípulos não foram?

E, se for o caso, o que lhe resta? Como você saberá a quem deve seguir, no que acreditar, o que fazer?

Resta-lhe purificar.

Conforme você pratica, limpa os dados da mente e permite a clareza, e quando a clareza chegar você saberá.

Aqui está outra forma de chegar lá.

Morrnah uma vez ensinou que você deve pegar um pedaço de papel e escrever cada pessoa, lugar ou objeto relativo ao que você está purificando.

Ela disse: "Seu subconsciente irá encarar toda a questão de um jeito melhor, e você terá uma noção melhor do problema do que da primeira vez que foi descrito."

A partir dali, você faz a prece de Morrnah sobre o pedaço de papel.

Digamos, por exemplo, que você tenha um problema com uma pessoa de seu trabalho. A primeira coisa a perceber é que o problema está com você e está sendo apresentado como uma percepção de sua mente, a respeito da outra pessoa. O botão que está sendo acionado está em você, e essa outra pessoa é apenas o gatilho. Como o dr. Hew Len sempre diz: "Você já notou que, quando você tem um problema, você está lá?"

Em seguida, escreva tudo relativo ao problema: o nome da pessoa, a descrição de seu trabalho, o nome da empresa, o endereço e qualquer coisa que lhe vier à cabeça. Você está deixando todos os elementos do problema nessa folha de papel. Como Morrnah frisou, isso ajuda sua mente a ter noção da situação como um todo.

Depois, leia sua prece sobre o papel, preferencialmente em voz alta, pelo menos quatro vezes. Depois disso, rasgue ou queime o papel.

Vá em paz, esperando que o Divino cuide dos detalhes.

Ele cuidará.

O estado Zero é realmente tão importante assim? Regressar ao quadro branco é tão necessário?

O dr. Hew Len fala do Zero como uma forma de expressar a Divindade. Outros falam sobre o Zero com frequência. Para mim, o Zero é aquele vazio ou vácuo, onde não há pensamentos, crenças ou dados. É o pano de fundo que testemunha a vida que pode permitir que a inspiração o alcance, lá da Fonte.

Sei que esse conceito talvez agite sua mente; portanto, dê-me um instante para explicar.

Tive um professor excêntrico no ensino médio, em Niles, Ohio, que me ensinou álgebra. Seu nome era Ron Posey. Fui reprovado em álgebra no ensino fundamental. Com o sr. Posey, ao estudar a matéria no ensino médio, eu só tirava 10. Ele era um gênio lecionando.

Ficava na frente da turma e perguntava:

– Zeros são importantes? Um zero é um nada?

Ele então escrevia o número 1 no quadro-negro e dizia:

– Dê-me seis zeros atrás de um 1 e eu teria um milhão de dólares!

Sim, os zeros contam.

Mas o que você realmente quer é estar *no* estado Zero.

Vou levá-lo até lá, agora mesmo.

19
O milagre do Ho'oponopono

> *A primeira coisa que você pode fazer para desimpedir sua energia, de modo a atrair mais de seus grandes sonhos, é perdoar qualquer pessoa, por qualquer coisa, ao longo de sua vida inteira – e, mais importante, perdoar a si mesmo.*
> – DR. JOE VITALE, DE *THE MIRACLES MANUAL*, VOL. 1

Décadas atrás, fui discípulo de Bhagwan Shree Rajneesh, mais tarde chamado de Osho. Ele era uma figura careca e controversa. Eu sentia que ele era iluminado. Recentemente, li dois livros sobre ele – um, de seu dentista, que morou com ele durante vários meses, e um da mulher que administrou sua operação durante anos, mas depois foi presa. Um o descreve como Divino; a outra, como o Demônio.

Eu também era fã do falecido dr. David Hawkins, que criou uma ferramenta chamada Mapa da Consciência, e seus insights me ajudaram. Então, há pouco tempo, li um livro científico detalhado, escrito por um de seus fãs leais e amável biógrafo, provando que o mapa da consciência é impreciso e a testagem para sua criação falhou.

Quem é o guru?

Essa é a verdadeira pergunta – e uma pergunta justa.

Afinal, em uma cultura onde um valor excessivo é dado à noção do status de especialista, é provável que muitos especialistas estejam andando por aí com informações variadas e conflitantes.

A quem recorrer? Eles provavelmente não serão como o jovem indiano no filme *Kumare*, que cresceu nos Estados Unidos, mas depois fingiu ser um guru, obtendo um pequeno grupo de seguidores, em seguida se expondo como uma fraude – dizendo que ele é o guru de *si mesmo*.

A verdade é que, às vezes, temos a chance de ver os bastidores de gente que admiramos, como aconteceu comigo, com Rajneesh e Hawkins, e às vezes, não. É um bom lembrete seguir nosso guia interior. Afinal, como você saberá em quem confiar e seguir? No fim das contas, você não tem que confiar e seguir a *si mesmo*?

Qual é o sentido do Ho'oponopono? Qual é o seu propósito? A tradição havaiana diz que o Ho'oponopono é um ritual de perdão. O dr. Hew Len diz que nós só estamos aqui para purificar. Morrnah, sua professora, sentia que estamos aqui para sarar. Grupos esparsos de Huna e Ho'oponopono têm suas próprias respostas.

Também tenho uma.

Em minha visão do mundo, o Ho'oponopono autêntico é um método que o ajuda a alcançar a paz. É uma ferramenta para apagar velhos programas, crenças e outros dados, para que você possa estar aqui e agora, recebendo inspiração da Divindade. Seu principal propósito é perdoar tudo – e todos – de todos os tempos e todos os lugares. Embora eu o pratique diariamente, sei que essa não é a única ferramenta. É uma de muitas.

Em 2013, fiz uma apresentação sobre uma técnica chamada *The Remembering Process* (o processo da lembrança), que Daniel Barrett e eu escrevemos, em nosso próximo livro, com o mesmo título. Nessa palestra, apontei para um grande quadro branco e disse: "Isso é você, sem programação. Você está limpo. Está no estado Zero. A partir daí, você pode receber inspiração."

Prossegui pedindo às pessoas que reparassem em seus corpos. Eram confortáveis? Sentiam alguma dor? Expliquei que, embora pudessem sentir seus corpos, elas não eram seus corpos. Eram algo separado deles. Podiam testemunhá-lo e não ser ele, de fato.

Talvez você possa se perguntar sobre seu corpo agora. Obviamente você tem um corpo, porém, pelo fato de poder observá-lo, você não pode, de fato, ser ele.

Então, pedi que notassem seus pensamentos. No que estavam pensando? Enquanto eu falava, suas mentes vagueavam. Em certo nível, estavam ouvindo, mas, em outro, também estavam comentando. Se podiam vivenciar seus pensamentos, isso significa que, de alguma forma, não podiam ser seus pensamentos. Podiam observá-los.

E você? Enquanto está lendo, também está pensando – mas você não é os seus pensamentos. Você pode perceber seu raciocínio, o que sugere que você só pode ser algo à parte do que está pensando.

Então, pedi à minha plateia que refletisse sobre o que estava sentindo emocionalmente. Por exemplo, quando minha conversa era bem-humorada, eles riam. Em outros momentos, ficavam comovidos, de outras maneiras. Se eles podiam sentir emoções, então, não poderiam ser as emoções. Em lugar disso, eram observadores.

Novamente, e quanto a você? Você vivencia emoções. Talvez tenha vivenciado emoções diferentes enquanto lia este livro. Apesar disso, se você tem emoções e pode descrevê-las, então, de alguma forma, você não é suas emoções.

"Se você não é seus pensamentos, seu corpo, suas emoções", perguntei, "então, o que você é?" Em muitos contextos espirituais, a palavra testemunha descreve essa noção do pano de fundo. Na espiritualidade havaiana, no Ho'oponopono, o pano de fundo é chamado Divino. Alguns chamam de Deus. Outros, chamam de Natureza. O dr. Hew Len e eu chamamos de Zero.

Independentemente do nome que você der, aquela Divindade está em você, e é a mesma Divindade em seus amigos e familiares, em Morrnah, no dr. Hew Len e em mim. O grande objetivo é ser um com a Divindade – isso é Iluminação, o Despertar. Quando você é um com tudo que há, é um com a fonte da própria vida.

O milagre do Ho'oponopono é que esse é um meio fácil de apagar o que há entre você e a Divindade. Quando aponto para o quadro branco, estou apontando para um símbolo. Quando você pratica o Ho'oponopono, está seguindo em direção àquele quadro branco ou Divindade. Quando você é um com ele, fica em paz. Quando está lá, está *no* estado Zero.

Sei que algumas pessoas dizem que o estado de alerta ao fundo é o nada; no entanto, uma vez, ouvi o papa João Paulo dizer: "O que você chama de nada eu chamo de tudo." Esse tudo é a Divindade – e ela o ama. Ela quer o melhor para você, sua família e o mundo. Uma vez que apagamos os programas que interferem com nossa forma de ouvir a Divindade e sentir seu amor incondicional, iremos vivenciar o milagre do agora mesmo.

Esse é o objetivo do Ho'oponopono.

E esse é o milagre dele.

Que você seja um guru para si mesmo.

EPÍLOGO

Pegando o "jeito"

> *Nós vivemos em um universo movido pela crença.*
> *Mude suas crenças e tenha um universo diferente.*
> – DR. JOE VITALE

O dr. Hew Len sempre me dizia que quando você está no estado Zero é que a inspiração vem até você. Quando você não está limpo, tudo que tem são lembranças – velhos programas, crenças, experiência e outros dados que apenas atrapalham.

Um dia, enquanto relaxava e meditava, recebi a inspiração para procurar um Hang. Eu sei; não faz sentido algum e também não fez para mim à época, mas o dr. Hew Len ensina que, quando você está limpo, a Divindade pode se apresentar. Portanto, fiz o que qualquer pessoa moderna de respeito faria – procurei no Google.

No fim das contas, o Hang, pronunciando-se "Rong", é um instrumento musical criado por Felix Rohner e Sabina Schärer, de Berna, na Suíça, em 2000. Não é uma bateria – como rapidamente corrigem seus criadores –, é um instrumento musical inteiramente novo.

Francamente, parece um OVNI, algum tipo de objeto espacial. Imagine duas panelas tipo tacho fundidas e coladas uma à outra, com marcas cunhadas nelas. Não é a melhor das imagens, mas deu para ter uma ideia. As marcas calcadas são as entonações e quando você bate com a mão produzem um som sobrenatural, calmante e misterioso.

Eu quis um.

Infelizmente, o Hang está com uma demanda tão grande que o punhado de fabricantes que o fazem estão de portas fechadas, e suas listas de espera levam meses, até anos. Os usados são quase impossíveis de encontrar, mas localizei dois no eBay.

Um deles era uma versão inicial de Rohner e Schärer, com um preço de "compre já" de 8 mil dólares. O lance começava com 5 mil. Sabendo que um novo geralmente custa cerca de 1.500, não quis gastar várias vezes o valor para comprar um usado.

O outro Hang era italiano e estava listado no eBay por 700 dólares. Algo nele me disse para dar um lance. Então, observei as fotos, assisti ao vídeo dele sendo tocado por alguém da Itália e decidi que era meu. Ganhei.

Mais tarde, naquele dia, recebi um cheque de 1.250 dólares, valor exato que paguei pelo Hang, no eBay. Encarei isso como um sinal de que deveria possuí-lo. Com a inspiração de primeiro procurar pelo Hang, ganhar o leilão e o dinheiro surgir, soube que era para ser meu.

Por que era para ser meu? Eu me encontrei com Mathew Dixon, meu parceiro e professor de violão, e contei-lhe a história. Enquanto eu estava falando, percebi que podia criar uma melodia com meu Hang e acrescentar minha voz, lendo a prece de Morrnah. A combinação da prece e do Hang seria intensa, relaxante e uma ferramenta de purificação completa. (Você pode ouvir a prece de Morrnah lida por mim, com o Hang entoando no áudio, em www.MorrnahsPrayer.com.)

Como frisava o dr. Hew Len, quando você está no estado Zero, a Divindade tem um caminho livre em seu cérebro. Eu não estava à procura de um novo instrumento, muito menos um Hang. Nem fazia ideia da existência dos Hangs. Nem estava buscando criar um novo áudio. No entanto, estava aberto a qualquer coisa – e essa qualquer coisa surgiu.

O dr. Hen Len sempre diz que já somos ricos, só que não percebemos isso, porque nossos dados encobrem. Nós nos preocupamos. Damos desculpas. Tentamos isso e aquilo, geralmente por medo. Raramente mergulhamos no milagre do momento e apenas *somos*.

Esse poderia ser o mantra do Ho'oponopono – "Seja e fique rico".

Tudo de que você precisa é pegar o jeito.

Finalmente, conforme o dr. Hew Len explica em nosso website www.ZeroLimits.info, o objetivo do Ho'oponopono é a liberdade completa.

Quando você está livre de dados – pensamentos, crenças, programações –, está disponível para receber inspiração do Divino.

Meu objetivo, ao escrever este livro, é ajudá-lo a ser livre.

E tudo começa comigo.

Que a paz esteja com você.

Aloha Nui Loa

(Todo o meu amor)

ANEXO A

Perguntas e respostas do Ho'oponopono

P: Por quanto tempo pratico o Ho'oponopono diariamente?
R: O dia todo. No começo, é necessária uma decisão consciente. Com o passar do tempo, passa a ser espontâneo. Estou dizendo as frases enquanto escrevo este livro. É o som de fundo em minha mente.
P: Devo pensar em um problema específico quando estiver praticando o Ho'oponopono?
R: Se você tiver um, sim. Se não, não.
P: Estou praticando as frases diariamente, mas as coisas parecem piorar.
R: Quando você sacode uma garrafa com areia no fundo, a garrafa parece enevoada. Até que a areia seja removida, você verá alguns fragmentos flutuando. Continue purificando.
P: Posso purificar por outra pessoa?
R: Você pode purificar a *sua percepção* de outra pessoa. Se você perceber algum problema em alguém, na verdade está em você. Limpe o interior.
P: Como utilizo chocolate para purificar? Devo comê-lo?
R: Coma. Cheire. Lamba. Medite a respeito. Isso é algo que o dr. Hew Len sente ser uma verdadeira ferramenta de limpeza. Mas quem sabe? Talvez só queira uma desculpa para comer chocolate.
P: Posso dizer as frases em uma ordem diferente?
R: Sim.
P: Posso só dizer a parte do "Eu te amo"?

R: Certamente.
P: E se eu sentir raiva enquanto purifico?
R: Purifique sobre a raiva.
P: Quais são os nomes das crianças interiores?
R: Os que você achar que são.
P: Ao fazer a purificação de um negócio, imóvel etc., você tem que estar fisicamente lá, no endereço a ser purificado, e falar com esse negócio...? Preciso do endereço?
R: O endereço ajuda. Fotos ajudam. Mas você não precisa estar lá.
P: Quando acho que tenho uma pergunta, em lugar de perguntar devo parar e perceber que não sou eu que tenho a pergunta, mas minha lembrança ou meus dados que estão perguntando?
R: Sim.
P: Como é que a purificação das minhas coisas ajuda o mundo a estar no estado Zero?
R: Você é o mundo. A paz começa em você. Se está esperando que outra pessoa fique feliz antes de você, não entendeu então o sentido, e ainda não está limpo. Trabalhe em si mesmo, primeiro.
P: Como sabemos se estamos no estado Zero? *Saberemos?* O objetivo é chegar ao estado Zero? Uma vez que estamos lá, ficamos lá ou é um esforço constante? O dr. Hew Len está no estado Zero?
R: Você não fará mais perguntas.
P: Ao fazermos o exercício de respiração, tem problema se respirarmos mais de sete vezes?
R: Não.
P: Venho praticando o Ho'oponopono há algumas semanas, mas nada está acontecendo.
R: Nada? É mesmo? Como você saberia? Há tanta coisa acontecendo fora de sua consciência alerta que você não faz a mais vaga ideia. Tenha fé.

P: Quando o dr. Joe Vitale e o dr. Hew Len farão outro seminário?
R: Quando o dr. Hew Len deixar a aposentadoria.
P: Comecei com as quatro frases e o processo de purificação. Como saberei se estou fazendo certo?
R: O fato de você estar fazendo é o certo.
P: Posso usar o Ho'oponopono para meus problemas de saúde?
R: Sim.
P: Como sei o que purificar?
R: Purifique o fato de não saber.
P: Durante o exercício de respiração devemos exalar pela boca? Também durante o exercício de respiração devemos nos focar na memória ou problema que queremos purificar ou não devemos focar em nada além da respiração?
R: Deixe o problema ficar ao fundo. Foque na respiração.
P: Minha namorada terminou comigo. Posso usar o Ho'oponopono para tê-la de volta?
R: Não, mas você pode usar para purificar sua frustração, tristeza ou sentimento de perda. Ela foi uma manifestação externa de um programa interno. Você pode atrair outra. Há vários bilhões de pessoas no planeta.
P: O Ho'oponopono irá curar e reformar a pessoa com quem estou aborrecido?
R: Não. Irá curar *você*. Quando estiver curado, a pessoa externa pode mudar.
P: Preciso do dr. Hew Len para me dar meu nome verdadeiro?
R: Não.
P: Se eu disser as frases em francês, terão o mesmo efeito?
R: Sim.
P: Você tem outro livro a respeito do Ho'oponopono depois de *Limite zero*?
R: Este.

P: Como posso usar o Ho'oponopono para mudar minha situação financeira?

R: Purifique o que o incomoda sobre sua situação financeira. Comparado com os países em desenvolvimento e com as pessoas que não podem nem ler este livro, você já venceu.

P: Eu gostaria muito de aprender mais sobre o Ho'oponopono e ensinar esse método de purificação. Onde posso obter mais informação?

R: Não há o que ensinar. Seu trabalho é em você. Deixe que sua vida seja uma inspiração. No entanto, se quiser auxílio pessoal, considere o Miracles Coaching®.

ANEXO B

A meditação do quadro branco

Uma casa dividida entre si não pode permanecer de pé. Isso vale para nações, comunidades, organizações e famílias, assim como indivíduos. Na Casa da Humanidade, o indivíduo é o denominador comum. Quando o indivíduo é dividido, a casa é dividida.

– DR. IHALEAKALA HEW LEN

Ao final do segundo evento Limite Zero, em Maui, fiz uma sessão particular de meditação na manhã após o evento. Essa meditação foi tão inspirada e tão poderosa que quero incluí-la aqui para que você desfrute. *Observação*: Você pode encontrar o áudio dessa meditação na seção de Fontes.

Meditação não é algo que você simplesmente faz em um período de uma hora, quando todos nos reunimos e oficialmente denominamos meditação. A meditação é como você vive sua vida. Eu tinha uma camiseta que dizia: "Meditação não é o que você pensa". Adoro essa citação.

O primeiro nível do que estamos falando aqui e para onde vou levá-lo – pois a meditação já começou – vai além de pensar. Pense nessa última semana e pense naquele quadro branco. Você pode fingir que há esse quadro aqui. Em algum ponto, talvez queira fechar seus olhos, sempre que for mais confortável para você. Apenas deixe acontecer tudo em sua mente, permita que um grande quadro branco seja o pano de fundo. Se você não o vê claramente, imagine-se puxando sua cadeira para um pouquinho mais perto dele, em sua mente, ou incline-se à frente e traga-o para mais perto de você, em sua mente.

Você tem o quadro branco e, enquanto estou falando e você está sentado, enquanto está respirando e enquanto você está relaxando, coisas são escritas no quadro. Apenas deixe que venham e passem – nada para enfocar, em particular, nesse momento. Apenas permita que o quadro branco esteja ao fundo de sua experiência. Na realidade, você não é seus pensamentos; portanto, deixe que venham e passem, como nuvens que passam flutuando. Você não é suas emoções. Você não é seus sentimentos. Você não é seu corpo. Na verdade, você é o próprio quadro branco.

Apenas por um instante sinta, veja e perceba aquele pano de fundo, aquele quadro branco, aquela testemunha que essencialmente é você. Os sons que você ouve, os sentimentos que brotam, as ideias que surgem, você pode simplesmente deixar tudo passar. Não há nada a dar atenção. Não há nada que você tenha a fazer. Você está apenas aprendendo a ser uma testemunha.

Ao longo do fim de semana, enquanto eu escrevia no quadro branco, você notou que o apaguei. Quando partimos, no término do fim de semana, esse quadro da sala era novamente um quadro branco, sem nada escrito.

Se alguma parte de seu corpo tiver uma sensação desconfortável, sentado na cadeira, sentado no chão, talvez você possa apenas frisar, mentalmente, que "meu corpo está ligeiramente desconfortável", e deixar que isso também passe. Enquanto relaxa, você mantém os olhos fechados e desfruta desse momento dentro de si, de sua ligação com o quadro branco, de sua ligação com o Divino, eu o convido para pensar em algo que você gostaria de ter, fazer ou ser em sua vida. Pode ser bem pequeno, como um bom café da manhã ou um bom almoço. Pode ser bem grande, como uma casa, um relacionamento ou uma cura. Não importa. Simplesmente deixe vir à tona. Você não precisa pensar, algo irá surgir. Apenas deixe vir à tona.

Conforme vir, preste um pouquinho de atenção a isso. Você não é dependente disso. Não está preso a isso. Apenas permita que tenha sua atenção e acolha a experiência de ter isso em sua vida. Como seria a sensação de ter, fazer ou ser a coisa que veio à tona, em seu estado de alerta? Veja se pode incorporar esse momento. Note que o quadro branco ainda está atrás de você. Você ainda pode ser um com o quadro branco, o qual está representando o Divino, e o que o convido a fazer é permitir que aquilo que você gostaria de ser, fazer ou ter flutue para dentro do quadro branco. De qualquer forma que lhe pareça, apenas deixe dissolver, transportar ou se transferir para dentro do pano de fundo de seu ser. Apenas deixe fluir. Você entregou seu pedido a esse quadro.

Se há alguma palavra que descreva o quadro branco enquanto você está sentado de olhos fechados, geralmente é o amor. Deixe que o sentimento de amor surja em seu corpo, seu ser. Seja como for a sensação, sinta amor. Sinta uma ligação com o Divino e sinta por permiti-la. Os pensamentos vêm e passam. Minha voz vem e passa. O alerta físico vem e passa. As emoções vêm e passam. Por trás disso tudo está quem você realmente é.

Foque a atenção em sua respiração. O ar entra; o ar sai. O ar entra; o ar sai, no ritmo que for certo para você. Enquanto estiver respirando, imagine a energia subindo por seus pés, vindo da terra, do âmago do universo. A energia está entrando pelas solas de seus pés. Está subindo pelos seus tornozelos, passando por suas pernas, lentamente subindo. Você pode sentir essa energia subindo.

Imagine-a como se inicialmente não a sentisse. Apenas imagine, enquanto você está respirando a energia está vindo da terra, ligando você ao Divino, através do físico. Subindo por seu corpo. Subindo até seu coração. Subindo por sua garganta, pela sua cabeça. Saindo pelo topo de sua cabeça, invadindo essa sala. A energia está subindo pelos seus pés. Ela o está banhando, banhando por dentro, energizando você.

Essa energia está ajudando a estimular exatamente aquela coisa que você gostaria de ter, fazer ou ser, exatamente aquilo que veio à tona no quadro branco. Permita que essa energia suba pelos seus pés. Talvez você sinta um formigamento, conforme a energia sobe por suas pernas, um formigamento no tórax. Talvez sinta vibrações ou arrepios. Será algo ímpar para você. Permita que a energia suba pelos seus pés, passe pelo seu corpo e saia pelo topo de sua cabeça. Você está se transformando num difusor para o Divino.

Eu gostaria que vocês dessem as mãos às pessoas que estão ao seu lado, para que todos possamos compartilhar essa energia que flui. Nós podemos compartilhá-la. Há uma reverberação nessa sala. Uma vibração em seu corpo. Deixe que passe por você como uma corrente elétrica passando por essa sala, por essa conexão de corpos. Essa energia está vindo do Divino, através da terra, através de seu corpo, saindo pelo topo de sua cabeça e pelas suas mãos. Está sendo compartilhada com todos que estão nessa sala e também o está limpando, energizando. Está ajudando a materializar exatamente aquela coisa que você disse que queria ter, fazer ou ser, e por trás de tudo está a clareza do quadro branco. Você é o Divino.

Enquanto estão de mãos dadas, vocês sabem como fazer a purificação que exercitaram ao longo do fim de semana. Você pode estar silenciosamente dizendo "Eu te amo", e, se disser somente isso, já irá reverberar pela sala inteira, tocando o coração de cada pessoa, ajudando a sarar e purificar a todos. Através de nós, essa reverberação se estende ao universo. "Eu te amo. Sinto muito. Por favor, me perdoe. Obrigado. Eu te amo. Sinto muito. Por favor, me perdoe. Obrigado. Eu te amo. Sinto muito. Por favor, me perdoe. Obrigado."

Você é bem-vindo a permanecer nessa experiência do momento pelo tempo que quiser. Você pode abrir os olhos quando quiser. "Eu te amo. Eu te amo. Eu te amo. Eu te amo. Eu te amo. Eu te amo. Eu te amo. Eu te amo."

Todos vocês são pessoas incríveis, elos espirituais com o Divino, com isso brilhando em seus olhos. Vocês veem isso em todos? Podem ver isso ao olhar ao redor da sala? Estão vendo o Divino? Veem o Divino? Há uma reverberação, como se meus dedos tivessem sido lambidos e colocados na tomada. Eu tive que me abaixar no chão, aqui, por um instante.

Sou incrivelmente grato por todos vocês virem a Maui, virem passar o fim de semana, depois virem praticar uma meditação aqui. Honestamente não sabia se haveria cinco ou cinquenta pessoas aqui. Não fazia ideia de que literalmente todos que foram ao evento viriam aqui. Não fazia ideia. Sou grato pelo fato de que todos vocês vieram e que cada um de vocês tenha mergulhado nesse estado profundo. Quero dizer, olhei para cada um de vocês, e todos entraram em estado profundo, seguindo em direção ao quadro branco.

Se você quiser alguma explicação sobre a meditação que foi feita aqui – a que o dr. Hew Len chama de baboseira –, para explanar melhor o que eu estava fazendo primeiro, foi ajudar a conduzir ao Divino, ao que estou sempre chamando de quadro branco. Para mim, é fácil chamar de quadro branco, pois você pode imaginar escrever coisas nele, depois apagar; segundo, eu queria levar você até esse quadro para ter algum tipo de ligação. O que aprendi é que quando faço uma ligação com o quadro branco posso fazer um pedido ao Divino.

É importante perceber que quando faço um pedido sei que não é uma necessidade. Não é um apego. Não algo de que careço. É mais como: "Seria muito legal se eu passasse por uma experiência assim", esse tipo de pedido. Não há necessidade para que isso aconteça e nada de desespero. É mais como se nos sentássemos no colo de Deus e disséssemos: "Posso ter isso?" A forma como transmito esse pedido é através do sentimento, do imaginário e do foco, e é por isso que o estou convidando a sentir como seria ter, fazer ou já vivenciar aquilo – seja o que for – que você queria. Você estava ofertando isso ao Divino, como um sentimento.

Depois recuei, pois você mandou seu pedido. Não houve necessidade nem apego; apenas você mandando seu pedido e eu me distanciei para fazer um pouco mais de purificação. "Eu te amo. Sinto muito. Por favor, me perdoe. Obrigado." Eu lhe trouxe de volta ao quadro branco; então, a essa altura, simplesmente me senti inspirado a trazer energia para dentro do meu corpo.

Já estava acontecendo comigo e me senti inspirado a compartilhar com você. Por isso que o estava orientando a imaginar a energia subindo pelos seus pés, ligando você ao Divino e o ajudando a se transformar em um ser espiritual tendo uma experiência física; depois, só deixei que acontecesse. Também me senti inspirado a fazer com que vocês se ligassem ao se darem as mãos e se tocassem, criando um circuito de energia, depois deixei que acontecesse até que desmoronei. Havia tanta energia passando por mim que realmente me abaixei no chão e simplesmente calei.

Depois deixei que vocês fossem ao lugar que foram e voltassem. Alguns de vocês ainda estão lá e isso não tem nenhum problema, pois, no início, eu disse: "Meditação não é o que você pensa." Eu também disse: "Meditação não é o que se faz num período de uma hora. É o que você faz com sua vida." Vocês ainda estão meditando. À medida que forem deixando a sala, ainda estão meditando. Como disse ontem, enquanto estão caminhando, vocês podem caminhar meditando.

Vão em paz.

ANEXO C

Uma entrevista com o dr. Joe Vitale

POR KORY BASARABA*

A entrevista a seguir é de um telesseminário, no qual fui entrevistado sobre *Limite zero* e o Ho'oponopono. Por ser tão profundo e revelador, quero compartilhar com você.

Kory: Oi, meu nome é Kory Basaraba, da Peak Life Publishing, e estou empolgado pois aqui comigo, ao telefone, está alguém cujo trabalho admiro há muito tempo. A quem chamo de amigo e mentor, o dr. Joe Vitale. Joe, obrigado por dedicar esse tempo para participar dessa ligação comigo.

Joe: Sempre adoro falar sobre esse assunto e sempre adoro falar com você; portanto, isso é ótimo.

Kory: Obrigado por isso. Falando de assuntos, estou empolgado porque vou lhe fazer algumas perguntas sobre a antiga tradição havaiana de cura, o Ho'oponopono. Um assunto no qual sei que você possui muita experiência e que as pessoas se interessam muito. Por isso, nosso objetivo é ajudar as pessoas a entenderem o que é o Ho'oponopono e também lhes dar alguma perspectiva sobre a forma de usá-lo. Então, vamos começar.

Você escreveu sobre sua experiência com o Ho'oponopono em seu livro *Limite zero*. O que chamou sua atenção no Ho'oponopono e o inspirou a escrever um livro a respeito?

---

* Copyright© de Kory Basaraba. Abril de 2011. Todos os direitos reservados. Reimpresso com autorização.

Joe: Bem, o que chamou minha atenção foi algo que nunca consegui esquecer. Logo que soube, me pareceu uma história milagrosa que poderia ter sido uma mentira ou uma lenda urbana, de tão grandiosa.

Um amigo meu tinha me contado uma história sobre um terapeuta que ajudou a curar uma ala inteira de um hospital de criminosos com doenças mentais, no Havaí. Mas o grande lance foi ele tê-los curado sem trabalhar diretamente. Ele usou um tipo incomum de método de cura havaiano.

Sendo assim, foi um milagre sem contato direto, pois eram prisioneiros mentalmente doentes. Estavam num hospital psiquiátrico e esse médico os curou, de alguma forma. Então achei que deveria saber se era verdade. E aqui está o mais importante: se fosse verdade e, à época, ainda não sabia se era – eu desconfiava que não era –, alguém teria que contar essa história, pois era muito inspiradora. Se naquele hospital gigantesco todos aqueles pacientes com tantos problemas podem ser curados, então, você e eu, e as pessoas que estão nos ouvindo, e outros que circulam pelo planeta, com nossos probleminhas minúsculos, também podemos curá-los.

Então, fui inspirado pela história. Eu queria descobrir se era verdade. E queria contar a respeito e saber a respeito também.

Kory: Isso faz sentido, pois ouvir a respeito faz parecer um milagre e nos dá muita esperança que isso seja possível para nós, se for verdade. Então, o que descobriu quando investigou?

Joe: Bem, sabe de uma coisa? A primeira vez que ouvi essa história, não investiguei. Deixei de lado por um ano. Para você ver como sou esperto. Tenho a mente razoavelmente aberta, mas também sou cético e quis mais provas, e meu amigo, o que me falou a respeito, não tinha nenhuma prova. Ele não sabia nada a respeito, nem tinha fonte alguma; não tinha nenhum livro ou website. Não havia nada para me mostrar. Por isso, deixei de lado por um ano.

No ano seguinte me contou a história outra vez e achei que isso era um sinal; precisamos procurar saber desse negócio. Ele e eu pegamos o laptop e começamos a pesquisar. Não havia praticamente nada; alguns nomes surgiram, mas nem sabíamos se era o nome do terapeuta. Porém, naquele ponto, a busca começou.

Quando deixei aquele evento e voltei para minha casa, no Texas, comecei a procurar mais. Encontrei o tal terapeuta e achei o e-mail dele. Enviei-lhe uma mensagem e falei com ele ao telefone.

A primeira de muitas ligações foi a mais inesquecível. Então, eu o encontrara, tinha mandado um e-mail marcando um horário e ele disse que eu ligasse. Liguei.

Kory: Imagino que deva ter sido um momento empolgante, mas cauteloso para você, para ser cuidadoso ao ouvir: é verdade?

Joe: Àquela altura, tudo estava tomando forma: era paixão, empolgação, curiosidade, esperanças, inspiração, todo tipo de coisa. E eu estava fazendo meu papel de jornalista, sabe, fazendo perguntas como: "Isso é verdade mesmo?" e "Onde era o hospital?" e "O que ele estava fazendo?".

Escrevi sobre isso no livro *Limite zero*, mas ficou mais interessante, porque ele estava me contando sobre uma técnica havaiana incomum, mas era fora da minha área de conhecimento. Sou um cara que já fez muita pesquisa em metafísica, e escrevi sobre espiritualidade, visualização, afirmação, milagres e magia, todo esse tipo de coisa.

Mas ele estava falando de um modo completamente diferente de compreensão da vida e de nossa ligação com o Divino. Então, mesmo assim, a conversa acabou durando quase uma hora, e a conversa em si foi incrível, porque ele apenas me deu seu tempo; nem me conhecia, mas foi muito generoso e aberto.

Daquela ligação, ele disse que estava fazendo um workshop, acho que era naquele fim de semana ou no fim de semana seguinte, na Califórnia, e eu e o amigo que me falara a respeito pegamos um voo até lá para participar.

Kory: Você sentiu que estava prestes a descobrir algo empolgante, como sentira naquela ligação?

Joe: Certamente senti, e tive todas as minhas perguntas respondidas. Não entendi todas as respostas, mas tive todas as perguntas respondidas e fui ao seminário, onde conheci o terapeuta, cujo nome completo é dr. Ihaleakaka Hew Len.

Assim que o conheci, gostei do cara. Adorei o que estava se passando no workshop e conversei com ele bem ali, depois, sobre escrever um livro e ele não queria fazê-lo.

A essa altura, estava resistente; disse que havia outra pessoa que deveria escrever um livro e não queria fazer isso naquele momento.

Mas eu ainda estava curioso e queria aprender para mim mesmo e para compartilhar com outras pessoas, pois sou o tipo de investigador que sai em busca de técnicas e modalidades de cura, e ferramentas diferentes, que ajudem as pessoas, para que eu possa compartilhá-las. Quero usá-las em minha vida, mas quero compartilhá-las para ajudar os outros.

Kory: Claro, bem, isso certamente é o que você tem feito ao longo dos anos, com seus livros, programas e cursos, nos ajudando com ferramentas que auxiliam em nossas vidas.

Então, lá estava você, no evento, e o processo é chamado de Ho'oponopono, e espero que eu esteja falando corretamente.

Joe: Está.

Kory: Então, o que você descobriu sobre o Ho'oponopono que realmente o deixou empolgado. Algo novo que podemos usar, imagino?

Joe: Acho que havia duas ou três coisas se desenrolando. Uma é a simplicidade disso. Esse é um processo muito fácil, de quatro frases, que você diz para si mesmo, a fim de resolver todo e qualquer problema que venha a perceber em sua vida, ou no mundo.

Nos workshops que ele fazia e, mais tarde, eu e ele fizemos juntos, pesquisamos outras coisas que podem ser feitas. Mas a essência do Ho'oponopono é assumir responsabilidade por tudo em sua vida.

E esse é um grande conceito de assimilar, e o motivo de minha empolgação é por ser algo que o capacita e lhe dá poder para tal. Você não precisa ir a outra pessoa, não precisa mudar a outra pessoa, nem buscar outro produto, serviço ou inúmeras outras coisas.

É um trabalho interior. Gostei disso. É uma sensação de capacitação e você já não se sente mais vítima, em sentido algum; você é totalmente responsável por tudo. Portanto, isso me agradou.

Depois, as quatro frases foram tão fáceis para mim que, hoje, fazem parte do pano de fundo de minha mente. E simplesmente aprendê-las, não sei como a vida poderia ser mais fácil do que apenas dizer essas quatro frases: eu te amo; sinto muito; por favor, me perdoe; e obrigado. À medida que entramos mais no assunto, podemos falar e explicar mais a respeito, se você quiser.

E a terceira coisa, creio que tenham sido todas as histórias que eu ouvia, das pessoas que estavam passando por mudanças profundas, por fazerem o Ho'oponopono.

A primeira grande coisa foi o dr. Hew Len trabalhar no hospital psiquiátrico para os criminosos com doenças mentais e, sozinho, conseguir fazer a transição, na qual todas as pessoas foram liberadas e aquela ala acabou sendo fechada.

Quando ouvi tudo isso, fiquei empolgado; quais são as possibilidades, quais são as implicações ou desafios que as pessoas possuem que podem ser dissipados com a prática dessa técnica simples, incomum, difícil de pronunciar e ligeiramente maluca?

Kory: Sim, isso mesmo, e as pessoas talvez não saibam que o dr. Hew Len ajudou aquelas pessoas, mas jamais as viu. Ele era um psicólogo e não as viu, cara a cara. Ele trabalhou em si mesmo para curar os problemas delas, e é isso que torna o processo tão impressionante.

Joe: Para ser bem preciso sobre isso, ele as viu, não apenas como pacientes de um profissional. Em outras palavras, à medida que passava pelas alas, via as pessoas de lá, pois tinha de estar presente. Era seu trabalho estar naquela ala e ver o paciente, mas ele não os via de forma profissional.

Ele não precisava de uma abordagem como faz um terapeuta tradicional, que senta com o paciente e um conversa com o outro. Não fez nada disso.

Olhou seus arquivos e, ao fazer isso, sentia o que estava se passando dentro dele, que podia ser raiva, ira, vergonha, frustração, infelicidade, qualquer coisa que estivesse sentindo.

Ele tinha o domínio disso e depois perguntava como trouxera isso à sua realidade. Estava assumindo 100% de responsabilidade de tudo que estava lhe acontecendo.

Os criminosos mentalmente doentes agora estavam na realidade dele; ele estava assumindo responsabilidade por isso e sentindo as dores dentro de si, fazendo o que chama de purificação. *Purificar* ou *limpar* são terminologias que usou com o Ho'oponopono. Ele se limpa desses sentimentos e se sente melhor por dentro, e, ao mesmo tempo, aqueles pacientes começaram a melhorar.

Kory: Certo. Recentemente tive a chance de assistir aos vídeos do seminário que você e o dr. Hew Len realizaram juntos, e foi uma experiência incrível para mim poder ver como ele ensina e como você interage com ele, e sua experiência.

Uma das coisas que fizemos recentemente, eu e você, foi enviar uma pesquisa aos seus assinantes para ver que perguntas têm quanto a isso. Então, tenho algumas dessas perguntas aqui na minha frente.

Na verdade, recebemos um mar de questões e são ótimas perguntas, pois vão nos ajudar a entender. A princípio, realmente parece muito fácil. As pessoas podem encontrar as quatro frases na internet, ou já leram em seu livro, e perguntam: "É só isso?"

E, em determinado nível, sim, é só isso. Porém, em outro nível, há certa quantidade de ensino que acompanha e ajuda a usá-las. Portanto, deixe-me repassar as perguntas que recebemos.

Muita gente queria saber sobre suas experiências; você pode nos dar alguns exemplos de mudanças em você quando estava fazendo os processos do Ho'oponopono?

Joe: Sim, isso é muito fácil, porque há muitos deles. Mantenha em mente que agora faço isso todos os dias, 24 horas por dia; é tão automático que acontece até quando estou dormindo.

Assim, em outras palavras, as quatro frases estão se passando até mesmo agora; estou fazendo a purificação enquanto falamos. O que isso faz? Em primeiro lugar me acalma. Da melhor forma que minha capacidade permite, estou removendo todas as antigas programações.

E *programação* é um termo frequentemente usado pelo dr. Hew Len, em *Limite zero*, para se referir às crenças, negatividade, impedimentos energéticos passados, formas-pensamento, todo tipo de coisa que nos impede de estarmos aqui e agora, e em paz nesse momento. Enquanto faço isso, estou tendo cada vez mais desses momentos de sensação de admiração.

Parte disso é difícil descrever, pois, no passado, o velho Joe estaria totalmente envolvido em qualquer coisa que estivesse fazendo, qualquer dificuldade com que estivesse lidando, qualquer que fosse o desafio, qualquer que fosse a oportunidade ou problema, o que quer que fosse. E haveria a predominância do comportamento Tipo A, no sentido de lutar até derrubá-lo.

Hoje em dia, tudo é bem mais tranquilo. Agora, um exemplo específico, de quando eu estava no primeiro workshop com o dr. Hew Len, anos atrás, acho que há seis anos, foi quando tive infecção urinária, senti que estava começando, estava viajando, fora da cidade, com muito estresse, fazendo algo completamente desconhecido.

Então, com todo o estresse e tantos sentimentos cautelosos se passando, senti a infecção urinária chegando e pensei, bem, deixe-me usar as quatro frases nisso. Assim, comecei dizendo: "Sinto muito, por favor, me perdoe, eu te amo, obrigado." Enquanto estava ciente do meu estado físico apenas mantive o foco nisso, e passou. Aquilo se dissipou, desapareceu e não fiz mais nada.

Não tomei remédio, não fui ao médico nem ao hospital, nem bebi muita água, sequer fiz as coisas simples e óbvias que talvez sejam feitas. Só fiz o que aprendi com *Limite zero*.

Essa foi uma das primeiras coisas que fiz. Então, comecei a usar isso para qualquer coisa que aparecesse, significando que – acho que escrevi sobre isso em *Limite zero* – recebi um e-mail de um sujeito que estava profundamente zangado comigo. Não me lembro do motivo, e realmente não importa.

Isso faz parte do ato de purificar, e nem sequer importa de onde surgem essas barreiras energéticas; só importa que você se purifique delas quando aparecerem.

Portanto, em vez de responder-lhe, como eu talvez tivesse feito, teria sido articulado, teria sido persuasivo, teria feito o máximo para acalmá-lo.

Não fiz nada disso. Não fiz nada. Só me sentei e fiz meu Ho'oponopono: eu te amo, por favor, me perdoe, sinto muito, obrigado. Eu o mantive em mente e fiz isso por dentro, e tive uma sensação de paz.

Então, voltei a cuidar da vida e olhei meu e-mail e lá estava outra mensagem dele, se desculpando pelo primeiro e-mail, ao qual nunca respondi.

Foi como se os problemas fossem resolvidos sem que eu precisasse participar da resolução de uma forma externa. Essas foram duas coisas expressivas que surgiram.

Kory: Esses são ótimos exemplos e, como você diz, isso incita à pergunta: O que mais é possível? Quais são as implicações, se isso pode acontecer, com essa técnica simples? Isso é muito empolgante.

Então, essas experiências ajudaram sua crença nesse processo e o incentivaram a continuar usando e experimentando. Você já ensinou isso a muita gente. Tem alguma experiência contada por seus alunos, ou pessoas, que possa reforçar a ideia de que isso realmente funciona?

Joe: Sim, há centenas, se não milhares de histórias chegando. Ouço algo de alguém, literalmente todos os dias, ou meus assistentes ouvem, quando leem parte dos e-mails que chegam e não consigo acompanhar.

Uma das histórias que imediatamente me vêm à cabeça é de um médico que tinha um irmão gêmeo, e o irmão ficou muito doente e subitamente morreu. E o irmão era gêmeo; portanto, você pode imaginar tudo que estava se passando. Tudo, desde o fato de ter perdido um membro da família, ter perdido o próprio irmão, seu irmão gêmeo, que dá origem a muitos sentimentos, tipo *eu posso ser o próximo*.

Ele estava com muito medo, tristeza, num momento de muita depressão e se deparou com *Limite zero*. Encontrou o Ho'oponopono e, como estava muito aflito, quis tentar algo.

Ele começou usando as frases e aprendendo tudo que podia sobre o Ho'oponopono durante seu pesar, e superou rapidamente, a ponto de ter ficado tão feliz e forte que voltou ao trabalho. Seu relacionamento com sua saúde é ótimo; na verdade, está fazendo até mais coisas pela própria saúde, ao praticar o Ho'oponopono, não como resultado da tristeza ou da perda, mas como resultado do Ho'oponopono.

Sei disso, porque ele me caçou, me mandou um e-mail, implorou para falar comigo ao telefone e falei com ele, e ele passou uma hora me agradecendo por tudo que tem conseguido fazer e por se recuperar.

Isso foi uma situação de um grande pesar. E perdi uma esposa, anos atrás, e sei como é profundo, quando se trata de pesar. Sei como pode levar muito tempo; portanto, esse cara passou por tudo e se recuperou rapidamente.

E há pessoas que praticam por outros motivos. Já vi pessoas que fazem pelos negócios, digamos, se o negócio estiver mal. E ouvi histórias sobre pessoas que faziam o Ho'oponopono por temer o dinheiro, medo de diminuir sua renda ou de que o negócio não desse certo.

Então, a pessoa começa a fazer, depois relata que o negócio melhorou, mas a questão é que não fez nada externo para incrementá-lo.

Novamente, quanto a mim, como empresário, teria sugerido que a pessoa fizesse alguns anúncios, campanhas via e-mail ou algo parecido. Ele não fez nada disso. Só trabalhou em si mesmo; trabalhou em seu sentimento sobre seu relacionamento com o negócio e seu dinheiro, usando o método do Ho'oponopono e, como resultado, o negócio decolou, sem que usasse os métodos tradicionais de marketing que eu o teria incentivado a usar.

Há questões de relacionamento que ouço o tempo todo. Você mencionou os seminários que o dr. Hew Len e eu fizemos juntos. O último, intitulado Limite Zero III, foi provavelmente o melhor de todos. Não sei, simplesmente estávamos no mesmo astral, tudo estava fluindo bem, e tivemos muitas pessoas que se levantaram para nos contar suas histórias.

E me lembro de uma mulher contando sobre seu relacionamento com a irmã, que nunca havia sido muito bom; nunca se entrosaram, estavam sempre brigando. Mas essa mulher aprendeu o Ho'oponopono e, uma vez, estava sentada diante da irmã que reclamava sobre tudo.

Habitualmente, isso já estragaria tudo entre elas, mas, em vez disso, essa pessoa que aprendera o Ho'oponopono estava ali sentada internamente dizendo as frases e notou que a irmã se acalmou; ela mudou, relaxou e não continuou com a crise temperamental que talvez prosseguisse no passado.

Então, as histórias prosseguem sem parar; são impressionantes as coisas com as quais as pessoas estão tentando. Soube de um professor que me disse que estava usando em sua sala de aula, mas havia um aluno, especificamente – acho que era o ensino fundamental, não tenho certeza –, mas um aluno era especialmente tímido e não participava, era muito deslocado. Em vez de tentar trabalhar com o aluno, o professor apenas sentou diante da sala, fazendo o que habitualmente faria, mas acrescentou o Ho'oponopono em si mesmo, e pensou naquele aluno.

Ele disse que o aluno começou a participar, erguendo a mão, fazendo os exercícios, e acabou desabrochando. A única coisa a que ele pode atribuir isso, e é o que diz a maioria das pessoas, é a ação interna, em termos das frases do Ho'oponopono.

Kory: Essas histórias são ótimas e acho importante que as pessoas as ouçam, pois quando você apresentou o Ho'oponopono, os resultados e acontecimentos que mudaram vidas pareceram o que realmente queremos.

Queremos ter mais paz em nossos relacionamentos, queremos atraí-los, queremos todas essas coisas e, às vezes, tememos acreditar em algo, porque: E se não der certo? E se não funcionar para mim?

Apenas quero que as pessoas ouçam isso para que saibam que não é apenas uma história de sucesso ocasional; é uma história após outra, e sua experiência pessoal do Ho'oponopono trabalhando por elas, porque tenho pensado muito nisso ultimamente. Qualquer um que esteja em um caminho espiritual ou tentando melhorar de vida tem sorte quando se depara com algo que realmente funciona para nós. Sabe de uma coisa? Vejo isso como uma dádiva que de fato ajuda as pessoas a descobrirem algo que funciona.

Joe: Esse é o sentido. Por isso tenho o método completo para fazer isso; está no website: www.zerolimits.info. Eu já distribuí. Quando fizemos os seminários juntos, os eventos foram grandes alegrias.

Infelizmente, o dr. Hew Len quer se aposentar; portanto, não está fazendo seminários ou viagens, e acho que por isso o último que fizemos foi tão prazeroso por esses motivos. Em minha cabeça, revivo a experiência inteira, mas o Ho'oponopono é muito simples, muito direto, um processo guiado por resultados.

Ainda sou um empreendedor. Quero resultados mesmo do que estou fazendo na espiritualidade. E esse é um dos motivos pelos quais gosto tanto.

Kory: Sim, porque as pessoas obtêm resultados e você os vê, e muita gente escreveu com perguntas sobre isso. Uma porção de perguntas sobre o uso do Ho'oponopono para desfechos específicos. Por exemplo, qual é a forma mais eficaz de usar o Ho'oponopono para a criação de fortuna?

Joe: Há muitos meios para conduzir isso. Acho que a primeira coisa que as pessoas precisam ter consciência em relação ao Ho'-

oponopono é que tem a ver com a dissolução de um problema dentro de você. Não tem a ver com nada a ser mudado do lado de fora.

Sempre que alguém olha para fora e diz que precisa mudar aquele relacionamento porque não gosta daquela pessoa ou que tenho que mudar essa situação financeira porque não está boa, elas estão com a perspectiva errada em termos de Ho'oponopono.

Pois o que interessa é ver da seguinte forma: por que você teme sua situação financeira? Portanto, em outras palavras, há um motivo para que esteja focado nisso, e não é uma razão prazerosa. Você está focado nisso porque está preocupado.

O Ho'oponopono é para ajudá-lo a dissipar essa preocupação, esse receio. Quando qualquer coisa parecer um problema externo, o Ho'oponopono é aquilo que você quer sacar de seu saco mágico e correr rumo ao resgate.

E eis o que acontece que é tão bonito: quando você cuida desse sentimento de preocupação dentro de você, o problema some. Portanto, depois dessa longa explicação filosófica, o que acontece com a questão da fortuna – e eu vi isso em minha própria vida – é incrivelmente mágico, quando se trata de dinheiro e atrair a fortuna.

Em grande parte, por conta da prática do Ho'oponopono, tudo vem se tornando cada vez mais fácil. Eu não me foco no exterior; foco-me no interior.

Já vi o dr. Hew Len gastar dinheiro com muita facilidade. Na verdade, saímos para almoçar, uma vez, e caminhamos aqui por nossa cidadezinha de Wilberley, Texas. E entramos numa lojinha e ele comprou algumas miudezas e deixou uma gorjeta de vinte dólares para o caixa.

Isso é bem incomum. Ali não era um restaurante, onde se deixa uma gorjeta para alguém que o atendeu. Era um balconista de loja, e ele comprou umas miudezas e deixou uma nota de vinte dólares. E a pessoa nem sabia o que fazer, de tão incomum.

E me olhou sorrindo e disse: "Sabe, o universo simplesmente vai trazer isso de volta; o planeta inteiro é abastado." E isso não é apenas uma afirmação; é um jeito de ser. É assim que olha o mundo.

Portanto, a riqueza já existe. Quando olhamos e não vemos, essa é a questão que queremos purificar. Queremos limpar nossa percepção da realidade para que não fiquemos ali pensando: *Nossa, quando essa fortuna virá até mim? Quando vai entrar dinheiro? Quando irão entrar recursos?*

Quando você realmente purificar essa questão, olhará e dirá então: *Nossa, olhe quanta riqueza em todo lugar, olhe as oportunidades por toda parte e olhe o dinheiro chegando a mim, vindo de todo lado.*

Há uma grande diferença, mas tudo começa com a limpeza da percepção de qualquer preocupação interior, usando o Ho'oponopono.

Kory: Então, a mudança que estou ouvindo é que, sempre que temos problemas externos, a maioria de nós tenta ou até é ensinado a sair e tentar resolver esses problemas externos.

Isso nos oferece outro modo de olhar, voltando para dentro e dizendo que o problema está em mim, e isso lhe dá as ferramentas para resolvê-lo. Acho que, uma vez que estou limpo por dentro, sou livre para sair e fazer as coisas que não faria habitualmente para criar a fortuna. Ou seguiria em frente, entrando em ação, por um caminho que no passado me deixaria receoso ou preocupado demais. Estou no caminho certo?

Joe: Você está no caminho certo, mas preciso levá-lo um pouco mais adiante, porque a primeira coisa é que não há problemas externos. Essa é uma das primeiras coisas que aprendemos no Ho'oponopono. Não há problemas exteriores.

Uma das afirmações prediletas do dr. Hew Len – e diz isso em todos os seminários e tenho certeza de que está no evento Limite Zero – é: "Você já percebeu que, quando há um problema, você está lá?"

Ele sempre arranca risadas quando diz isso, e eu penso: *Que mantra maravilhoso*. Vou escrever uma música apenas com essa pequena frase. Porque, sempre que há um problema, você está lá. Por que acontece isso? Porque você está participando na criação daquele problema e a participação é um acontecimento interior.

Quando você trata do problema por dentro novamente, purificando a questão, à medida que você a assimila internamente, aquela questão externa, o que você percebe como externo, irá desaparecer. Aquilo vai se transformar, irá mudar, flutuar para longe, pode sumir tão depressa que você nem vai se lembrar de que tinha o problema em determinada altura. Terá sumido de sua mente.

Esse é poder da purificação. Portanto, quando as pessoas estão fazendo a limpeza em relação à riqueza, por exemplo, e suas preocupações a respeito, podem aproveitar as oportunidades sobre as quais não teriam agido antes. Ou talvez não tenham que fazer nada além de seguir com a vida, respirando realidade, fazendo o que geralmente fazem, em seus dias normais, e a riqueza virá até elas, pois já não a impedem de vir.

Essa é outra coisa que acontece, a sua percepção é modificada. Em vez de olhar para fora, como agora estou olhando, do segundo andar do meu escritório novo, vendo todas essas árvores maravilhosas, e tudo parece um universo opulento e próspero.

Mas em certa altura, décadas atrás, quando passei dificuldades na pobreza e sem-teto, não teria visto isso. Teria olhado para fora, vendo apenas problemas e, no entanto, as árvores existem, a opulência e a prosperidade existem.

Assim, quando purificamos a questão dentro de nós mesmos, nossa mente realmente se expande, mas o que de fato se expande são as vendas que usávamos o tempo todo. Isso cai e temos a oportunidade da riqueza, dos recursos e assim por diante, o que quer que seja.

Kory: Isso é muito útil, porque certamente posso olhar para dentro e encontrar pontos em que sinto problemas. Estou vivenciando coisas como problemas internos, e ser capaz de desprendê-los seria alcançar outro nível, sabe?

Joe: Pare aí, um segundo, pois isso é muito importante. Quando vivenciamos esses problemas dentro de nós, para começar, esse é o único lugar onde estão: *dentro de nós*; não estão fora.

Você assimila um problema como se fosse externo, porque está usando seus olhos e ouvidos, seu cérebro e tudo o mais. Mas toda a informação está em seu cérebro; está em seu sistema corpo/mente. O problema está em nós, dentro de nós mesmos, em nossa psique.

Quando enfocamos esse problema e o mantemos em nosso estado de alerta, e são tão grandes que não precisamos nos preocupar em nos ater a eles, há muitos. Então, você foca ou brinca de pique com ele, e faz o: "Eu te amo, por favor, me perdoe, sinto muito, obrigado", focando-se no problema a ser dissipado.

Quando estiver totalmente fora de seu corpo, você não voltará a senti-lo em seu sistema; quando olhar para fora, não o verá, não estará lá, terá sido resolvido ou se afastado. Talvez ainda haja algo a fazer, mas o que fazer virá de dentro.

Kory: Certo, isso faz sentido total, porque obviamente há problemas que já resolvi. Não penso mais neles; sumiram completamente e dá para ver que a capacidade de acelerar esse processo ou trabalhar com isso é algo grandioso; abre muitas possibilidades para a felicidade, reduzindo o estresse e, como você disse, permite uma vida mais alegre. Isso é muito empolgante.

Quando as pessoas perguntam como posso usar isso para uma coisa ou outra, um exemplo que tenho, e que acho relevante para a maioria de nós, é como posso usar isso para perdoar alguém inteiramente?

Joe: Você precisa se lembrar de que isso não é sobre a outra pessoa. É sobre você mesmo e o que você realmente está fazendo para perdoar a si mesmo. Essa é a primeira coisa que você tem que olhar.

Talvez seja útil dissecar as frases, por um instante, porque quando digo: "Tudo que você tem a dizer é: 'Sinto muito, por favor, me perdoe, eu te amo, obrigado', da forma como você sentir isso, em qualquer ordem que lhe parecer certo", isso é bem simples.

Mas o que você está, de fato, fazendo quando diz isso? Para mim, estou dizendo "sinto muito por ter sido inconsciente; por favor, me perdoe por não estar ciente de minha própria programação, de minhas próprias crenças negativas, de minhas lembranças do passado; me perdoe por não estar alerta de um modo consciente e responsável, ajudando a criar esse problema que estou percebendo". É isso que você está realmente dizendo.

Então, o seguinte é obrigado; você está agradecendo à Divindade, que é o termo que o dr. Hew Len gosta de usar. Algumas pessoas podem querer dizer Deus, Tao, Vida ou Natureza, seja qual for esse campo de energia maior, do qual todos fazemos parte. Você está agradecendo por ter sido purificado desse problema.

E gosto de terminar com "eu te amo", embora você possa dizer a qualquer momento, mas se concluir com "eu te amo", qualquer palavra para descrever o Divino ou qualquer essência do Universo, a essência de sua própria alma é o amor. Ao dizer "eu te amo", você está voltando a se fundir na essência da vida em si. Está voltando a se fundir com o Divino e sua devoção pelo Divino.

Portanto, "sinto muito; eu te amo; por favor, me perdoe; e obrigado" são muito mais que apenas frases. Há uma energia e tanto por trás de cada uma delas. São quase uma combinação espiritual que destranca um cadeado, liberando os sentimentos interiores. Não importa se é um problema de perdão a alguém, ou se é um problema de saúde para você ou outra pessoa; independentemente do que estiver percebendo como problema, isso é o que você realmente está focando, ao dizer essas quatro frases internamente para a sua ligação com o Divino.

Assim, de diversas maneiras, essa é a receita para qualquer problema que você jogue para cima de mim. Essa seria exatamente a mesma resposta.

Kory: Então, independentemente do que estivermos vivenciando como problema, é o mesmo processo, e eu de fato gostei das distinções; foi muito útil entender o que estou agradecendo e o que lamento.

Porque algumas pessoas escreveram dizendo: "Quando digo que lamento, parece que fiz algo errado, mas realmente não fiz nada de errado", portanto, elas têm uma resistência em dizer "sinto muito".

Joe: Essa é a questão número um sobre a qual as pessoas resistem. Eu diria que a primeira coisa que as pessoas resistem é assumir total responsabilidade por suas vidas.

Essa é uma grande questão, como eu disse, no início da entrevista, porém, é também a mais importante, porque, em vez de intimidá-lo, ela lhe dá poder e o liberta para ser capaz de resolver as coisas que estão se passando ou que você percebe que estão se passando.

E a outra é o "sinto muito". Ao longo dos anos, muitas vezes ouvi que as pessoas não querem dizer "sinto muito". Elas se sentem como se tivessem feito algo ruim ou cometido um pecado ou crime, e conversei com o dr. Hew Len sobre isso e ele me disse: "Bem, elas podem mudar para: 'Por favor, me perdoe'", mas as pessoas ainda estão fazendo objeções até para isso, pois ofereci essa possibilidade.

Ele disse: "Bem, elas não precisam dizer, mas uma solução melhor seria purificar a questão, dizendo: 'Sinto muito.'"

Kory: Então, quando você diz a frase, seja qual for o sentimento que surgir, é isso que você tem que purificar.

Joe: Você purifica em cima disso e já dei muitas palestras a esse respeito. E, claro, fizemos os eventos Limite Zero, e as pessoas sempre levantam esse assunto do "sinto muito". E eu digo: "Sabe, já fui a inúmeros enterros e me aproximo da família e digo: 'Sinto muito.'"

Por que digo isso? Notei que outras pessoas dizem isso quando se aproximam. Há uma morte na família. Essa manhã, eu estava falando com um cara, cujo cliente havia sido diagnosticado com uma doença terminal, e estavam todos aborrecidos e eu disse: "Sinto muito." Por que eu diria isso?

Não sou diretamente responsável; nem sei quem são as pessoas, mas, de alguma forma, sinto que a compaixão é a resposta apropriada. De alguma forma, estou tentando demonstrar amor e conforto, dizendo isso.

Quando digo: "sinto muito" ao Divino, não penso que fiz alguma bobagem. Penso que não estava consciente e que todos somos conduzidos por nossa mente subconsciente; nossa mente consciente é apenas a ponta do iceberg. A mente subconsciente é o propulsor; é o reator nuclear; é o galpão de toda essa informação e programação, e não temos noção do que está em nossa mente subconsciente.

Dessa forma, com muita frequência fazemos algo inconscientemente, independentemente de depois notarmos ou alguém frisar que o fizemos, ou podemos estar numa situação em que temos algo que percebemos como um problema com outra pessoa, mas nem sequer vemos como, inconscientemente, participamos da sua criação. Portanto, digo: "Sinto muito porque eu não estava ciente. Por favor, me perdoa por não saber o que estava em minha mente subconsciente, mas vamos trabalhar nisso agora. Obrigado por curar e apagar isso, e eu te amo."

Kory: Esse é um grande exemplo, porque você diria "sinto muito", se alguém está passando por uma situação triste. E se eu descobrisse que inadvertidamente magoei alguém de que gosto, que algo o ofendeu, diria que sinto muito por isso, entende? Mesmo não tendo feito de propósito, ainda sinto que devo dizer.

Joe: Isso é perfeito, é até um exemplo melhor do que o que acabei de dar, porque é isso que estamos dizendo. Estamos inadvertidamente agindo e pensando de um determinado modo que nos deu esse sentimento de que não gostamos. "Sinto muito por isso; não sabia que isso ia acontecer. Sinto muito, por favor, me perdoe."

Kory: Seguindo essa linha, é muito importante assumir responsabilidade. Tenho algumas perguntas aqui que julgo relevantes, principalmente pela época em que estamos vivendo.

Uma pessoa escreveu: "Ainda estou pasma por ser minha culpa, principalmente pela atual situação no Japão. Estou tentando entender e estou disposta a confiar no processo."

Joe: Fico contente que ela esteja disposta a confiar no processo, pois a grande chave para fazer com que tudo dê certo é a confiança. Quando fiz o primeiro seminário com o dr. Hew Len, estávamos falando sobre isso e, antes, ele havia me perguntado: "Você já ouviu a frase 'Você cria sua própria realidade?'"

E eu disse: "Sim, sou um dos caras que escreve sobre isso. Até subo num palanque para falar a respeito." E ele diz que se alguém surgir em sua vida, como [alguém] surgiu na dele e [essa pessoa] for um criminoso doente mental, ele também não ajudou a criar essa realidade? Em outras palavras, se você criar sua própria realidade, não há furos, nem cláusulas de fuga, não há cantos escondidos que você não tenha criado.

Se você criar sua própria realidade e o Japão agora estiver em sua realidade, por tabela, você só pode ter tido alguma participação na criação disso. Agora, quando está olhando o Japão, a verdadeira questão é: Como você se sente a respeito disso, por dentro? Se estiver olhando isso como um acontecimento neutro, sobre o qual não se sente de uma forma ou outra, provavelmente está bem.

Se estiver olhando a questão e dizendo: "Ó meu Deus, como isso aconteceu?", ou disser: "Que catástrofe terrível", ou "Ó meu Deus, onde está Deus; o diabo está aí". Qualquer desses sentimentos está se transformando num problema.

Você está olhando a questão e já não está mais feliz; já não está mais nesse momento com gratidão. Está olhando aquilo como um problema; isso é o que você tem que purificar.

Kory: Então, você tem que pegar esse processo de purificação para a ideia ou os sentimentos até chegar ao ponto de estar limpo.

Joe: E chegar ao ponto de estar limpo. Nesse ponto, você talvez esteja inspirado a fazer algo sobre o Japão ou talvez se sinta inspirado a tocar sua vida e fazer algo útil aqui. Realmente não sei, mas será algo ímpar para cada pessoa.

De verdade não saberemos então, queremos prosseguir purificando, limpando, para que possamos ouvir a inspiração. O que a maioria de nós está fazendo é apenas agindo; nem sequer estamos agindo; estamos reagindo às outras pessoas, reagindo a pensamentos; reagindo a novos boletins; estamos reagindo à vida. Não estamos respondendo, não estamos sendo inspirados, não estamos vindo de um lugar com uma ligação com o Divino. Com essa limpeza constante, podemos che-gar lá.

Kory: Isso é ótimo, porque muita gente faz confusão com "eu sou responsável e é minha culpa". E isso traz a sensação de culpa, e como explicar isso quando as pessoas estão em busca de uma distinção?

Joe: Sim, essa é ótima, e ouvi muito isso, ao longo dos anos. Embora sejamos responsáveis pelo que está acontecendo, de forma alguma podemos ser culpados por isso. Culpar seria estar na forma de algo ter sido intencionalmente feito a você mesmo ou outra pessoa, e nem assim tenho certeza se essa seria a forma correta de olhar a situação.

O que realmente queremos fazer é assumir total responsabilidade pelo que está se passando emocionalmente em nossas vidas. Eu me lembro que havia um comercial de TV, décadas atrás, e sempre me lembro que o cara dizia: "Seu problema não é culpa sua, mas é sua responsabilidade."

Sempre adorei isso, por ser tão claro. Você não deve ser culpado; ninguém está apontando o dedo para você, dizendo que porque você fuma, ou algo assim, não é sua culpa fumar, mas é sua responsabilidade.

O que isso faz é meio que separar a linha de condená-lo e ajudá-lo, e, ao mesmo tempo, deixa o problema por sua conta. Agora você é livre para fazer algo a respeito.

Kory: Se acha que é culpa de outra pessoa ou se tem a visão de que outras pessoas são responsáveis por sua vida, então você está de fato impotente para fazer qualquer coisa a respeito. Dessa forma, tem o poder de realmente fazer mudanças e trabalhar naquilo.

Joe: Sim, e dá certo. Um dos exemplos que está me vindo à consciência, nesse momento, é Mabel Katz, uma das professoras de Ho'oponopono que estudou com o dr. Hew Len. Ela viaja por aí e escreveu um ou dois livros e é advogada tributária ou contadora, não me lembro bem, mas ia às audiências na Receita Federal representando seus clientes, o tempo todo fazendo a purificação, e me contou que os agentes da receita a dispensavam completamente ou baixavam tremendamente as multas e taxas, por conta da purificação que estava fazendo.

Ora, geralmente quando pensamos no Imposto de Renda, pensamos: "Bem, essa é uma instituição onde não se pode ter controle; não dá para penetrar ali." Isso não é verdade. Pensar assim faz parte de uma percepção que levará a um problema. Ela está partindo de uma perspecitva em que o Imposto de Renda faz parte de seu ser interior e, seja qual for o relacionamento que ela tiver com a Receita, está sendo purificado por dentro: "Eu te amo; sinto muito; por favor, me perdoe; obrigado; Eu te amo; sinto muito; por favor, me perdoe; obrigado."

Eles mudam. Seja uma sensação, seja uma projeção, não sei até onde podemos ir com uma descrição metafórica, metafísica disso tudo, mas, a partir da perspectiva do Ho'oponopono Limite Zero, você muda o interior, e o exterior muda.

Em meu evento Limite Zero, esse último, ao qual nos referimos algumas vezes, eu me levantei e disse a eles: "Tentar mudar o mundo externo de outra pessoa é como ficar diante do espelho do seu banheiro, passando maquiagem no espelho ou fazendo a barba do espelho."

Kory: Vi essa parte; foi uma analogia excelente. Sim, as pessoas realmente entenderam e isso me ajudou a entender.

Joe: Sim, as pessoas entenderam; na verdade, tinha um cara segurando a câmera e, ao ouvir isso, ele quase desmoronou. Eu o vi; simplesmente se curvou à frente e sentou. Aquilo o tocou fundo; foi a esse nível. Mas é a imagem completa que estamos tentando refletir no Ho'oponopono; não estamos tentando mudar o externo. A projeção é o que estamos projetando de dentro; queremos limpar o projetor, que é a pessoa que está vivenciando aquilo.

Kory: Isso faz sentido total. Tenho outra boa pergunta aqui, Joe; uma pessoa perguntou: "Preciso estar num determinado estado mental quando faço isso ou posso apenas dizer as frases, digamos, quando estiver dirigindo para o trabalho, de manhã?"

Joe: Adoro essa pergunta. Sabe, em um dos programas de áudio que fiz para a Nightingale-Conant, há um CD inteiro no qual apenas digo: "Sinto muito; por favor, me perdoe; eu te amo; obrigado", por vinte ou quarenta minutos. É como um mantra; simplesmente prossegue, e conheço gente que dirige por aí, ouvindo isso o dia todo.

Na verdade, alguns anos atrás, eu estava em Los Angeles, quando falaram sobre fazer um programa de televisão lá. Eu estava em Los Angeles, entramos no carro de uma mulher, e ela estava ouvindo a trilha, e disse que ouvia o tempo todo, e, sempre que o fazia, o tráfego sumia de seu caminho.

Ora, ela é de Los Angeles. Numa manhã, estávamos indo para o estúdio; não lembro qual era, e ela disse que por conta do tráfego deveríamos sair uma hora mais cedo. "Certo, sairemos uma hora mais cedo." Então, entramos no carro e ela colocou o CD; sou eu que estou entoando as frases; está tão baixinho que ainda podemos conversar, e chegamos a nosso compromisso uma hora mais cedo, pois não havia trânsito em Los Angeles.

Portanto, não, você não precisa estar em um estado mental específico. Acho que apenas basta aprender a dizer as frases, sendo ou não auxiliado por um áudio ou algo assim, ou fazendo sozinho; adoro fazer sozinho, pois você chega ao ponto em que a fala surge espontaneamente em seu cérebro.

A maioria das pessoas está ouvindo essa fala nesse momento, ouvindo desde algo como "Isso é legal", até "Não estou entendendo", passando por "Eu me esqueci de dar comida para o gato", e até, você sabe, qualquer coisa. Conforme você prosseguir praticando as frases, a nova fala no fundo de sua mente será: "Sinto muito; eu te amo; por favor, me perdoe; obrigado; eu te amo; por favor, me perdoa..." e assim vai.

Kory: Passei por essa experiência, só nos últimos dias, desde que assistira aos vídeos e realmente fiz a limpeza. Eu me vejo andando pela rua e as frases estão passando por minha cabeça, e noto que, quando você tem esses pensamentos, não tem nenhum pensamento negativo. Que estado de paz e que coisa ótima de se fazer, pois boa parte de nosso estresse vem do fato de nos preocuparmos com as coisas e podemos simplesmente mudar para essa opção.

Outra pessoa nos escreveu perguntando se ela poderia substituir sua fala pessoal pelas belas frases do Ho'oponopono. "Se eu me lembro, eu as repito; do contrário, minha fala interior normal fica dizendo: 'Blá-blá-blá.'" O que você acaba de dizer é que, ao notar, essas frases simplesmente assumem o controle. Você notou isso em você? Quanto tempo levou para que os pensamentos passassem a transcorrer automaticamente, você se lembra?

Joe: Muito rápido. Eu não diria que foi da noite para o dia, mas foi bem depressa, cerca de alguns meses, provavelmente, e você precisa se lembrar, isso não é trabalho duro, como se eu estivesse me forçando a fazê-lo, como ir à academia e fazer cem flexões ou algo assim.

Não foi nada disso; apenas diga "sinto muito; por favor, me perdoe; obrigado; eu te amo". Eu apenas fazia isso com o máximo de frequência que me lembrava, e ajuda muito ter pequenos incentivos. Portanto, em outras palavras, tenha um papel lembrete amarelo em seu computador ou no painel do carro, com as quatro frases, ou apenas se lembre de dizê-las. Pequenas coisas, como essas, podem fazê-lo prosseguir.

Kory: Uma pessoa perguntou, mas, na verdade, várias pessoas disseram que não sentem quando estão dizendo as frases; é importante que tenham um sentimento ou emoção ligada a isso?

Joe: Adoro isso porque perguntei ao dr. Hew Len, logo que comecei a aprender com ele, e ele disse: "Não, você não precisa senti-las, precisa dizê-las. À medida que continuar a dizê-las, pode ser pela rotina; você está só dizendo as palavras. Apenas lendo um script, ou algo parecido."

Porém, conforme você começa a pensar a respeito, é possível descrever o que está acontecendo com as quatro frases agora, porque estão abertas para mim. É quase como se nunca tivesse dito isso, mas é quase como um poema que tem nuanças diferentes de significado. Ou como uma canção que, logo que você ouve, pode ser capciosa, e você gosta do ritmo ou de parte da letra.

Mas, quando você canta a música e conhece melhor a poesia, aquelas quatro frases acabam sendo um tesouro. Então, conforme você as pronuncia, no começo, podem ser "sinto muito; por favor, me perdoe; eu te amo", e são apenas palavras. Porém, à medida que você as vai sentindo, há uma sensação que vem junto.

Então, para responder à pergunta, não, você não precisa sentir nada, mas acredito que a sensação virá, à medida que você as disser, e é uma sensação maravilhosa.

Kory: Então, é realmente apenas uma questão de começar, começar a dizer as frases, começar a usá-las.

Joe: Sim.

Kory: Certo, isso faz bastante sentido. Outra pergunta que tenho aqui e que está na cabeça de muita gente é: "Como é que funcionam essas quatro afirmações e como interagem com a Lei da Atração?" Imagino que você ouça muito essa pergunta; qual é sua resposta para isso, como essas afirmações interagem?

Joe: Sabe, em primeiro lugar, tudo que você tem em sua vida foi você que atraiu. Não há violação ou conflito aqui. O Ho'oponopono e a Lei da Atração ainda estão funcionando na mesma realidade.

No fim das contas, quando você olha para sua vida e vê que é a fonte de tudo que entra nela, a Lei da Atração está funcionando. Por isso que você tem tudo vindo até você.

Mas quando não gosta do que está vindo para a sua vida, o que irá fazer a respeito? Como irá mudar isso? O Ho'oponopono é a técnica de apagamento. É o que você usa para cuidar das coisas que estão aparecendo e as que não quer atrair.

Estou tentando imaginar algum tipo de problema aqui. Um chefe tem um problema com um funcionário, por exemplo; a perspectiva da Lei da Atração é que você atraiu isso.

Mas os céticos diriam: "Não atraí, não, pois eu nem estava pensando nisso." Mas o entendimento mais profundo da Lei da Atração é que você atrai tudo em sua vida com base em suas crenças inconscientes. Não o que você pretende conscientemente, mas o que pretende de forma inconsciente e, na maioria das vezes, você nem sabe o que está em sua mente subconsciente.

Por isso que o Ho'oponopono é tão importante, pois limpa a negatividade da mente subconsciente. À medida que você limpa isso, está ficando menos suscetível a atrair algo que não gostaria de atrair. Portanto, são trabalhadas juntas.

Kory: Trabalham, mesmo. Parece que se apoiam, como se o que você atrai para sua vida fosse a soma total de sua mente subconsciente, seus pensamentos subconscientes; então, quanto mais limpo seu subconsciente se torna, mais você atrairá o que deseja.

Joe: Absolutamente, sim. Quanto mais você estiver alinhado com o Divino, em seu caminho pela vida, mais levará uma vida inspirada. Quando você olhar em volta, tudo que estiver atraindo irá combinar com essa estrada. O Ho'oponopono é uma forma de fazer com que a Lei de Atração trabalhe mais suavemente para você.

Kory: Ótimo. Tenho outra pergunta. Alguém diz: "Atualmente, estou estudando o curso dos milagres. Acha que o curso e o Ho'oponopono são compatíveis e, se for o caso, como você os integraria em sua vida?"

Joe: Uma vez perguntei ao dr. Hew Len sobre outras técnicas e outros métodos junto com o Ho'oponopono, e ele disse que contanto que você se sinta inspirado a praticá-los que o faça então.

Em outras palavras, se você tiver a intuição e fervilhar por dentro o sentimento, se for inspirado a estudar o curso dos milagres e enquanto estiver lendo o curso, no fundo de sua mente estiver: "Obrigado; sinto muito; por favor, me perdoe; eu te amo", acho que você acaba de enriquecer a força do curso dos milagres.

Isso poderia acontecer com qualquer outra coisa. Não me importa o que pode ser abordado, o Método Sedona, uma técnica libertadora, a hipnose ou quaisquer outras metodologias que estejam por aí para ajudar a enriquecer sua vida; você as tornará melhores praticando o Ho'oponopono junto. E, novamente, como faria isso? Enquanto estuda o curso dos milagres, você está fazendo os exercícios diários, por um ano, e ainda está fazendo o Ho'oponopono "eu te amo; sinto muito; por favor, me perdoe; obrigado" com eles. Acho que irá acelerar o efeito de realmente atrair milagres.

Kory: Dá para ver isso, pois, enquanto se está passando por esses cursos, frequentemente vamos a lugares desconfortáveis, ou isso dá origem a sentimentos e levanta questões para nossa análise. E como temos um meio de processar essas coisas, conforme aparecem em locais onde às vezes não sabemos como agir quando começamos a nos sentirmos zangados ou aborrecidos. Agora tenho algo a que recorrer.

Joe: É uma bela técnica e também funciona o tempo todo.

Kory: Como você reconhece quando está no estado Zero? Tem alguma impressão sobre isso?

Joe: Sim. Tenho impressões quanto a isso, mas como expressá-lo e descrevê-lo. Usei a imagem de um quadro branco para passar meu ponto de vista. Está em minhas palestras mais recentes, e acho que falei a respeito nos eventos Limite Zero.

Dei uma palestra para uma porção de líderes transformacionais, alguns meses atrás, e pedi para colocarem um quadro branco no palco. Ele era completamente branco e eu o olhava, esperando que, ao me ouvirem falar, as pessoas visualizassem o quadro branco. Não havia nada no quadro branco; era totalmente branco. Então, convidei todas as pessoas do auditório para me dizerem meios de nos curarmos, purificarmos ou melhorarmos, todas as técnicas de autoajuda que começamos a escrever no quadro.

Isso prosseguiu por alguns minutos, até que o quadro ficou preto. Olhamos o quadro e eu disse: "Certo, o que aconteceu com o quadro branco? Bem, agora está coberto do que achamos que irá nos ajudar a chegar ao quadro branco."

O quadro branco é minha imagem do estado Zero. É o lugar onde não há nada, exceto pureza; não há pensamentos nem sentimentos, fora o que poderíamos utilizar para descrever como amor e, a partir desse estado Zero, vindo do quadro branco, a inspiração pode vir até você.

Agora, o problema com isso, e motivo para que não possamos reconhecer o que é o estado Zero, é que, enquanto o estou descrevendo, as pessoas estão fazendo perguntas a si mesmas ou fazendo comentários a respeito, gostando ou não, ou visualizando outras coisas escritas no quadro branco. Todas essas coisas nesse quadro; todos os pensamentos e as crenças que estão em nosso subconsciente são o que nos impede de chegar ao estado Zero. Portanto, se você pode se imaginar apagando tudo isso e voltando a esse quadro branco, uma das coisas que irá notar é uma paz extrema. Quanto mais fizer essa limpeza, mais chegará ao estado Zero e, uma vez que experimentar isso, verá que tem tudo a ver com o estado de Buda; a iluminação tem tudo a ver com isso; a experiência Satori tem tudo a ver com isso.

Acho que, sem sabermos, essa é a busca que fazemos, à procura de algo que nos faça feliz, sem saber que a felicidade que queremos está, nesse momento, por baixo de todos os pensamentos e sentimentos, expectativas e desejos, tudo isso. Está tudo bem aqui. Portanto, quanto mais você e eu praticarmos o Ho'oponopono, mais entraremos em contato com isso. Essas são algumas razões profundas por que acho que todos podem praticar, principalmente porque não custa nada, é grátis e é simples. Quatro frases, você pode começar a fazer agora mesmo.

Kory: Há tantas tradições espirituais pelo mundo que as pessoas podem seguir, mas agora que descobri o Ho'oponopono não consigo imaginar não tê-lo. Preenche um grande vazio, sabe? Fico me perguntando se você também já sentiu isso, ou como vê isso. Na totalidade de sua jornada espiritual, onde se encaixa para você. Onde o Ho'oponopono se encaixa em sua jornada espiritual?

Joe: Sou profundamente grato por isso. Sou muito grato pelo dr. Hew Len, pelo Ho'oponopono, por aprender isso e por poder compartilhar com você. Acho que você sabe que escrevi 53 livros, mas *Limite zero* é o único livro que já reli, depois de ser publicado.

Kory: É mesmo?

Joe: Sim, e fiz isso bem recentemente. Eu o peguei para procurar uma referência e, de repente, fui cativado e li tudo. Não sei quantos escritores se entretêm com seus próprios livros, mas nunca faço isso, mas fiz com esse livro e revivi a experiência. Revivi a experiência de ouvir falar sobre o Ho'oponopono, de ir em busca do dr. Hew Len, da primeira aventura com ele, depois de todas aquelas conversas maravilhosas que tivemos.

Portanto, esse – estou segurando uma cópia e sorrindo –, esse é meu bebê; adoro esse livro. Por isso, me sinto orgulhoso, inspirado, grato; a gratidão é provavelmente a palavra mais apropriada. Conhecer isso, ter a chance de usá-lo e, mais importante, poder compartilhá-lo.

Kory: Agradeço o fato de você ter dedicado esse tempo de sua vida para escrever o livro e para fazer esses seminários e compartilhar a informação e, você sabe, lançar uma versão on-line de Limite Zero III, o que acho irá ajudar muita gente pelo mundo a usá-lo.

Joe: Eles vão adorar.

Kory: Também acho; não precisa esperar o envio, você simplesmente liga e está pronto para assistir. Está tudo ali, o fim de semana inteiro, e é um dos seminários mais legais que já vi – e já vi uma porção. Minha família assistiu, e todos a quem mostro realmente gostam. Portanto, esse é um grande passo para espalharmos e divulgarmos o Ho'oponopono por aí.

Joe: Será maravilhoso que as pessoas assistam, pois, em primeiro lugar, é um grande presente ver o dr. Hew Len em ação, porque ele é divertido, mas também é muito profundo. E também há todas aquelas perguntas que as pessoas fazem, e eu nem me lembro de todas. Sou seu assistente, estou ali para ajudá-lo, mas, na verdade, ele é o guru e queremos ouvi-lo.

Há muita informação, inspiração, e acredito de verdade que as pessoas irão querer assistir várias vezes. Revivo aquilo tudo na mente, foi muito bonito.

Kory: Certamente. Bem, Joe, muito obrigado por seu tempo; você respondeu a muitas perguntas e realmente deu a mim e a todos os ouvintes uma visão bem mais clara do que é o Ho'oponopono e como podemos adotá-lo, e de fato acho que isso é uma dádiva para todos. Portanto, agradeço muito.

Joe: Oh, obrigado a você pelas perguntas e por conseguir um tempo em seu dia para fazer isso. Portanto, boa sorte a todos que estiverem ouvindo. Eu te amo, sinto muito, por favor, me perdoe, obrigado.

Kory: Obrigado, Joe. Cuide-se. Tudo de bom.

ANEXO D

Limite Zero: Perguntas e respostas

Já que tantas pessoas fazem perguntas sobre o Ho'oponopono, será útil acrescentá-las aqui. Como o dr. Hew Len sempre diz, a mente é um corpo ocupado, pois faz as mesmas perguntas, esperando respostas diferentes. Com isso em mente, sem querer fazer trocadilho, vou acrescentar mais perguntas comuns, junto com minhas respostas.

P: Notei que a ordem das frases nunca é a mesma. Eu ouvira que a ordem é importante, depois ouvi que não é. Receio fazer isso errado e que minha má compreensão do processo possa afetar o desfecho. A ordem importa?

R: Não importa em que ordem você diga as frases. A ideia é dizê-las. Siga sua inspiração e diga as frases internamente da maneira que parecer melhor. Deixe que seus sentimentos sejam seu guia. No último evento Limite Zero, o dr. Hew Len resumiu as frases para apenas duas: "Eu te amo" e "Obrigado". Ficar obcecado pelas frases ou qualquer coisa a respeito é outra coisa a purificar. As frases são simples ferramentas para usar como dispositivo de limpeza a fim de ajudá-lo a trabalhar em seu caminho rumo ao estado Zero. Só isso. Ter receio de dizê-las de forma errada é algo a purificar. Meu áudio "Eu te amo", que gravei, está até com uma das frases faltando; no entanto, ainda é uma ferramenta de limpeza e funciona mesmo assim: http://www.milagroresearchinstitute.com/iloveyou.htm.

P: Quando estou purificando, a quem dirijo as palavras? A mim? À outra pessoa que estou purificando? Estou confuso.

R: Você nunca diz a outra pessoa. O que você faz é limpar a parte em você que está percebendo o externo como um problema. Nunca tem nada a ver com outra pessoa ou outra coisa. O exterior dá a centelha que faz com que você queira mudar alguma coisa. Novamente, você não quer mudar o exterior. Quer mudar o interior. Utiliza as frases purificadoras para fazer isso. Você está se dirigindo ao Divino – ninguém mais.

P: Quando tenho um problema e faço a limpeza, eu me foco no problema ou na pessoa enquanto estou purificando? Se meu filho tem um problema e quero purificar por ele, estou invadindo seu espaço pessoal, se ele não me der permissão para limpar, primeiro?

R: Isso é semelhante à pergunta anterior. Novamente, você não se foca na outra pessoa. Foca-se em si mesmo. O problema não está lá fora; está em você. Você se foca no problema conforme o vivencia. Sempre o vivencia dentro de você. Como o dr. Hew Len sempre perguntava: "Você já notou que, quando tem um problema, você sempre está lá?" O problema está em *você*. É aí que você coloca seu foco e direciona sua limpeza. Você está pedindo ao Divino que remova a energia que você sente por dentro quando olha para fora e enxerga o problema.

P: Preciso purificar para todo o sempre enquanto viver? Isso parece cansativo e um trabalho tremendo. Há outro jeito?

R: Há tantos dados no mundo – programações, crenças e negatividade – que nosso desafio é para toda a vida. Sim, você precisa se manter purificando, mas, francamente, qual a dificuldade em dizer "Eu te amo" e "Obrigado" internamente? E, no último seminário Limite Zero III, o dr. Hew Len também nos ensinou um atalho. Pelo fato de que sua criança interior retém todos os dados de seu subconsciente, você pode ensinar sua criança interior a purificar, para que, quando sua mente consciente esqueça de limpar ou precise dar um tempo, sua criança interior esteja limpando o tempo todo. (Veja o Anexo E.)

P: Se tudo de que preciso são as quatro frases, então do que se trata todo esse aparato de produtos Ho'oponopono que as pessoas vendem com os quais obtêm lucros? Se você me perguntar, capitalizar em cima da espiritualidade é um ponto desanimador e me faz questionar a validade do Ho'oponopono. Você poderia me responder isso?

R: Achar que as pessoas estão capitalizando em cima da espiritualidade dá a entender que dinheiro é ruim. Dinheiro não é ruim. O dinheiro é um fato natural. O dinheiro é até espiritual. Criei um curso inteiro em áudio sobre esse assunto (*The Secret to Attracting Money*). Se tudo vem do Divino, por que o dinheiro seria uma exceção? Os produtos estão ali para ajudá-lo. Se você não os quer, não compre. Por que ficar julgando, quando outros estão criando produtos para ajudá-lo a se sentir melhor, ficar mais limpo e ser mais feliz? Estão lhe prestando um serviço. Julgar que seja ruim ou não espiritual parece uma crença restritiva que precisa ser purificada. Parece de alguém que se considera virtuoso. Afinal, até o dr. Hew Len vende produtos, assim como quase todos os outros professores de Ho'oponopono. Vou purificar sobre isso.

P: Como ensinamos os outros a se purificarem?

R: Não o fazemos. Ninguém mais precisa saber nada sobre purificação. Só você. O dr. Hew Len passou os últimos 25 anos se purificando. Ele diz abertamente que a única razão para que esteja vivo é purificar. Não importa se alguém mais o faça. Importa que *você* o faça. Uma das coisas que ouço nos eventos é as pessoas que ouvem problemas e aconselham os outros: "Você deveria purificar sobre isso." Errado. Sempre que você ouvir um problema, ele é *seu* para purificar. Apenas comece a limpeza imediatamente. Na verdade, você jamais deve dizer a alguém para purificar. Seja o que for que você vivencie ou escute, aquilo é seu para purificar.

P: Já estive em eventos Limite Zero e ainda não entendo. Sobre o que é isso tudo?

R: Basicamente, é sobre regressar à Divindade. Em meu programa de áudio, *The Awakening Course*, digo que há quatro fases do despertar. A maioria das pessoas nunca deixa a primeira (fase de vitimização). Graças a filmes como *O segredo* e *The Compass*, muita gente está chegando ao segundo nível (capacitação). Graças ao livro *Limite zero*, algumas pessoas têm consciência do terceiro nível (entrega), mas também há um quarto nível. É quando você desperta para a Divindade. É onde o Divino conscientemente respira através de você. Limite Zero é um meio de limpar os dados (ou coisas da cabeça) que ficam entre você e o Divino (Zero). E sobre o que é? É sobre se limpar da estática em sua mente, para que o Divino viva através de você, com consciência e amor. Para chegar lá, temos muito trabalho a fazer; portanto, continue purificando.

P: Qual é a diferença entre os seminários Limite Zero e os cursos básico e avançado de Ho'oponopono? Preciso frequentar algum desses antes de participar da próxima aula? Se essa informação era para ser particular, por que você teve permissão para revelar alguns dos segredos, em *Limite zero*, ou lançar as gravações de seus eventos Limite Zero?

R: A principal diferença entre um evento Limite Zero e um básico de Ho'oponopono é essa: com Limite Zero, você tem a mim como instrutor. Precisa fazer o curso básico de Ho'oponopono e praticar os métodos para aprender, por pelo menos dois anos, antes de poder fazer o curso avançado de Ho'oponopono. Tive permissão de lançar algumas das informações, porque o dr. Hew Len me deu essa permissão. Afinal, é o coautor de *Limite zero* e o principal instrutor de Ho'oponopono. Se ele

diz que posso escrever um livro ou lançar áudios ou DVDs, então é claro que posso.
P: "Sinto muito!" Isso representa um pedido de desculpas ou tristeza? Pelo que tenho de me sentir lamentoso, se tudo no universo é perfeito? Não gosto de dizer isso.
R: Você precisa dizer "Sinto muito" e "Por favor, me perdoe", por ter sido inconsciente. Isso nada tem a ver com arrependimento, culpa, vergonha ou repreensão, mas tudo a ver com você percebendo que esteve dormindo. Quando você esbarra em alguém, no mercado, você diz: "Sinto muito." Por quê? Você cometeu um erro. Estava inconsciente e fez algo enquanto não estava alerta.

Quando você se dirige ao Divino e diz essas frases, está deixando que o Divino saiba que você estava inconsciente. O perdão é uma das ferramentas transformadoras mais poderosas que você possui. Se você não está disposto a pedir perdão por ter sido inconsciente, provavelmente está impedindo o fluxo do Divino em sua vida também em outras áreas.

Depois de relatar tudo isso, uma vez perguntei ao dr. Hew Len o que falar para as pessoas que reclamavam de dizer "Sinto muito". Ele disse: "Diga-lhes que não precisam dizer."

ANEXO E

Dr. Hew Len visita sua criança interior

No terceiro evento Limite Zero, o dr. Hew Len nos conduziu por uma meditação para encontrarmos nossa criança interior, a qual incluí aqui, na íntegra.

Há uma parte em você que precisa saber como isso funciona e se chama subconsciente. Vou levá-lo até lá, agora. Portanto, queira fechar seus olhos, relaxar. Esse é o relacionamento mais importante na criação. Mais importante do que qualquer relacionamento físico que você tenha. Por isso, apenas relaxe, de olhos fechados, e vou levá-lo ao que, para mim, é o relacionamento mais importante na criação e que é entre o consciente e o subconsciente, ou o que chamarei de relacionamento entre mãe e filho.

A mãe, sendo a mente consciente, tem a opção de cuidar do filho ou ignorá-lo. Então, por ora, suponhamos que removemos a terminologia em que o consciente é realmente o aspecto da mãe na criação e o subconsciente é a criança que tem todas as lembranças desde a criação e está sobrecarregada. Sobrecarregada.

Assim, se você tem depressão, é a inflamação na criança que está vivenciando a depressão. Queremos que esse relacionamento dê certo. Então, a primeira coisa que você quer é fazer isso bem devagar. E a primeira coisa que quer fazer é dizer a essa criança: "Oh, pela primeira vez na criação, estou reconhecendo sua presença em mim."

Essa é a primeira coisa em você – é importante reconhecer que você tem consciência de que há um ser a quem chama de criança interior. E você está falando com essa criança interior, dizendo: "Minha nossa. Essa é a primeira vez que reconheço que você faz parte de mim." Então, a próxima coisa que você dirá é algo muito simples. "Eu te amo. Eu te amo."

Então, você reconhece o fato de que todas as mágoas e dores são dados mantidos nessa criança e você diz isso a essa criança, de forma bem simples: "Sinto muito. Por favor, me perdoe por todas as lembranças acumuladas que você vivencia como tristeza, mágoa, dor." Então, você está conversando com essa criança, reconhecendo sua responsabilidade por toda a aflição que a criança possui, que você criou, aceitou e acumulou, e que gostaria de desfazer isso.

Um dos processos, muito simples de se fazer, é que você tem que pedir permissão à criança. Então, isso é o que você quer fazer. Quer dizer a essa criança: "Por favor, por favor, me permita afagar o topo de sua cabeça com amor e atenção." Simplesmente fale com ela. "Por favor, me deixe fazer isso." E apenas faça. Você não precisa imaginar nada, apenas faça.

Veja a si mesmo apenas afagando o topo da cabeça de uma criança. E, enquanto faz isso, você diz à criança: "Eu te amo. Por favor, me perdoe por todas as angústias acumuladas que você possa ter armazenadas. Sinto muito." Novamente, estou recuando e esse é o relacionamento mais importante, porque você pode ensinar a essa criança a fazer a purificação e pode colocá-la no automático, mas, se não estiver reconhecendo essa criança e realmente se importando com ela, ela não o fará.

Enquanto você estiver afagando sua cabeça, dirá: "Eu te amo. Obrigado por ser parte de mim e eu sinto muito por ter sido negligente. Talvez não esteja cuidando direito de você. Se eu a manipulei, sinto muito." Então, você faz um tipo de inventário. Conversa com a criança, quando todas as lembranças repassam como problema, e você diz a ela: "Se você não se importa, ajude-me a desapegar." Então, você começa no topo da cabeça, se estiver com dor de cabeça.

Se houver alguma dor nas costas, você vai trabalhando pelo corpo abaixo. Faça um inventário e diga à criança: "Ah, estou vivenciando uma dor de cabeça. Por favor, desprenda as lembranças que estão passando com isso. Não sei quais são as lembranças. Nem quero saber quais são, mas você sabe." Então, podemos ofertar isso à Divindade através da superconsciência. Podemos pedir à Divindade para libertá-la.

Enquanto estiver fazendo isso, você está afagando a cabeça suavemente. Agora, pede à criança permissão para abraçá-la gentilmente, não um abraço apertado. Abraço apertado assusta a criança; então, você diz a ela: "Por favor, deixe-me abraçá-la suavemente." E apenas faça isso. Apenas abrace a criança suavemente. E segure-a em seus braços e fale com ela. "Obrigado por você ser parte de mim. Eu te amo e sinto muito por todas as lembranças acumuladas que você vivenciou como dor e sofrimento. Por favor, me perdoe."

Depois que tiver feito isso, você pede à criança que lhe dê a mão. "Por favor, me dê sua mão, para que eu possa segurá-la bem suavemente." Afague gentilmente. "Pode me dar a mão que você quiser; por favor, me dê a mão." Então, em sua mente, você estende a mão para pegar a dela, segura delicadamente, afaga delicadamente, e novamente reconhece a criança como parte de você:

"Ah, obrigado por fazer parte de mim. Uma parte de mim a quem não prestei muita atenção e sinto muito. Por favor, por favor, me perdoe. Eu te amo."

Então, você talvez queira fazer outro inventário. Talvez queira fazer isso financeiramente. Você diz à criança: "Certo, são apenas lembranças que são o problema. Estou lhe pedindo que se desapegue. Por favor, se desapegue." Então, você faz um inventário. Sejam quais forem as coisas financeiras que estiver passando. Auditorias fiscais, se quiser trabalhar nisso. Qualquer coisa relativa à reapropriação da sua casa ou algo assim.

Você está falando porque o problema não está na reapropriação. O problema não está nas finanças. São as lembranças que repassam as aflições. É a hipoteca de sua alma, e você quer que essa criança que irá segurar a hipoteca se desprenda dela. "Por favor, se desprenda. Estamos sem fundos no banco" ou "Nós abusamos do dinheiro. Quaisquer lembranças que tenhamos desse abuso ao dinheiro, abuso das finanças, abuso da terra; por favor, se desprenda disso."

Então, você pede à criança permissão para segurar sua outra mão. "Por favor, deixe-me segurar sua outra mão." Mentalmente estenda o braço para pegar a outra mão, segure-a delicadamente, afague suavemente. Agora, quero que você se purifique; essa criança é onde todos os problemas estão armazenados. Portanto, você quer ter um bom relacionamento com essa criança para que ela se desprenda e deixe por conta de Deus.

Então, você acolhe a criança e afaga sua mão; depois olha para si mesmo e faz um inventário do que está se passando por dentro, para ter esses – sua experiência quanto a eles – problemas com certas pessoas. Então, você os aborda e diz: "Certo, não sei o que são essas lembranças, mas percebo que, quando ando com fulano e sicrano, fico irritado e aborrecido, e não sei do que se trata, mas as lembranças estão em mim; então, por favor, se desprenda."

Você está falando com essa criança que é um banco de lembranças. "Por favor, desapegue, desprenda." Portanto, esse é o relacionamento mais importante e essencial de toda criação, entre mãe e filho. Se a mãe consegue ganhar o filho, ela está livre. O filho irá ajudar com a limpeza, estará disposto a desprender, a desapegar, estará disposto a intuir isso para ela e dizer: "Isso está surgindo. É melhor a gente cuidar disso!"

Muito obrigado. Agora, você quer pedir à criança permissão para segurar seus ombros. "Por favor, deixe-me segurar seus ombros." Então, você estende os braços aos ombros e recomeça o diálogo. Esse diálogo de amor. Reconhecendo a presença da criança. "Eu te amo. Obrigado, obrigado, obrigado por fazer parte de mim. Sou realmente grato por saber que é você, em mim, de quem não cuido, desde o começo dos tempos. Por favor, me perdoe por ignorá-lo, não cuidar de você, lhe causar danos, dor e tristeza. Sinto muito. Eu te amo. Obrigado por fazer parte de mim."

Então, você estende as mãos aos ombros dela. E diz à criança: "Por favor, deixe-me segurar seus ombros e lhe dar amor sem limites." Novamente, se estiver em busca de um parceiro de negócios, esse relacionamento com a criança é o melhor parceiro de negócios da criação.

Se o relacionamento entre mãe e filho der certo, dará certo para tudo. Então, você está segurando seus ombros, depois olha em seus olhos e diz: "Eu ignorei você. Causei-lhe dor e tristeza. Sinto muito. Por favor, por favor, me perdoe. Eu te amo. Obrigado por estar disposto a abrir mão das lembranças, para que eu possa ser livre delas. Que eu e você possamos caminhar de mãos dadas com a Divindade e o Amakua, rumo à luz."

Você pode fazer isso de manhã, pode fazer à noite. Pode dedicar alguns minutos de sua agenda cheia para se religar. Para se realinhar, e, se estiver disposto a fazer isso, sua criança interior será sua parceira. Agora faremos as sete rodadas de respiração. Então, com os dois pés no chão, seu polegar encosta em seu dedo indicador, e as duas mãos pousam no colo para fazer a respiração.

A respiração e o processo de purificação que a criança irá prezar. Então, uma rodada de respiração. Você inala, conta até sete, prende a respiração contando até sete, exala contando até sete, e prende contando até sete. Faça sete rodadas, por favor.

Vou falar sobre dar um nome à sua criança. Há quatro possibilidades e apenas quatro. E isso é apenas uma proposta, está certo? Então, um nome que você pode dar ao subconsciente e vou conduzi-lo pelo processo, e explicar; depois você terá de encontrar um jeito de fazer isso sozinho.

O primeiro nome que você pode dar à criança é Kalā, que em havaiano significa "o sol". Ka significa "O" e lā significa "sol". Assegure-se de pronunciar corretamente. Será constrangedor se você estiver falando com alguém que conhece o idioma e disser "Kala", que significa dinheiro. Se disser "Kalah", que significa perdão. O sol é Kalā. Isso era o que faziam os missionários; eles colocavam um telhado acima e isso se chama macron. Portanto, é Kalā.

A outra possibilidade é Keola, que é o equivalente à "a vida". Então, eis o que você teria de fazer; primeiro, todos nós iremos trabalhar com a criança interior; portanto, se você está relaxado, feche os olhos. Agora vamos falar com essa criança interior, aquela *que carrega todas as lembranças e todos os fardos, enquanto a mente consciente está falando e essa pobrezinha está sofrendo. Apenas fique relaxado e eu agradeceria se você fechasse seus olhos, para não se distrair**.

Em primeiro lugar, diremos a essa criança: "Minha nossa, é a primeira vez na vida que percebo que 'você' existe em mim." Você vai reconhecer a presença do subconsciente, o Unihipili, e o que vou chamar a criança. Você apenas dirá: "Oh, minha nossa, pela primeira vez, estou consciente do fato de que existe essa parte em mim, à qual não tenho prestado atenção, essa parte de mim que tenho negligenciado, essa parte de mim à qual venho abusando e sinto muito." Assim, você reconhece que a criança está presente e simplesmente diz: "Eu te amo. Eu te amo. Obrigado, obrigado, obrigado por fazer parte de mim e sinto muito por ter levado tanto tempo, tantas vidas levei para chegar a esse ponto, e agora percebo que é 'você' em mim, e sou responsável por você. E sinto por toda negligência a você; por favor, me perdoe. Todo o abuso de você, lamento e, por favor, me perdoe. Sinto muito por todo o seu sacrifício. Coloquei outros em primeiro lugar, em vez de você."

Então, você pede à criança para afagar a cabeça dela. "Por favor, deixe-me afagar o topo de sua cabeça com amor, carinho e atenção." Em seguida, você simplesmente faz isso e começa o processo. Apenas mentalmente afagando, afagando o topo da cabeça de minha criança. Enquanto afaga, você fala com ela. É um parceiro. Sem esse parceiro, sem você no relacionamento com essa parte sua, você nunca, jamais, e isso independe de quanto dinheiro você possui, jamais será feliz; jamais terá dinheiro suficiente. Não

---

* O dr. Hew Len não sugeriu os outros dois nomes para sua criança interior. Minha sugestão é que você permita que sua criança interior lhe diga como quer ser chamada.

importa com quem você ande, a menos que tenha esse relacionamento com a criança interior, você pode ter tudo, pode todo o dinheiro que lhe aprouver, todos os relacionamentos que são certos para você, mas terá que fazer as coisas funcionarem com essa criança.

Você está afagando a cabeça da criança e conversando com ela. "Eu te amo; obrigado; por favor, me perdoe por todas as mágoas e sofrimento que você agora está vivenciando, e essa é a forma como iremos nos purificar." Portanto, independentemente do que surgir, diga: "Eu te amo; obrigado"; água azul solar gelada, essas são as ferramentas principais, e, uma vez que você comece o processo de ensinar à criança como fazer isso, já será o suficiente. Mas ela está esperando que você, primeiro, faça isso segundo, ensine, e está esperando para ver o que você irá fazer e se fará a purificação.

Você a está afagando bem delicadamente; então você dirá: "Ouça, eu gostaria de saber que nome, se há um nome pelo qual quer ser chamada." Portanto, há esses quatro nomes e você fala com ela. "O primeiro nome é Kalā, que significa 'o sol'. Portanto, vejamos se algum desses dois nomes lhe interessa. E há mais dois nomes e veremos se alguma das quatro opções são as que você quer. O outro nome é Keola, e significa "a vida". Estou apenas pedindo que você veja se algum desses nomes tem ligação e, se não, quero que me diga, e depois eu talvez possa dizer alguns nomes ou você pode me dizer que nome será."

Você já está preparando, porém está perguntando: "Vamos olhar um nome." Então, você passa ao próximo processo e simplesmente abraça gentilmente a criança, mas não um abraço apertado, como nosso brincalhão estava dizendo, pouco tempo atrás. A ideia é pedir permissão. "Por favor, deixe-me abraçá-lo suavemente", e apenas faça. "Eu a abraço suavemente."

Uma das características do subconsciente é que não possui qualquer reserva. Quero repetir isso; não tem qualquer reserva. Se surge uma lembrança, irá imitar essa lembrança. Se surge uma inspiração, irá imitar essa inspiração; por isso, você precisa iniciar o processo ajudando-a a discernir a diferença entre uma lembrança e uma inspiração. A forma de fazer isso é realizando a purificação. Você a está abraçando, acolhendo em seus braços, e está dizendo: "Eu te amo; eu te amo." Você está abordando todas as eras de negligência. "Sinto muito; por favor, me perdoe por ser negligente, ser abusivo e não cuidar de você."

"Novamente, queremos lhe dar um nome; então, vejamos que nome funcionaria para você." Assim, a criança deverá escolher um nome, não a mãe. A mente consciente está apenas propondo algumas coisas; depois, é a criança que deve escolher, mas você já está falando com ela. "Tenho esses quatro nomes e talvez haja outros nomes, mas estou em busca de um nome para você."

Você então pede à criança que lhe permita segurar sua mão, delicadamente afagando-a. Em sua mente, você diz: "Dê-me a mão que quiser, deixe-me afagá-la", e você estende o braço para pegar a mão, segura delicadamente e começa o processo de afago. Se houver qualquer coisa que esteja vivenciando agora, qualquer dor de cabeça, dor nas costas, qualquer coisa desse tipo, apenas dados repassando, simplesmente converse com a criança. "Sinto muito; por favor, me perdoe por criar, aceitar e acumular esses dados que você está vivenciando agora, sejam dores de cabeça ou no corpo", e você prossegue apenas conversando com ela. "Seja qual for a informação que esteja se passando em nós, ou o problema que estejamos vivenciando, por favor, desprenda." E a forma de desprender *é dizermos a essa informação: "Eu te amo, obrigado; água azul solar; por favor, me perdoe; sinto muito, refeição de milho azul." Tudo que você tem a fazer é dizer mentalmente: "Morangos, mirtilos"; então, você pode dizer à criança: "E agora você também pode dizer isso. Portanto, se algo surgir, milhões e milhões de coisas que surgem, e das quais não tenho consciência, você pode fazer a purificação por nós, pode fazer a purificação."*

Você está ensinando a criança a fazer a purificação; assim, caso esteja empacado, ela poderá fazer a purificação para você. Então, peça permissão à criança para pegar sua outra mão. "Por favor, deixe-me pegar sua outra mão"; pegue-a delicadamente e afague, realizando esse processo. Novamente, você pode conversar com ela. Se estiver sofrendo por qualquer coisa, seja pelas finanças, grandes emoções ou qualquer tipo de emoção que surgir, que o faça sentir oprimido, diga à criança: "Ah, são apenas lembranças que estão repassando."

"Seja qual for a informação que esteja passando em nós, por favor, desprenda. Deixe vir à tona para que possa ser enviada à Divindade para transmutação." Você está conversando com a criança, gentil e, simplesmente, e são apenas dados. Você não quer oprimir, pensando no que você sabe; apenas diga. "Algo está se passando, há informação passando entre nós, e estamos vivenciando esse problema; portanto, desprenda." Você pode desprender dizendo: "Eu te amo e obrigado", e agora está obtendo essa parceria e fazendo com que a criança o ajude a realizar a purificação, independentemente de você estar dormindo, ou se surgem sonhos, fala e diga: "Ah, podemos nos desprender disso."

Agora você quer pedir à criança permissão para segurar seus ombros. "Por favor, deixe-me segurar seus ombros", e olhe a criança nos olhos e comece o processo do "eu te amo; obrigado por ser parte de mim", depois pergunte à criança se há algo que ela queira desprender, qualquer informação no subconsciente que você esteja vivenciando, como aflições e aborrecimentos e diga-lhe: "Nós podemos desprender isso." Qualquer que sejam esses dados ou informações que estejam sendo repassadas, que eu esteja vivenciando uma depressão ou algo assim.

Então, você lembra à criança: "Vamos arranjar um nome para você. Temos essas quatro propostas, mas se houver algo que você esteja ciente de poder me dizer, um nome, eu agradeceria. Portanto, por favor, diga-me que nome acha correto para você." Agora você está purificando isso, está purificando o suficiente para apresentar qualquer informação para a criança, pois a criança irá precisar escolher um nome.

Quando tiver terminado, você agradece à criança. "Obrigado por me visitar; obrigado; obrigado. Sou muito grato por sua disponibilidade de me visitar. Eu te amo; eu te amo; eu te amo."

Agora faremos as sete rodadas de respiração; você está com os dois pés no chão; recoste na cadeira, sua coluna representa seus parentes e ancestrais; portanto, quando você inala, está inalando seus familiares e ancestrais. Você põe seus pés no chão e se não puder fazer isso, porque suas pernas são curtas, pode mentalmente colocar as pernas para baixo, no chão, para inalar da Mãe Terra e do reino mineral e animal. Seus dedos estão tocando, com seu dedo indicador com o outro, pousados em seu colo, em seguida fazendo sete rodadas de respiração. Você inala contando sete segundos, prende a respiração contando até sete, exala contando até sete, prende contando até sete, completando uma rodada. Faça sete rodadas, por favor.

Em uma noite de verão, veio uma tempestade violenta. Durante essa tempestade, uma mãe estava colocando o filho na cama. Ela estava prestes a apagar a luz, quando ele perguntou à mãe com uma voz trêmula: "Mamãe, você pode dormir comigo, essa noite?" E a mãe sorriu e lhe deu um abraço tranquilizador.

"Não posso, querido", disse ela. "Tenho que dormir no quarto do papai."

Um longo silêncio foi quebrado por uma pequena voz trêmula: "O covardão."

ANEXO F

Lista de lançamento detalhado do Ho'oponopono

POR SAUL MARANEY*

- Quando percebo um problema, pergunto a MIM MESMO: "O que está havendo dentro de MIM que causou esse problema? E como posso retificar esse problema dentro de MIM?"
- Meu trabalho é me purificar. Enquanto me purifico, o mundo se purifica porque estou no mundo. Tudo fora de MIM é uma projeção e ilusão.
- É minha responsabilidade consertar tudo que vivencio dentro de MIM ao me ligar ao Divino. Eu digo "Eu te amo" ao Divino para consertar tudo do lado de fora.
- Estou limpando MINHAS lembranças.
- A dor dentro de MIM é uma lembrança COMPARTILHADA. (O dr. Lew Hen sabia que isso era um programa que levava os pacientes a agirem da forma como agiam. Eles não tinham controle. Estavam presos a um programa.) À medida que sinto o problema, purifico.

---

* Copyright© de Saul Maraney 2008. Todos os direitos reservados. Reimpresso com autorização.

- Estou limpando as lembranças antigas, armazenadas em MINHA mente subconsciente.

- As quatro afirmações que digo, repetidamente, em MINHA mente, me dirigindo ao Divino para deter meu burburinho mental:

  1. Eu te amo
  2. Sinto muito
  3. Por favor, me perdoe
  4. Obrigado

- Eu me purifico constantemente em relação a tudo, já que não faço ideia do que é uma lembrança e do que é uma inspiração. Constantemente limpo para chegar a um lugar de limite Zero.

- Nossas mentes têm apenas uma pequena visão do mundo.

- Nosso cérebro nos diz o que fazer ANTES de conscientemente fazermos. Isso significa que as intenções vêm de MINHA mente subconsciente, DEPOIS entram em meu estado de alerta consciente.

- Experiências extensas demonstraram que um impulso de atividade no cérebro surge cerca de 1/3 de segundo ANTES da intenção.

- Está provado que NÃO POSSO controlar a origem do sinal que ME incita a entrar em ação.

- NENHUMA intenção é gerada no consciente.

- Intenções são premonições: são ícones que piscam no canto de nossa consciência para indicar o que pode estar prestes a acontecer.

- Já percebi que intenções não são MINHA escolha.

- Somente duas leis ditam MINHA experiência: inspiração da Divindade (nova) e lembranças armazenadas no subconsciente (velhas).
- O estado Zero é minha residência com a Divindade. É o lugar de onde fluem todas as bênçãos, a fortuna e a paz.
- Estou olhando além da inspiração e indo à Fonte: Zero.
- Eu amo, perdoo e dou graças por MINHAS preocupações.
- Ao purificar MINHAS lembranças, o Divino tem uma chance de se manifestar pela inspiração.
- Problemas de dinheiro são simples lembranças repassando. Essas são lembranças que deslocam o Zero (EU). Para regressar ao Zero, peço à Divindade que apague as lembranças por trás das MINHAS preocupações financeiras.
- Preocupações financeiras são um programa.
- Estou limpando os problemas de lembranças para que desapareçam. Estou regressando à paz.
- A intenção é um manco maltrapilho, comparada à inspiração.
- Eu me rendo à inspiração.
- A inspiração vem subitamente, em alguns segundos.
- Recebo ideias que vêm da inspiração.
- Em lugar de afirmar intenções, aproveito oportunidades.
- Quando venho do estado Zero, onde há Limite Zero, não preciso de intenções, simplesmente recebo e ajo segundo as inspirações, e milagres acontecem.
- O livre-arbítrio ocorre APÓS meu impulso de fazer algo – ANTES que eu realmente faça.

- Ao purificar CONSTANTEMENTE todos os pensamentos, sejam oriundos da inspiração ou de uma lembrança, poderei escolher melhor o que for certo no momento.
- Problemas financeiros são programas da MINHA memória, não inspiração do Divino.
- Eu preciso amar MEUS programas de memória, ATÉ que se dissolvam e fique apenas a Divindade.
- Tudo que vejo e vivencio está dentro de MIM.
- Se quero mudar qualquer coisa, faço isso DENTRO DE MIM.
- Assumo inteiramente a responsabilidade por TODA a minha vida.
- Sempre que vivencio um problema, estou lá.
- Sou responsável por tudo.
- Compreendo que as pessoas agem segundo uma lembrança ou programa. Para ajudá-las, preciso remover o programa. E a única forma de fazer isso é purificando:
  - Eu te amo
  - Sinto muito
  - Por favor, me perdoe
  - Obrigado
- Estou fazendo o certo.
- Estou LIBERANDO a energia desses pensamentos (lembranças) dolorosos que causam desequilíbrio.
- Toda resolução de problemas é feita DENTRO DE MIM.
- Estou apagando MINHAS lembranças e programas.

- Tudo que surge em MINHA vida é apenas uma PROJEÇÃO dos meus programas.

- Tudo está alinhado:
  - Subconsciente (criança)
  - Consciente (mãe)
  - Superconsciente (pai)

- Todos os pensamentos estão imbuídos de lembranças dolorosas.

- Sozinho, o intelecto não consegue resolver esses problemas, pois o intelecto só gerencia. Quero liberar todas as MINHAS antigas lembranças.

- Com o Ho'oponopono, a Divindade PEGA as lembranças dolorosas, neutraliza e apaga.

- Estou NEUTRALIZANDO a energia que associo com outras pessoas e coisas.

- Uma vez que a energia for neutralizada, é liberada e surge um novo estágio.

- Estou permitindo que a Divindade entre e preencha o vazio com luz.

- Sempre que percebo um problema, purifico.

- Ao pedir PERDÃO, limpo o caminho para que a cura se manifeste.

- O que impede o bem-estar é a falta de amor – o PERDÃO abre a porta e o deixa entrar novamente.

- Sou inteiramente responsável por tudo em MINHA vida.

- Preciso ser integralmente responsável.

- Se quero resolver um problema, preciso trabalhar em MIM MESMO.

- Quando alguém ME irrita, eu me pergunto: "O que está se passando dentro de MIM que está fazendo com que essa pessoa ME irrite?"

- SINTO MUITO por qualquer coisa que esteja se passando; por favor, me perdoe.

- Se alguém está com as costas doloridas, eu me pergunto: "O que está se passando dentro de mim para se manifestar na dor das costas dessa pessoa?"

- Eu trabalho em MIM MESMO.

- Na essência, somos todos Divinos.

- Problemas são CAPTURADOS e preciso purificá-los.

- Estou pedindo Amor para retificar erros em MIM, dizendo: "SINTO MUITO. Por favor, me perdoe por qualquer coisa que esteja se passando dentro de mim que tenha se manifestado como esse problema."

- A responsabilidade do AMOR é TRANSMUTAR os erros dentro de MIM que se manifestam como o problema.

- Cada problema é uma oportunidade para limpar.

- Problemas são APENAS lembranças repassadas, surgindo para me dar mais uma chance de vê-los através dos olhos do Amor e agir pela INSPIRAÇÃO.

- Estou assumindo inteira responsabilidade pela MINHA vida.

- Preciso assumir inteira responsabilidade pelo que as pessoas em MINHA vida estão vivenciando.

- Eu te amo é o código que destranca a cura.
- Eu uso "Eu te amo" em MIM. Os problemas de todos são MEUS problemas.
- Preciso curar a MIM.
- Eu sou a fonte de todas as experiências.
- Estou agindo por conta da memória (pensando) ou inspiração (recebendo).
- Se as lembranças estão repassando, não vou ouvir a inspiração.
- Programas são como uma CRENÇA. Meu desafio é PURIFICAR todos os programas para que eu regresse ao estado Zero, onde a inspiração pode se manifestar.
- Todas as lembranças são COMPARTILHADAS.
- Minha função é limpar a memória para que ela ME deixe bem, assim como com a outra pessoa.
- O Ho'oponopono assume compromisso.
- O Divino NÃO recebe ordens.
- É preciso CONSTANTE foco para purificar, purificar, purificar.
- Estou DISSOLVENDO os programas restritivos que vejo e sinto.
- MINHA mente não tem ideia do que está se passando.
- Há somente 15 bits de informação disponíveis em MINHA mente consciente, enquanto há 15 milhões de bits presentes em qualquer momento.
- Preciso desprender e CONFIAR.
- Estou permanecendo NESSE momento.

- Quando digo "Eu te amo", estou tentando limpar qualquer coisa nesse momento.

- Quando digo "Eu te amo", estou EVOCANDO o espírito do Amor para curar dentro de MIM o que estiver gerando ou atraindo minhas circunstâncias exteriores.

- Estou ME CURANDO por dentro do programa OCULTO do qual ambos participamos.

- Estou visando alcançar a PAZ.

- NÃO existe lá fora. O ÚNICO lugar a olhar é dentro de MIM.

- Não planejo; CONFIO na Divindade.

- Amo, reconheço e sou grato POR TUDO.

- Digo: "Eu te amo" para apelar ao Divino Criador que CANCELE as lembranças em MINHA mente subconsciente ao Zero e para SUBSTITUÍ-LAS em MINHA alma e nas almas de todos os pensamentos, palavras e atos da Divindade.

- Sou inteiramente responsável.

- A Divindade está TRANSFORMANDO a energia parada.

- Eu me purifico e pergunto: "O que está se passando dentro de MIM para que isso tenha se manifestado neles?"

- Minha mente consciente NÃO tem a menor ideia do que está se passando!

- Estou conduzindo minha mente DE VOLTA ao Zero, ISENTA de dados.

- O Ho'oponopono é um processo em que Zerar é CONSTANTE E INCESSANTE para que eu possa estar de volta ao Zero.

- SOMENTE no estado Zero a criação (inspiração) pode ocorrer.
- Pergunto a MIM MESMO: "O que preciso purificar que desconheço? NÃO faço ideia do que está acontecendo!"
- Minha mente pode SOMENTE servir à memória ou inspiração. E apenas UMA de cada vez.
- A inspiração Divina está DENTRO DE MIM.
- Tudo em MIM está alinhado:
  - Superconsciente (pai), Amakua;
  - Consciente (mãe), Uhane;
  - Subconsciente (filho) – Unihipili
- Quando estou no estado Zero, TUDO está disponível.
- Sou criado à IMAGEM do Divino: Vazio e Infinito.
- Estou me DESPRENDENDO de MINHAS lembranças.
- Se tenho um problema com outra pessoa, isso significa que existe uma LEMBRANÇA que está vindo à tona e estou REAGINDO a ela. NÃO é a outra pessoa.
- Estou fazendo essa pergunta à Divindade: "O que está havendo dentro de MIM para que eu tenha causado a dor dessa pessoa?"
- Depois pergunto: "Como POSSO RETIFICAR esse problema dentro de MIM?"
- Trabalho em MIM, NÃO nas outras pessoas.
- Se uma ideia ainda permanecer após três purificações, AJO segundo ela.
- Não planejo, CONFIO no Divino para cuidar dos problemas (lembranças).

- Se algo é MINHA experiência, preciso purificar isso.
- TODAS as experiências são COMPARTILHADAS.
- Crio TUDO em MINHA realidade.
- Atraí MINHA situação e estou PERDOANDO a mim mesmo e a energia que cerca o problema.
- Estou MUDANDO a energia dentro de MIM.
- AMO A MIM MESMO para amar os outros.
- Estou me lembrando de quem VERDADEIRAMENTE SOU.
- MINHA verdadeira essência é AMAR.
- Novos clientes vêm, em bando, em MINHA direção.
- O sucesso está facilmente fluindo até MIM.
- Estou purificando e purificando a MIM MESMO.
- Sou inteiramente responsável por TODA A MINHA vida.
- Estou CONSTANTEMENTE purificando e limpando as lembranças de MINHA mente subconsciente.
- MUDEI a forma como abordo a vida.
- Passei por uma MUDANÇA em MEU corpo e meu estado mental.
- Sempre tento ver todo o BEM (não o mal).
- Estou me focando nos aspectos positivos.
- MUDEI MINHA percepção.
- Estou LIMPANDO tudo que é velho para dar lugar ao NOVO.

- Estou alcançando o estado Zero ao assumir inteiramente a responsabilidade, PEDINDO PERDÃO por qualquer coisa que esteja se passando dentro de MIM, da qual não tenho ciência.

- Estou ESVAZIANDO MINHA mente e REGRESSANDO ao estado Zero.

- O universo trabalha com CÍRCULOS.

- Estou trabalhando numa direção CIRCULAR.

- Estou DESPRENDENDO e voltando ao estado ZERO.

- Eu digo "SINTO MUITO", porque me sinto responsável pelo que está acontecendo em MINHA consciência nesse momento.

- Eu me sinto muito conectado.

- Minha vida tem a ver com a purificação CONSTANTE. Quando purifico, volto ao zero, e MINHA vida transcorre suavemente.

- Estou limpando MEU passado.

- Purifico para que MINHAS tolices (lembranças) sejam dissipadas.

- Zero é minha base de PARTIDA.

- Guardo MEU trabalho de purificação para mim mesmo.

- As pessoas só precisam do MEU Amor para mudar.

- O Ho'oponopono é metodologia e filosofia de cura e PERDÃO.

- Leia o nome da pessoa, obtenha clareza e unificação. Expresse amor pela outra pessoa.

- Peço PERDÃO por quaisquer atos errados, conscientes OU inconscientemente, do passado ou do presente, MEU ou de MEUS ancestrais, a eles e seus antecessores, voltando ao COMEÇO dos tempos e da vida microbiótica.

- Digo isso para que todos possamos voltar ao nosso VERDADEIRO relacionamento DENTRO e COM a Divindade.

- Bebo água ANTES de todas as refeições e LIMPO a desordem.

- O Ho'oponopono ME DESPERTOU para COMO APAGAR os elementos negativos DENTRO DE MIM MESMO, que se manifestam como situações problemáticas.

- Assumindo total RESPONSABILIDADE, as situações PODEM mudar.

- Estou começando a perceber quem sou.

- SEMPRE haverá coisas surgindo. Digo que sou inteiramente responsável (sem culpa) e simplesmente purifico, me desprendo e deixo que o Divino assuma.

- Não perco tempo com: Como? Quando? Quem? APENAS faço. E ao fazê-lo, saio do caminho de MIM MESMO. Estou desprendendo os problemas DENTRO DE MIM.

- Prossigo SEM qualquer julgamento contra MIM.

- Estou ALCANÇANDO uma infinidade de resultados com minha purificação Ho'oponopono.

- Guardo os erros do mundo em MINHA ALMA (como todos fazem).

- A razão e o intelecto causam loucura, confusão e incerteza.

- Lembranças são PROBLEMAS.

- Estou limpando e purificando as lembranças em MEU subconsciente para ENCONTRAR a Divindade DENTRO DE MIM MESMO.

- Todos JÁ são perfeitos, os PROBLEMAS são lembranças.

- O PROBLEMA é a lembrança de erro transmitida em MEU subconsciente, o qual COMPARTILHO com outras pessoas.

- A identidade própria através do Ho'oponopono é um PROCESSO DE RESOLUÇÃO DE PROBLEMAS por REPETIÇÃO, PERDÃO e TRANSMUTAÇÃO que todos podem aplicar a SI MESMOS. É um processo de PETIÇÃO À DIVINDADE para que ela converta lembranças de erro do nosso subconsciente em Zero.

- A mente consciente é DESCONHECEDORA e não faz NENHUMA ideia do que está se passando.

- PEÇO à DIVINDADE (que tudo sabe) para converter quaisquer lembranças que estejam passando em MINHA Unihipili (mente subconsciente) ao Zero.

- Expectativas e intenções NÃO têm impacto na Divindade. A Divindade fará O QUE FOR e QUANDO FOR seu próprio tempo.

- Para ABRIR caminho para o FLUXO INTERNO do Divino, é preciso PRIMEIRO cancelar as lembranças.

- Enquanto as lembranças (impedimentos/limitações) estiverem presentes em MEU subconsciente, irão IMPEDIR que a Divindade ME DÊ inspiração diária.

- Enquanto purifico, eu me APROXIMO de vivenciar a alegria do estado do Limite Zero de ser.

- Eu AJO segundo as ideias que vêm em MINHA direção.

- Ideias surgem em MINHA mente e eu ajo a partir delas.
- Continuar purificando é MAIS IMPORTANTE do que qualquer coisa – enquanto faço isso, ideias ME SÃO DADAS.
- Ceeport® = Purificar, apagar, apagar, enquanto se REGRESSA ao porto, ao "estado Zero".
- Purificar é a ÚNICA forma de obter resultados MAIS DEPRESSA.
- Estou recebendo uma fortuna MAIOR. Estou de olho no "beisebol" (Divindade). Preciso ficar FOCADO em voltar ao estado Zero – NADA de lembranças, NADA de programas.
- SÓ estou aqui para purificar.
- DESPRENDO e deixo que a Divindade faça o que for melhor para MIM.
- Intenções são LIMITAÇÕES. Estou purificando e DESPRENDENDO todas elas.
- SEMPRE terei problemas; portanto, purifico, purifico, purifico.
- O que são problemas? Problemas são lembranças REPASSANDO; lembranças são PROGRAMAS – e NÃO são apenas meus, são COMPARTILHADOS. A forma de LIBERAR a lembrança é MANDAR AMOR à Divindade.
- A Divindade ouve e responde da MELHOR forma de TODAS, no melhor MOMENTO para TODOS.
- Escolho, mas NÃO decido.
- A DIVINDADE DECIDE.
- Eu purifico, purifico, purifico.

- Não tento vender; tudo que faço é PURIFICAR, PURIFICAR, PURIFICAR.
- Purifico o dia todo. Não tenho intenção de nada e NENHUMA expectativa.
- Sou TOTALMENTE responsável por TODA A MINHA vida. Está tudo EM MIM. NADA de exceções!
- Preciso purificar isso, OU isso NÃO fica limpo.
- Se está dentro de MINHA experiência, cabe a MIM limpar.
- Quando PURIFICO lembranças, o que vem é a inspiração.
- Sei que essa purificação INTERIOR leva a resultados EXTERIORES e NÃO POSSO decidir quais serão os resultados EXTERIORES. POSSO escolher, mas NÃO POSSO decidir.
- Estou aqui apenas para purificar a fim de que o Divino possa ME INSPIRAR a FAZER o que fui mandado aqui para FAZER.
- Uso a borracha do meu lápis para ajudar a PURIFICAR. É um GATILHO PSICOLÓGICO para purificar a lembrança.
- Em minha mente mergulho a MINHA conta bancária em um copo de ÁGUA com FRUTAS, e veja o que acontece.
- As pessoas fazem coisas POR SI MESMAS. TUDO que tenho a fazer é purificar.
- Preciso ser LEMBRADO do caminho de CASA.
- MEU VERDADEIRO EU é incrível, eterno, ilimitado, total, completo, vazio, ZERO, DO QUAL A PAZ EMANA: "LAR".
- Sempre que há um problema, estou lá.
- Estou EXUMANDO minhas lembranças e julgamentos OCULTOS para PURIFICAÇÃO E TRANSFORMAÇÃO.

- Algo em MIM MUDOU.
- MINHAS lembranças requerem grande PERSISTÊNCIA E DILIGÊNCIA para serem CURADAS.
- A cura ACONTECEU para MIM.
- Com o lado da borracha do lápis, eu digo "gota de orvalho".
- Estou DISSOLVENDO conflito.
- O PROPÓSITO da vida é ser RESTAURADO DE VOLTA ao AMOR, instante a instante.
- Para REALIZAR esse propósito, RECONHEÇO que sou inteiramente RESPONSÁVEL por CRIAR a MINHA vida da maneira como é.
- Passei a ver que MEUS PENSAMENTOS CRIAM MINHA VIDA da forma como é, instante a instante.
- Os problemas NÃO são pessoas, lugares ou situações, MAS os PENSAMENTOS a respeito.
- Passei a ser grato por NÃO haver lá fora!
- A QUALIDADE da MINHA vida MUDOU drasticamente!
- CONTINUAMENTE faço a identidade própria, através do processo Ho'oponopono de REPETIÇÃO, PERDÃO e TRANSMUTAÇÃO do que estiver se passando EM MIM que eu vivencie de forma consciente OU inconsciente.
- Assumo TOTAL RESPONSABILIDADE por MIM MESMO a fim de purificar tudo em MIM que CAUSOU os problemas que vivencio.
- Sou PERFEITO! As lembranças (porcarias) que são imperfeitas e REAGEM e REPASSAM como julgamento, ressentimento, rai-

va, irritação e o resto da BAGAGEM que carreguei em MINHA alma.

- As pessoas serem abertas é um REFLEXO de MIM!
- Estou MUDANDO MEU INTERIOR, de modo a mudar MEU EXTERIOR.
- Olho para DENTRO DE MIM para ver o que há DENTRO DE MIM que está COMPARTILHANDO a experiência que vejo no EXTERIOR.
- NÃO lido com pessoa/problema, lido com SENTIMENTOS QUE VIVENCIO.
- ENQUANTO purifico DENTRO DE MIM, TAMBÉM ficarão PURIFICADOS e CURADOS.
- Comecei a perceber que SOU RESPONSÁVEL pelo que TODOS dizem e fazem, simplesmente porque estão EM MINHA EXPERIÊNCIA.
- Se crio minha PRÓPRIA realidade, ENTÃO criei TUDO que vejo, ATÉ MESMO as partes de que NÃO gosto.
- Não importa aquilo que as pessoas fazem; IMPORTA O QUE FAÇO!
- PURIFICO a ENERGIA COMPARTILHADA, dizendo ao Divino:
  - Eu te amo
  - Sinto muito
  - Por favor, me perdoe
  - Obrigado
- NÃO faço a cura para obter nada! Faço para PURIFICAR a ENERGIA COMPARTILHADA a fim de que ninguém JAMAIS precise vivenciar isso outra vez.

- A identidade própria através do Ho'oponopono é um PROCESSO PURIFICADOR e eu NUNCA PARO de fazê-lo.
- Se algo surgir em MEU estado de alerta, ENTÃO cabe a MIM PURIFICAR e CURAR.
- Tenho que purificar TUDO que faz parte da MINHA experiência de vida.
- SE sou o criador da MINHA PRÓPRIA experiência, então ISSO é algo pelo qual TAMBÉM sou RESPONSÁVEL.
- A identidade pessoal através do processo Ho'oponopono é TUDO AMOR... o processo CONTINUA e sou TOTALMENTE RESPONSÁVEL.
- Eu faço essas afirmações à Divindade para ME purificar:
    - Eu te amo
    - Sinto muito
    - Por favor, me perdoe
    - Obrigado
- A Divindade JÁ está ME banhando de AMOR no estado Zero, mas ainda não estou lá.
- Ao dizer:
    - Eu te amo
    - Sinto muito
    - Por favor, me perdoe
    - Obrigado
- Estou PURIFICANDO os programas em MIM que estão ME IMPEDINDO de estar no estado Zero.
- O Divino NÃO PRECISA que EU faça a identidade própria através do Ho'oponopono; EU é que preciso fazer!

- A ÚNICA forma de CURAR alguém é ME PURIFICANDO. As pessoas com problemas em minha realidade estão COMPARTILHANDO um programa COMIGO. Elas o contraíram como a um vírus na mente. NÃO TÊM CULPA!
- TUDO que posso fazer é me purificar, pois, à medida que o faço, ESSES PROBLEMAS SÃO PURIFICADOS.
- Conforme limpo os programas que COMPARTILHAMOS, erguem-se de TODA A HUMANIDADE.
- TUDO que faço é purificar, purificar, purificar.
- A PURIFICAÇÃO é a coisa mais sincera que posso fazer. O RESTANTE cabe à Divindade.
- Crio TODAS as situações que fazem parte da MINHA realidade e porque isso faz parte da MINHA experiência.
- Eu preciso purificar isso.
- À MEDIDA QUE ME CURO, a pessoa com o problema e todos que COMPARTILHAM o programa irão MELHORAR.
- Eu sei que a escolha é uma LIMITAÇÃO. Vivencio MAGIA e MILAGRES e me sinto ESFUZIANTE pela vida.
- TUDO ESTÁ VIVO.
- Estou BORBULHANDO de ENERGIA.
- NÃO tento controlar MINHA vida. PRECISO DESPRENDER. TUDO que faço é PURIFICAR e APAGAR e ter a INTENÇÃO de REGRESSAR ao estado Zero.
- Eu ando SALTITANTE.
- TUDO que crio é um filho MEU. PRECISO AMAR TODOS OS MEUS "FILHOS".

- No passado, tentei resolver problemas, PORÉM, hoje, EU OS DEIXO. Agora purifico as lembranças que os CAUSARAM.
- Enquanto purifico, MEUS problemas são RESOLVIDOS.
- EU NÃO tento mudar as pessoas, trabalho em MIM MESMO.
- UMA VEZ QUE pressinto e sinto a dor de outras pessoas, significa que COMPARTILHO o MESMO PROGRAMA e preciso purificá-lo. AO FAZÊ-LO, o problema me DEIXARÁ e a elas TAMBÉM.
- GRATIDÃO, RESPEITO e TRANSMUTAÇÃO podem TRANSFORMAR QUALQUER COISA.
- Essas frases são como PALAVRAS MÁGICAS que ABREM o segredo do cadeado do universo:
  - Eu te amo
  - Sinto muito
  - Por favor, me perdoe
  - Obrigado
- Quando digo essas frases, estou ME ABRINDO ao Divino para ME PURIFICAR e APAGAR TODOS OS PROGRAMAS (LEMBRANÇAS) que estão ME IMPEDINDO de ser EU AGORA.
- Existem lembranças (programas) no mundo que as pessoas CONTRAEM como se fossem um vírus.
- Quando alguém tem e eu percebo, isso significa que TAMBÉM tenho.
- A ideia é assumir total RESPONSABILIDADE.
- Quando purifico a MIM MESMO, limpo a lembrança (programa) de TODOS.
- Tenho muita purificação a fazer, até chegar ao estado Zero.

- TUDO que qualquer um de nós quer é ser AMADO!
- MINHA ÚNICA OPÇÃO NA VIDA É PURIFICAR porque quero vir do AMOR e da INSPIRAÇÃO.
- SE eu estiver PURIFICADO, quando a INSPIRAÇÃO VIER, apenas ajo, NÃO preciso pensar a respeito.
- Quando limpo MINHAS lembranças, NÃO TENHO escolha, APENAS inspiração, e AJO SEM PENSAR. SIMPLESMENTE É!
- Todos têm seu PRÓPRIO instrumento a tocar. NINGUÉM é igual.
- Preciso interpretar MEU PAPEL, e NÃO o de outra pessoa.
- TUDO que estou fazendo é ser EU MESMO. Estou interpretando MEU papel no roteiro do universo.
- Quando interpreto MEU papel, o mundo FUNCIONA!
- Tenho ABSOLUTO LIVRE-ARBÍTRIO. Estou criando ENQUANTO respiro. PORÉM, para viver no estado Zero, preciso DESPRENDER TODAS as lembranças.
- MINHA mente consciente TENTARÁ ENTENDER tudo, MAS MINHA mente consciente SÓ está ciente de 15 bits de informação, enquanto há 15 milhões de bits OCORRENDO o tempo TODO.
- MINHA mente consciente NÃO TEM a menor ideia do que está realmente acontecendo.
- Lembranças mantêm o dinheiro DISTANTE. Se eu estiver LIMPO em relação ao dinheiro, EU O TEREI.
- O universo ME DARÁ dinheiro, SE EU ACEITAR. São as MINHAS lembranças que ME impedem de ter o dinheiro e ME impedem de vê-lo.

- Quando estou no estado Zero, tenho limite ZERO, e AGORA o dinheiro pode vir a MIM, PORÉM, quando estou na lembrança, eu o impeço.

- Há MUITAS lembranças em relação a dinheiro e, À MEDIDA que purificá-las, eu as purifico para TODOS.

- Quando apresento MEU eu mais limpo, o lugar onde estou SENTE isso.

- EU DOU dinheiro livremente. É APENAS dinheiro.

- O universo ME RECOMPENSA pela minha generosidade. EU DOU, e o universo ME DEVOLVE INSPIRAÇÃO.

- Recebo INSPIRAÇÃO de volta.

- Contanto que eu permaneça ABERTO às ideias do universo, elas CONTINUAM VINDO.

- Purificando e me DESPRENDENDO das MINHAS necessidades, as IDEIAS vêm a mim.

- Todos só querem ser AMADOS. PRECISO amar outras pessoas.

- PRECISO amar as pessoas porque elas fazem PARTE da MINHA vida e, ao AMÁ-LAS, estou AJUDANDO a apagar, limpar e purificar as lembranças ativadas em SUAS vidas.

- O que concebo como MEUS problemas NÃO É A VERDADEIRA QUESTÃO. É APENAS a MINHA INTERPRETAÇÃO consciente dos acontecimentos. O que está realmente acontecendo está FORA do MEU estado de alerta. MINHA história é o único ponto de PARTIDA.

- Apenas CONTINUO dizendo "Eu te amo" para o Divino, CONFIANDO que aquilo que precisar ser purificado SERÁ purificado.

- Quando alguém tem um nome DIVIDIDO, isso CRIA uma personalidade DIVIDIDA. Todos precisam possuir um nome de nascimento.

- Estou começando a RELAXAR e a me sentir INTEIRO OUTRA VEZ.

- Os terapeutas acham que estão aí para AJUDAR a SALVAR as pessoas. Mas, na realidade, a função deles é curar a SI MESMOS dos programas (lembranças) que veem em seus pacientes.

- À medida que essas lembranças são CANCELADAS no terapeuta, são CANCELADAS no paciente.

- É IMPORTANTE que eu ame as pessoas com quem estou.

- PORQUE as pessoas que vejo são um ESPELHO DE MIM, e o que elas VIVENCIAM é COMPARTILHADO por MIM, e, purificando o programa COMPARTILHADO, AMBOS ficaremos bem.

- Achamos que somos atores conscientes, PORÉM, estamos ERRADOS! De certa forma, somos MARIONETES, com o Divino sendo a ENERGIA dentro de nós, puxando nossas cordinhas.

- Vivo em um mundo conduzido pela CRENÇA. Aquilo que eu acreditar, seja o que for, IRÁ funcionar. Fará com que eu passe o dia, e MOLDARÁ MINHAS experiências, transformando-as em PERCEPÇÕES que fazem SENTIDO para MIM.

- O Ho'oponopono e as intenções SOMENTE dão certo quando SAIO do MEU jeito PRÓPRIO.

- MINHA mente atrapalha o FLUXO NATURAL das coisas.

- Uma mente CHEIA de lembranças é a INTERFERÊNCIA para se VIVENCIAR a ALEGRIA desse momento.

- Utilizo métodos de purificação para REMOVER a INTERFERÊNCIA do Plano Divino.
- MINHAS INCITAÇÕES me são ENVIADAS pelo Divino. MINHA ansiedade em relação a essas incitações é a interferência.
- Ao REMOVER a interferência, estou de VOLTA a ser EU com o Divino, marionete e seu mestre OUTRA VEZ.
- Vim a esse mundo com uma Dávida DENTRO DE MIM. Uma vez que eu tenha REMOVIDO a interferência que está ME impedindo de AGIR com MINHA DÁDIVA, AGIREI.
- Serei a marionete do Divino ENQUANTO sou o mestre da MINHA vida.
- MINHA ÚNICA escolha é seguir COM fluxo.
- ENTRO em ação ENQUANTO OBEDEÇO a uma Ordem Superior.
- Eu AJO conforme ideias SEM interferência da MINHA mente.
- DEIXO que os resultados sejam o que são, SABENDO e CONFIANDO que tudo FAZ parte do panorama MAIOR do universo.
- EU ME DESPRENDO ENQUANTO ENTRO EM AÇÃO.
- TODOS têm sua DÁDIVA e seu papel a interpretar.
- NÃO estou resistindo ao MEU papel.
- NÃO é a comida que é perigosa; o perigo é o que você PENSA dela.
- ANTES de comer qualquer coisa, eu digo, em MINHA MENTE, à comida: "Eu te amo."

- A CHAVE para o dr. Hew Len é AMAR TUDO. Quando eu amo algo, aquilo MUDA.
- Tudo COMEÇA com PENSAMENTO, e o grande curador é o AMOR.
- Estou assumindo total RESPONSABILIDADE pela MINHA vida e pelo que vivencio.
- Sei que o que vejo nos outros está em MIM.
- Não há NADA LÁ FORA, está TUDO em MIM.
- Independentemente do que vivencio, vivencio DENTRO DE MIM.
- Vivencio as pessoas em MIM; portanto elas NÃO existem, A MENOS que eu olhe para MIM MESMO.
- A purificação é o caminho de CASA.
- NINGUÉM pode PREVER seu próximo pensamento, porque os pensamentos SURGEM do INCONSCIENTE.
- Não tenho NENHUM controle sobre MEUS pensamentos, MINHA ÚNICA OPÇÃO é agir (ou não), uma vez que surgem.
- Estou purificando meu inconsciente PARA ter pensamentos MELHORES.
- Estou purificando de modo a limpar o DEPÓSITO de programas em MINHA mente.
- Enquanto purifico, os pensamentos que SURGEM vão ficando MAIS POSITIVOS, PROFÉTICOS e AMOROSOS.
- Ao ASSUMIR TOTAL RESPONSABILIDADE e ir ao ponto Zero, PERCEBO que as lembranças (programas) de outras pessoas são MEUS programas.

- O próprio fato de que as pessoas COMPARTILHAM ideias COMIGO significa que COMPARTILHO com elas.
- À MEDIDA que me LIMPO de meus programas, o mesmo acontece com as outras pessoas.
- Estou TENTANDO fazer uma limpeza e um apagamento INCESSANTE de qualquer coisa ENTRE MIM e o Zero.
- Eu sei que, quando venho do Zero, a SINCRONIA acontece.
- Ao estar no Zero, PERMITO que o Divino ME INSPIRE.
- O Divino é TODO o PODER. NÃO EU.
- Purifico de modo a ouvir e obedecer ao DIVINO.
- NENHUM especialista em autoajuda tem a menor ideia do que está fazendo.
- O trabalho do dr. Hew Len ME ENSINOU a DESPRENDER e CONFIAR no Divino, enquanto CONSTANTEMENTE limpo TODOS os pensamentos que surgem no CAMINHO para ouvir o Divino.
- CONSTANTEMENTE purificando, posso LIMPAR as ervas daninhas da memória, PARA que eu possa LIDAR melhor com a vida, com CALMA e GRAÇA.
- Sei que o Divino NÃO é um concierge. EU NÃO peço coisas, APENAS purifico.
- CONTINUO purificando.
- Sou RESPONSÁVEL por TUDO em MINHA vida, e a forma de curar qualquer coisa é com o simples:
  - Eu te amo
  - Sinto muito

- Por favor, me perdoe
- Obrigado

- Eu ME VEJO como a FONTE de MINHAS experiências.
- LAMENTO por qualquer coisa que esteja se passando DENTRO DE MIM para que eu tenha vivenciado isso.
- O TEMA do dr. Hew Len é que NADA está FORA de nós.
- Eu sou TOTALMENTE RESPONSÁVEL.
- Peço PERDÃO pelo que estiver dentro de MIM CAUSANDO a circunstância exterior.
- Estou me RELIGANDO ao Divino, dizendo:
  - Eu te amo
  - Sinto muito
  - Por favor, me perdoe
  - Obrigado
- O restante é CONFIAR no Divino, porque, ENQUANTO EU ME CURO, o externo se cura também.
- TUDO, SEM EXCEÇÃO, ESTÁ DENTRO DE MIM.
- Sei que a VERDADEIRA fonte de PODER é a INSPIRAÇÃO.
- Estou CONCORDANDO com a vida, NÃO a contradizendo.
- Estou SEGUINDO O FLUXO enquanto CONSTANTEMENTE purifico qualquer coisa que surgir.
- Estou DESPRENDENDO e DEIXANDO que o Divino atue ATRAVÉS de MIM.
- Ao purificar, vejo uma completa MUDANÇA para MELHOR.

- Estou purificando os MEUS próprios pensamentos nocivos e SUBSTITUINDO por AMOR.
- Não há NADA errado com as pessoas. A ÚNICA coisa errada é com MINHAS lembranças de erro.
- EU AMO TUDO.
- A identidade própria através do processo de Ho'oponopono envolve assumir TOTAL RESPONSABILIDADE por MIM MESMO e PERMITIR a REMOÇÃO das energias negativas e indesejadas de MIM.
- Estou tranquilo e ALEGRE.
- EU RIO MUITO, me DIVIRTO e GOSTO do que estou fazendo.
- As coisas começaram a MUDAR para MIM.
- MINHA vida está MELHORANDO SEM UM ESFORÇO CONSCIENTE.
- Purifico qualquer coisa que esteja se passando COMIGO.
- Ajudo as pessoas trabalhando em MIM MESMO.
- CONTINUAMENTE purifico e ENTRO EM AÇÃO, conforme as IDEIAS e OPORTUNIDADES que vêm em MINHA direção.
- Sei que qualquer lugar onde eu esteja no FUTURO será muito MELHOR do que posso IMAGINAR agora.
- Estou MAIS INTERESSADO NESTE momento do que no próximo.
- Enquanto presto atenção a ESTE MOMENTO, todos os momentos futuros se desvendam de forma BEM AGRADÁVEL.
- Quando ME DESPRENDO do MEU ego e de seus desejos, PERMITO que o Divino ME GUIE.

- Já percebi que MINHAS INTENÇÕES SÃO LIMITAÇÕES, pois NÃO POSSO CONTROLAR TUDO.

- Sei que, quando EU ENTREGAR o controle a um Poder Superior, MILAGRES tendem a acontecer.

- Estou começando a me DESPRENDER e CONFIAR.

- Estou começando a praticar MINHA LIGAÇÃO com o Divino.

- Estou aprendendo a RECONHECER A INSPIRAÇÃO, quando ela vem, e AGIR em relação a isso.

- Percebo que tenho escolha, PORÉM NÃO estou no controle da MINHA mente.

- Eu sei que a melhor coisa que posso fazer é CONCORDAR com cada momento.

- Nesse estágio, MILAGRES ACONTECEM e, à medida que ocorrerem, me ESPANTAM constantemente.

- Uma vez que um DESPERTAR acontecer, NÃO há como voltar atrás.

- TUDO que posso fazer é CONTINUAR purificando para VIVENCIAR a ALEGRIA DESTE momento.

- Sempre teremos problemas, e a identidade própria, através do Ho'oponopono, é um processo que FUNCIONA e os RESOLVE.

- Contanto que eu continue purificando, REGRESSO ao local do Limite Zero.

- Estou me transformando em AMOR, dizendo incessantemente:
  - ◆ Eu te amo
  - ◆ Sinto muito

- Por favor, me perdoe
- Obrigado

- Conforme continuo purificando, continuo me transformando em PURA INSPIRAÇÃO.
- CONFORME AJO segundo a inspiração, acontecem MILAGRES melhores do que eu jamais poderia imaginar.
- TUDO DE QUE PRECISO FAZER É SEGUIR FAZENDO, já que o Ho'oponopono EXIGE TEMPO.

Nota: Saul Maraney é um entusiasta do Ho'oponopono, de Johannesburg, África do Sul. Ele treinou com o dr. Ihaleakala Hew Len e o dr. Joe Vitale, escreve artigos e cria produtos que mesclam o Ho'oponopono com a Lei da Atração. Estuda o Ho'oponopono desde 2006.

ANEXO G
Histórias de sucesso

Aqui estão experiências verdadeiras do uso do Ho'oponopono em diversos setores. Há milhares de histórias de gente que leu *Limite zero*. Aqui estão algumas que foram escolhidas (utilizadas com a permissão dos autores).

Agindo segundo a inspiração divina

Olá, dr. Joe Vitale e dr. Ihaleakala Hew Len,

Meu nome é Darren e tenho 19 anos, moro na Irlanda e tenho uma ótima história para vocês. Tudo começou quando eu li o livro *Limite zero*. Eu usei o mantra "Eu te amo, sinto muito, por favor, me perdoe e obrigado", a cada segundo do dia e, inicialmente, nada aconteceu, mas quando funcionou fiquei chocado.

Aqui está a história: eu tive uma inspiração de dar uma olhada no website de golfe da Nike e, quando a página abriu, o anúncio de um concurso saltou na tela. Dizia: "Quando você comprar o novo taco Nike Dymo Str8-Fit e registrar o código on-line, automaticamente estará concorrendo a um prêmio."

O prêmio era uma jogada de golfe com Tiger Woods, que incluía os voos em classe executiva de ida e volta aos EUA, para a pessoa que ganhasse e mais um convidado, acomodações em um hotel quatro estrelas, em quarto duplo, com todas as refeições incluídas, seguro viagem, dinheiro para despesas e traslados com motorista de ida e volta ao aeroporto nos EUA.

A inspiração veio outra vez e eu disse "Faça!" (bem parecido com o slogan da Nike, que é "Just Do It!"); então, fiz! No dia seguinte, levantei, fui até a loja local de golfe e comprei o Nike Dymo Str8-Fit e registrei o código on-line. No dia seguinte, tive mais uma inspiração para tirar um passaporte; então, fui. Peguei o formulário para obter o passaporte, preenchi e tirei a fotografia e mandei tudo. Depois de dez dias úteis, recebi de volta.

Mais tarde, naquele dia, eu estava assistindo à televisão e resolvi subir até meu quarto, onde por acaso vi uma mala ali, encostada; minha irmã estava limpando seu quarto e a colocou no meu quarto, enquanto limpava. Eu disse a mim mesmo: "É melhor fazer a mala para ir jogar golfe com o Tiger Woods." Fiz a mala com minhas roupas de golfe, filtro solar e uma porção de coisas de que precisaria quando estivesse nos EUA.

É difícil explicar como ou por que fiz o que fiz, mas foi uma sensação boa; então, fui em frente. A cada segundo do dia, eu dizia: "Eu te amo, sinto muito, por favor, me perdoe, obrigado." Quando tive a inspiração, simplesmente fiz o que me foi pedido. Algumas semanas se passaram, fiquei focado em dizer: "Eu te amo, sinto muito, por favor, me perdoe, obrigado."

Um dia, tive a inspiração de olhar meu e-mail, e lá estava, em minha caixa de entrada um e-mail da Nike Golf! Dizia o seguinte: "Caro Darren Byrne, Parabéns – você aceitou o desafio Nike Golf Str8-FIT e ganhou! Estou escrevendo para confirmar que você ganhou a chance de jogar com o Tiger Woods, nos EUA, em 2009, uma cortesia da Nike Golf. Como você comprou um taco STR8-FIT e registrou on-line, automaticamente entrou no sorteio do prêmio e foi sorteado como vencedor. Por favor, entre em contato para avisar que recebeu essa mensagem e envie os dados de endereço e telefone para que eu mande todos os detalhes. Novamente, parabéns – Nike Golf."

Que tal essa, Joe e dr. Hew Len – eu jogando golfe com o Tiger Woods?! Ainda não fui porque a Nike Golf me disse que a agenda do Tiger Woods está completamente lotada para 2009, mas, em algum momento em 2010, vou jogar golfe com ele. Enquanto isso, a Nike Golf me deu uma caixa de brindes, porque preciso esperar. Na caixa, recebi roupas e sapatos de golfe, bolas de golfe, tudo da Nike, e muito mais. Eu quero lhe agradecer, Joe, e ao dr. Hew Len por sua ajuda. Vocês fizeram minha vida tão feliz e eu só tenho 19 anos. Mal posso esperar para ver o que o Divino tem guardado para mim, em minha vida! Obrigado! Torço para que vocês tenham a melhor vida que possam. Eu te amo, sinto muito, por favor, me perdoe, obrigado.

– **Darren Byrne**

Agindo segundo a inspiração divina

Caro Joe,

Minha jornada Ho'oponopono começou quando assisti a *O segredo* e entrei em seu *mailing list*! Comprei *Limite zero* e agora eu vou, duas vezes por ano, aos workshops Ho'oponopono. Sou terapeuta bioquímica, com mais de dois mil clientes ao redor do mundo, e o Ho'oponopono mudou minha vida, a vida de minha família, amigos e clientes. Quando estou inspirada a fazê-lo, compartilho o Ho'oponopono com meus clientes, e eles também tiveram muitas mudanças positivas em suas vidas por praticarem.

Tive muitas experiências, mas há uma que quero lhe contar, pois foi uma surpresa chocante e inesperada – uma manifestação divina. Quando estava relaxada, num estado de espírito tranquilo, com amigos, em minha sala de estar, após ter regressado do meu quarto workshop Ho'oponopono, meu marido, John, entrou e colocou um vídeo para que um novo amigo visse.

O vídeo, intitulado Nights of Wonder, contém 83 fotografias da Aurora Polar que John colecionou ao longo de um período de 19 anos enquanto perseguia as auroras. Depois de tê-las visto tantas vezes, eu já não ligava muito, e tenho de admitir que às vezes ficava até irritada, com as últimas, por ele ter passado tanto tempo fotografando e nunca ter pensado em vendê-la! Minha nossa!

Quando ele apertou o play, o vídeo começou e, como um raio caído da Divindade, uma voz disse: "Isso é uma ferramenta de purificação." Eu não conseguia falar e, quando falei, ninguém reconhecia a minha voz! Fiquei imaginando como pude ter visto essas fotos durante 19 anos e não tenha reconhecido isso.

Não precisei pensar sobre o passo seguinte. Tenho um grande website e mandamos fazer alguns DVDs com a música encantadora e curativa da Golden Harp, de Joel Andrés, e colocamos em minha página, junto com uma fotografia muito incomum da Aurora Polar, que chamo de The Flame of St. Michael (porque realmente é o que parece para mim). Aqui está um link para o DVD, com um vislumbre de sete minutos dessas cenas celestiais: www.litalee.com/SFP_shopexd.asp?id=427.

Para nosso deleite, as pessoas estão continuamente comprando o DVD Nights of Wonder. Estou muito feliz que esse espírito tenha me guiado para compartilhar com o mundo o maravilhoso vídeo curativo de John.

Aqui estão mais algumas histórias breves para você:

- Depois de compartilhar o Ho'oponopono com uma colega que tem um centro de cura, ela me ligou, chorando, dizendo que as palavras eram vazias, sem sentido e que ela achava que estava tendo um colapso. Respondi: "Não, você está fazendo uma descoberta!" Da próxima vez que a vi, ela me disse que seu chefe, que sempre ameaçava demiti-la, e a quem ela chamava de "o réptil", subitamente mudou, logo depois que ela praticou o Ho'oponopono por 15 minutos, enquanto estava no trabalho. Um dia, ele se debruçou acima do cubículo onde ela senta e disse: "Sabe, sinto muito por nós discutirmos. Sei que você tem boas ideias e quero que as compartilhe comigo."

- Eu estava fazendo o Ho'oponopono enquanto fazia compras no mercado. Quando seguia empurrando o carrinho até meu carro, o som irritante e ruidoso de uma sirene invadiu meus ouvidos. Sem pensar, segui o som e cheguei até um carro, com a janela ligeiramente aberta. Lá dentro, havia um cãozinho pequenino, que pulava histericamente de um lado para outro, enquanto latia sem controle. Seu latido frenético estava abafado pela sirene. No instante em que toquei o carro, a sirene parou, o cãozinho parou de latir e pular, correu até a janela e lambeu meus dedos, que enfiei na fresta da janela para acalmá-lo. Um cético teria achado coincidência, mas eu não! Obrigada por seu trabalho, Joe. Você é uma inspiração para todos que o conhecem.

Amor e bênçãos.

– **Lita Lee, Ph.D.**
www.litalee.com

Agindo segundo a inspiração divina

Há muitos milagres pelo uso desse método, um número grande demais para contar aqui. No entanto, gostaria de mencionar que como resultado do uso desse método fui inspirado a escrever um livro infantil sobre o Ho'oponopono. O que poderia ser melhor do que ensinar isso às crianças?

Uma vez que tive essa inspiração, o livro se escreveu sozinho, em um dia, e está prestes a ser publicado. Adoro esse método, e as crianças são seres tão claros; se elas pudessem aprender isso numa idade tão tenra, teriam uma grande ajuda na vida e teríamos um mundo mais pacífico.

Escrevi ao dr. Hew Len contando desse livro e ele disse que se havia sido inspirado, tudo bem. Claro que tenho consciência de que apenas "eu" sou responsável por purificar. Por isso, para mim, essa tem sido uma jornada incrível e continua a ser. Continuo purificando com esse livro que está sendo lançado para as crianças do mundo. Obrigada, Joe, por me dar a oportunidade de compartilhar.

– Charan Surdhar

Animais

Meu nome é Madeline Tutman, tenho vinte anos e sou uma universitária de Maryland. Recentemente li seu livro *The Attractor Factor* e tive várias revelações. Eu nunca havia entendido que a vida é realmente uma projeção do que estou guardando por dentro e isso é importante quando são levados em conta os seguintes acontecimentos:

Sable, cão de minha amiga, é um dos cachorros mais dóceis que já vi. Ontem à tarde, ela foi atacada por dois cães do meu bairro, que foram apreendidos e agora estão sob investigação. Sable é um minipastor australiano e ficou em um estado muito ruim; o veterinário não tinha certeza se viveria e, se vivesse, talvez tivesse que ter a pata amputada. Fiquei chocada e arrasada diante dessa notícia. Não conseguia imaginar como teria atraído algo assim para minha vida, mas depois percebi...

Algumas semanas atrás, estava assistindo a um programa de TV, no qual o cãozinho de uma mulher tinha sido atacado e morto por um husky. Eu me permiti ficar muito zangada, enquanto assistia a isso, e deixei que minhas emoções me levassem a esses sentimentos. Pensamentos realmente se transformam em coisas! Então, assim que ouvi sobre Sable, soube que eu precisava desfazer a situação que havia criado. Usei diversas técnicas que você sugeriu... usei e repeti "O Script" (de *The Attractor Factor*) em voz alta – imaginei a última vez que eu a vi. Enviei a mim mesma uma mensagem de texto dizendo que eles tinham reconstituído sua pata e com fisioterapia ficaria bem. Porém, mais importante, peguei uma foto de Sable e, durante dez minutos, eu disse, repetidamente: "Eu te amo, por favor, me perdoe, sinto muito, obrigado."

Essa noite, minha mãe entrou em meu quarto e me disse que Sable tinha saído bem da cirurgia e eles tinham salvado sua pata; ela irá precisar de um pouco de fisioterapia, mas irá se recuperar totalmente. As palavras que usou foram quase as mesmas que eu tinha escrito na mensagem de texto que enviei a mim mesma! Em menos de 24 horas, Sable tinha sido curada, tudo graças à mudança da minha energia.

Muito obrigada, dr. Vitale. Seu livro salvou minha vida de tantas formas e, mais importante, salvou a vida de Sable.☺

Se algum dia você duvidar de si mesmo, da vida ou do que está fazendo, nunca mais o faça. Pessoas como eu precisam ler suas palavras; você está transformando vidas.

Obrigada, obrigada, obrigada

— **Madeline Tutman**
Bowie, Maryland

Negócios / Carreira

Caro Joe,

Estou muito empolgado em ouvir que você está lançando um livro de Ho'oponopono avançado! Há vários anos uso esse método incrível de purificação e limpeza em minha vida pessoal, com grandes resultados, mas somente nos últimos seis meses que comecei a aplicá-lo em meu negócio e tudo que posso dizer é NOSSA!

Aqui está o que aconteceu: como uma mulher altamente sensível e centrada na espiritualidade do coração, ouço os vinte minutos de minha meditação inspirada no Ho'oponopono, onde começo meu processo de purificação. Isso me leva a um lugar tão profundo de paz que até o fim sinto realmente uma ligação profunda com minha futura cliente. Logo depois de ouvir a meditação (quando me sinto limpa de quaisquer ideias predeterminadas e já me desprendi de qualquer expectativa), regresso ao website deles e passo dez minutos ou mais, analisando quem são eles, o que estão tentando alcançar e o que está em linha, se é que há algo. As ideias tendem a fluir facilmente quando estou nesse estado de abertura e neutralidade. Então, pego um pedaço de papel e, na mesma linha, escrevo o meu nome (nome e sobrenome), seguido pelos nomes deles (nome e sobrenome), com dois ou três centímetros de espaço entre eles.

Por exemplo: Georgina Sweeney Joe Vitale

Nos dias que se seguem, uso um lápis borracha para apagar os blocos entre nossos nomes (entre nós) ou simplesmente vejo o espaço sendo limpo em minha mente, enquanto repito a frase do Ho'oponopono. Pouco antes de nossa reunião, fecho os olhos, chamo os nomes deles em minha cabeça e repito a frase do Ho'oponopono. Depois flutuo acima, até meu eu superior e imagino que estou ingressando numa conversa sobre vendas, para evitar qualquer pressão em qualquer um de nós. Em meu acompanhamento, pouco antes de enviar-lhes um e-mail com minha proposta, purifico novamente, e digo seus nomes, seguidos da prece Ho'oponopono. Quando tenho uma sensação de paz e me desprendi de qualquer expectativa ou determinação de trabalharmos juntos, simplesmente aperto ENVIAR, mantendo apenas a intenção de trabalharmos juntos, se isso for do nosso mais alto interesse.

Desde que sigo esse processo e ouço a meditação guiada, inspirada no Ho'oponopono, minha relação com potenciais clientes mudou drasticamente. Já não temo a rejeição, nem sinto ansiedade e, melhor de tudo, agora tenho uma taxa de fechamento extremamente alta. Até hoje, nunca tinha compartilhado esse processo com ninguém, mas espero que ao compartilhá-lo, agora, ele irá beneficiar muitos outros indivíduos centrados no coração e permitir que aumentem seus negócios com benevolência e tranquilidade, ao modo Ho'oponopono.

Com amor e abundância, e gratidão por tudo que você faz e tudo que você é.

– **Georgina Sweeney**

Negócios / Carreira

Caro Joe,

Suas técnicas de Ho'oponopono, do conjunto de CDs e livro *Limite zero*, me libertaram (literal e figuradamente)! Sou uma orgulhosa proprietária de vários outros produtos seus, incluindo seu livro *Spiritual Marketing* e o programa Hypnotic Writing Wizard. Obrigada por sugerir o método transformador EFT (Emotional Freedom Technique) como um dos métodos purificadores eficazes. Essa frase está em seu e-mail solicitando depoimentos e me incitou a compartilhar minha Inspiração Divina e refino pelo Ho'oponopono: "As pessoas estão ficando empacadas e precisam ser libertadas."

Depois de oito meses de estudo, essa praticante de seis anos da EFT passou no exame EFT, em 2009, para obter meu certificado oficial. Dois meses depois, o fundador anunciou que ele estava se aposentando e tirando sua página do ar, de onde 90% dos meus clientes de negócios se originaram! Sentindo-me devastada e temerosa, pratiquei o Ho'oponopono diariamente, para purificar, purificar, purificar, como o dr. Hew Len recomenda. Perguntei a Deus o que eu deveria fazer em seguida: "Ficar com a EFT ou criar algo melhor?"

Como resultado da purificação, criei uma técnica, em janeiro de 2010, chamada FREED (Fast Release of Emotional Energy Drains – liberação veloz de esgotamentos emocionais energéticos). Em vez de usar as complexas sequências de gravações da EFT, a FREED usa uma das mãos para purificar UM meridiano energético chamado The Governing Vessel Meridian (GVM). Purificar o GVM humano ou animal, enquanto se foca em medos específicos, emoções dolorosas que bloqueiam os chacras, libera a carga emocional em instantes. FREED também purifica gerações de padrões de DNA de tendências indesejadas, temores de vidas passadas ou disfunções comportamentais da vida atual, impedimentos emocionais que nos paralisam de medo, recupera fragmentos da alma, reverte maldições que colocamos em nossa renda, empregos ou vidas. Purificar seu GVM enquanto se entoa o Ho'oponopono é um meio rápido, fácil e poderoso de purificar, purificar, purificar. E quem não adora uma mudança poderosa rápida e fácil? Quando as pessoas reclamam dizendo: "Não há nada que eu possa fazer para ajudar (algum desastre)", sugiro que obtenham FREED e o Ho'oponopono, depois purifiquem, purifiquem, purifiquem seus sistemas energéticos e os de seus entes amados.

Estou empolgada quanto ao seu Ho'oponopono Avançado e Além do Limite Zero, Joe! Mahalo! Ao Akua! Sucesso contínuo para você!

— **Colleen Flanagan**
EFTCert-1/Fundadora da FREED
e grande fã de Joe Vitale!
Phoenix, Arizona, EUA

P.S.: Pequeno milagre: numa manhã, quando estava saindo para fazer exercícios, me deparei com um jovem de vinte e poucos anos, xingando e gritando com alguém, em seu telefone celular. Parecia que um cobrador estava ameaçando retomar o carro esporte do cara; o cara protestou, dizendo que tinha começado em um novo emprego e poderia pagar em duas semanas. O homem precisava do carro para dirigir para o novo emprego. Eu soube que havia presenciado essa discussão para trazer uma resolução à situação. Depois de três rodadas de Ho'oponopono para mim mesma, o jovem tinha relaxado, parado de gritar e xingar. Até a quarta rodada, o jovem e o cobrador estavam negociando de maneira civilizada. Segui caminhando, com um sorriso tão radiante quanto o sol do Arizona.

Negócios / Finanças

Oi, eu sou Sergio Lizarraga, do México. Comprei o *Limite zero* em uma versão de áudio e ouvi em meu iPod, cerca de três anos atrás. Foi interessante e incrível que apenas repetindo quatro frases dirigidas ao Divino, os problemas de nossas vidas pudessem ser resolvidos, ao recebermos inspiração, limpando as lembranças que repassavam e criavam nossa realidade. Consigo pensar em diversas situações em que testemunhei os resultados do Ho'oponopono e aqui estão algumas delas:

Como parte do meu trabalho, preciso me reunir com executivos de fábricas. Dessa vez, eu teria uma reunião com um executivo que todos diziam ser difícil de lidar. Ele tinha fama de abandonar reuniões quando não estava interessado na pessoa ou no negócio com que estava lidando, no momento.

Comecei a repetir as frases, pedindo a Deus que me purificasse de quaisquer lembranças que eu tivesse que pudessem causar essa situação com esse executivo. Até a hora da reunião, eu estava relaxado e confiante. A pessoa chegou para a reunião; começamos a conversar e rever informação e, de repente, já era hora do almoço! Surpreendentemente, essa pessoa me convidou para almoçar e voltamos para a sala de reunião e terminamos o negócio. Desnecessário dizer que, desde então, continuamos a ter um excelente relacionamento profissional e pessoal. Várias pessoas presenciaram isso e me perguntaram o que eu fiz. Disse apenas que estava limpo quando o encontrei... purificando com o Ho'oponopono!

Eu estava com dificuldades para efetuar os pagamentos do empréstimo da minha casa. Estava com várias prestações atrasadas, e o saldo aumentava com juros. Um dia, li que podem ser purificadas as lembranças repetindo sobre uma situação relativa a documentos, usando um lápis borracha para bater no documento e dizendo as quatro frases. Comecei a fazer isso e, um dia, recebi uma ligação do banco. Esse foi um telefonema diferente, no qual me pediram para encontrá-los e obter uma proposta.

Eu fui à reunião, repetindo as frases em minha cabeça, e quando recebi a proposta deles fiquei muito surpreso! O banco ofereceu para amortecer a minha dívida passada e também ofereceu uma redução nos juros e parcelas mensais por um bom tempo. Note-se que nunca pedi nenhum acordo, nesse sentido! Poderíamos dizer que foi um milagre? Claro que sim!

Essas duas histórias são apenas um pequeno exemplo de como as coisas aconteceram em minha vida, usando o Ho'oponopono. Minha esposa, filha e filho também usam em suas escolas, na igreja, com amigos e em situações do dia a dia, com ótimos resultados.

Finalmente, quero compartilhar que apresentei o Ho'oponopono em conferências on-line, com minha sócia Gisel Sotelo (nosso website é http://www.libemo.com) para o público espanhol. Nós o compartilhamos com base em Limite Zero e também realizamos uma prece on-line pelo Haiti e pelo Chile (pelos terremotos).

Joe, obrigado por disponibilizar o Ho'oponopono para as pessoas do mundo com seu livro e seu trabalho. Minhas saudações,

– **Sergio Lizarraga**

Família

Meu milagre Ho'oponopono: o homem de quem me divorciei após 25 anos de casamento e quatro filhos é muito bom, amoroso, e eu sou uma mulher muito boa e amorosa. Nós éramos o casal do pedestal e porque sempre tratamos um ao outro respeitosamente ninguém que nos conhecia poderia imaginar; na verdade, nem eu, nem ele. Eu estava infeliz. E me vi presa a uma situação. Iniciei o divórcio.

Como resultado, família e os amigos que me conheciam por toda a minha vida, como uma boa amiga, boa esposa e uma boa mãe, concluíram que eu era uma excluída. Alguns dos irmãos dele foram amistosos, outros foram hostis, em graus variados. Entendi a lealdade de sua imensa família a ele, mas ainda foi doloroso para mim, já que essas eram pessoas que eu amava, com quem me importava, que fizeram parte de minha família por muito tempo.

Conforme os anos passaram, alguns deles passaram por doenças e dificuldades e em minhas meditações diárias eu purificava pela família e por mim, e fazia o Ho'oponopono pelo bem de cada membro daquela família.

Vários meses depois do início dessa prática, meu ex-sogro faleceu. Fui ao velório com um pouco de apreensão pela reação da família, mas sabia que comparecer era a coisa certa a fazer. Eu não poderia imaginar que ao comparecer ao velório teria a oportunidade de vivenciar um dos acontecimentos mais reparadores da minha vida. Cada um dos membros daquela família, irmãos, tios, amigos, falou comigo pessoalmente, ou por minha iniciativa, ou, em alguns casos, por iniciativa deles. Não somente me deixaram expressar meu amor e compaixão por eles, mas um deles até se desculpou pelo tratamento hostil que já havia demonstrado.

Essas conversas deram início à reparação de relacionamentos com membros da família que haviam me convencido que jamais voltariam a falar comigo. Eu jamais poderia imaginar que aconteceria esse tipo de reconciliação. Sei que essas reparações são resultado do meu trabalho com o Ho'oponopono. Não há outra explicação. Eu fiz a purificação com a intenção de pedir perdão, mandando amor e gratidão a todos eles e, ao fazê-lo, recebi o mesmo.

– **Nancy Palese**

Finanças

Desde que descobri o Ho'oponopono, cerca de dois anos atrás, eu o tenho utilizado todos os dias de minha vida, e vejo que os problemas simplesmente parecem se dissolver. Tenho compartilhado minhas descobertas com amigos e clientes, já que sou um personal trainer e orientador de vida. Minha missão de vida é ajudar as pessoas, tanto física quanto espiritualmente.

Uma das minhas clientes, a quem ensinei o Ho'oponopono, disse que ela o tem aplicado em sua vida, há cerca de três meses, em relação a um problema específico que ela e o marido tiveram. Ocorre que o contador disse que eles deviam uma grande soma ao governo relativa a taxas fiscais. Isso foi um golpe devastador nos dois, e eles estavam totalmente despreparados; isso os teria deixado completamente falidos, tomando todas as economias que possuíam. O estilo de vida extremamente confortável que tinham estava prestes a acabar. Ambos estavam um tanto estressados; não conseguiam dormir, nem funcionar apropriadamente. O contador tentou e tentou, mas não encontrou uma saída para esse pobre casal.

A esposa começou a aplicar o que havia lhe ensinado do Ho'oponopono. Todo dia e noite, ela repetia: "Sinto muito, por favor, me perdoe, obrigada, eu te amo." Ela fez isso ininterruptamente por três meses. Na véspera do dia em que tinham que ir ao contador para fazer o cheque e pagar os impostos, decidiram ligar novamente para o contador e ver se, por algum milagre, ele teria encontrado um jeito para que não pagassem todo aquele dinheiro. Ele, claro, lamentou profundamente e disse que, dessa vez, não havia saída.

Naquela noite, eles foram para a cama pensando que essa seria a última vez que viveriam no luxo. No entanto, minha cliente foi inflexível e continuou sua técnica de purificação. No dia seguinte, quando se apresentaram no escritório do contador, prontos para entregar tudo que tinham trabalhado tanto para ganhar, o contador entra com um sorriso no rosto, de orelha a orelha, e tudo que pôde dizer foi... "É UM MILAGRE!" Claro que não tinham ideia do que estava dizendo. Ele disse que, por algum milagre, na noite anterior, encontrou a brecha que estava procurando. Como se, por mágica, a solução simplesmente surgiu diante de seus olhos! Depois de uma revisão bem minuciosa, o contador lhes disse que não deviam dinheiro algum de imposto de renda naquele ano.

É bom entender que durante os três últimos meses, o contador vinha preparando minha cliente e seu marido, pois eles teriam que pagar um bocado. Estou falando de um número de seis dígitos, e no dia em que teriam que entregar todo o dinheiro arduamente ganho, o contador encontrou uma solução e acabaram não pagando NADA... NADA!!! Ora, se isso não for milagre, não sei o que é.

Não faz muito tempo que me encontrei com minha cliente e ela virou para mim e disse: "Ernie, você mudou minha vida, eu só queria que soubesse disso." Estou lhe dizendo, aquela foi a melhor sensação do mundo, saber que fiz diferença na vida de alguém. Obrigado, Joe Vitale e dr. Hew Len, por compartilharem o Ho'oponopono com o mundo. Tenho lido muitos dos seus livros, Joe, e obrigado por fazer diferença em minha vida.

Com gratidão,

– Ernie De Minico

Dando aos outros

Oi, Joe,

Meu marido, Tim Seldin, e eu estivemos com você no Havaí [para o Limite Zero dois, em 2007], e muita coisa aconteceu desde então. Há quase dois anos, li um artigo sobre doadores vivos de rins, gente que doa um rim para um ente querido ou para estranhos. Como sou apavorada com qualquer procedimento médico, fiquei impressionada comigo mesma, ao me registrar, on-line, através de um programa de doadores compatíveis.

Recebi uma ligação de um homem, em Nova York. Ele estava morrendo por uma doença no rim. Sua vida estava consumida de dor e diálise. Ele já não podia manter um emprego. Todos os membros de sua família tinham tentado ser doador, mas, por um motivo ou por outro, foram desqualificados. O teste para se tornar um doador de rim é rigoroso e a chance de compatibilidade com um estranho é remota. Meses se passaram e fui passando por uma barreira médica após a outra. O último passo exigiu minha viagem da Flórida para Nova York para uma última série de exames no hospital de transplante.

Pouco antes que eu partisse em viagem para Nova York, minha melhor amiga e sócia de negócios fez algumas coisas horrendas que destruíram totalmente um negócio que havíamos cautelosamente cultivado. Ela me deixou com profundos problemas financeiros e jurídicos, e sumiu. Faz nove meses que se foi e, todos os dias, a imagino em minha mente e recito as palavras do Ho'oponopono. Acho que não tenho mais raiva e creio que o Ho'oponopono me salvou de me tornar amarga e ressentida. Talvez isso já seja um milagre em si.

Enquanto isso, eu tinha que decidir se abandonava ou não a possível doação de rim e focar em minha própria situação. Basicamente, eu tinha uma escapatória. A essa altura, o mantra do Ho'oponopono estava rolando incessantemente em minha cabeça. Ele me acalmava e me ajudava a manter o foco. Contanto que eu pudesse aquietar o falatório em minha cabeça, conseguia ouvir uma voz interna dizendo: "Mantenha o curso." Acabei sendo uma doadora compatível. Desde o instante em que me registrei on-line, soube que alguém estava esperando que me apresentasse. Não sou religiosa e foi algo inesperado sentir o Divino atuando por meu intermédio. Não consigo explicar, exceto que me senti conectada.

A cirurgia aconteceu em janeiro. Durou quatro horas para mim e mais tempo para o outro paciente. A última coisa que me lembro, antes da anestesia, foram as palavras do Ho'oponopono em minha mente. O paciente, que já não é mais um estranho, teve resultados imediatos. Poucos minutos após o transplante, sua cor melhorou e o inchaço de suas mãos e pés diminuiu. Ele parou de fazer diálise, voltou a trabalhar e vai fazer uma turnê a pé, na França, nesse verão. No verão passado, ele estava perto da morte, sem esperanças em vista. Depois de cerca de dois meses de recuperação, voltei à vida habitual. Na verdade, agora, quase nunca penso na cirurgia.

Algumas semanas depois de deixar o hospital, foi meu aniversário. A família do paciente me mandou um colar com dois coraçõezinhos de ouro. No país natal deles, é costume dar um coraçãozinho de ouro às crianças que nascem. Eles acharam apropriado que eu recebesse dois corações para comemorar a união de nossas duas famílias, não por nascimento, mas por opção. Sinto que o Ho'oponopono me ajudou a manter o curso durante os momentos ruins e preparou o caminho para o milagre que estava por vir.

– Joyce Seldin

Saúde

Em 2008, tive artrite reumatoide que me deixou literalmente acamada, por pelo menos dez semanas, e debilitada por muitos meses, depois disso. Meu único exercício era mancar da minha cama até o computador, onde procurava fervorosamente por alguma alternativa de cura para a doença que me haviam dito ser incurável. Estranhamente, o Ho'oponopono toda hora surgia em minhas pesquisas, o que finalmente me levou a pedir *Limite zero*, que chegou quando eu ainda estava bem doente e rapidamente perdendo a fé em ser curada.

Quando vi a capa, a minha primeira reação foi achar uma maluquice havaiana e deixei na prateleira. Mais adiante, naquele ano, eu já tinha passado pelo pior, apesar da lesão no joelho direito que tornava meu caminhar muito doloroso. Por volta dessa época, alguns dias antes de tirar umas férias na serra, com meu parceiro, eu tirei o *Limite zero* da prateleira e li. Dessa vez, fui arrebatada, não conseguia largar. Comecei a repetir as frases incessantemente, o que me induziu a uma incrível leveza de ser. Por vários dias, cada rosto que eu já tinha encontrado na vida passou por minha consciência e, pela primeira vez, senti que realmente compreendia os fios invisíveis que ligam todos nós. No chalé da montanha, li algumas partes do livro para o meu parceiro, que logo ficou aberto a usá-los. Contei a ele como a prática do Ho'oponopono do dr. Hew Len havia curado pacientes criminosos com problemas mentais, no Hospital Estadual do Havaí. Somente esse fato já deixou nós dois completamente admirados com esse processo.

No dia seguinte, fomos de carro até um posto panorâmico na montanha. Como meu joelho ainda estava relativamente imóvel, eu não tinha intenção de caminhar a lugar algum, mas estranhamente me vi seguindo meu parceiro colina abaixo, por uma escada que devia ter uns 350 degraus. Enquanto descia, eu oscilava pensando que devia parar agora, ou teria que ser içada dali, passando a pensar: Sinto muito, por favor, me perdoe, eu te amo, obrigada. Finalmente, ao final dos últimos degraus, uma linda vista nos aguardava – uma cachoeira de tirar o fôlego, como um véu de noiva, descendo por um penhasco cercado por rochas com vegetação. No entanto, eu estava na metade da descida da encosta e o único meio de subir de volta era escalando aqueles 350 degraus com um joelho que, até então, estivera incapacitado de movimentos de subidas.

Rapidamente comecei a subir de novo, me odiando por ser tão tola, esperando uma dor terrível, só para descobrir que cada passo que eu dava ao subir era sem esforço e sem dor. Isso era um milagre! O mesmo joelho que tinha sido drenado quatro vezes pelo inchaço do tamanho de um coco, durante os meses anteriores, no qual tinha sido injetado cortisona sem grandes resultados – (e havia doído terrivelmente só em caminhar com naturalidade, recusando-se a fazer um movimento de subida) agora estava facilmente me levando de volta pelos degraus, colina acima.

Desse dia em diante, meu joelho sarou completamente e eu abracei o Ho'oponopono como parte da minha vida diária. Acredito que as quatro frases carreguem vibrações universais curativas que permeiam a consciência, animando a nós todos. Falada em qualquer língua, elas trazem a ressonância da entrega, do perdão, da gratidão e do amor que misteriosamente evoca a divindade para brilhar sua graça em sua própria vida e dos que estão à sua volta. Obrigada, Joe e dr. Hew Len, pelo grande presente. Eu te amo.

– **Christine Scantlebury**
Sidney, Austrália

Saúde

Obrigada... sinto muito... por favor, me perdoe... eu te amo.

Caro Joe,

2009 foi um ano e tanto! Eu li muitos de seus livros e adoro baixá-los em meu iPod para poder ouvi-los repetidamente. Comprei o *Limite zero* bem na hora certa. Coincidência? Não, acho que não.

Em março último, descobri que tinha um tumor de dez centímetros... câncer no esôfago. Embora tivesse ficado chocada, como você pode imaginar, achei que jamais aconteceria comigo. Mas aconteceu... e não foi bom. Se você não conhece sobre câncer de esôfago, a chance de sobrevivência é bem pouca. Em todos os lugares onde busquei informação, na internet, eu ficava mais deprimida e assustada. Desliguei meu computador e, enquanto ia visitar minha equipe médica, aumentava o volume do meu iPod e ficava ouvindo *Limite zero*. Fiz a purificação por todo o tempo, ao longo das visitas aos cirurgiões, médicos e tratamentos de químio e radiação, e após cada consulta ouvia você e o dr. Hew Len. Purifiquei...

e purifiquei... e purifiquei. Foi incrível, eu e o DIVINO... como se houvesse um código que eu passasse direto para ele. Milagre? Eles me operaram, tiraram meu esôfago, mas não encontraram um tumor. Tinha sumido. Os médicos ficaram estarrecidos. Simplesmente não estava lá. Depois de quatro meses, fizeram outro teste e disseram que estava livre do câncer... no entanto, dois dias depois, encontrei outro caroço... um câncer de mama que, de alguma forma, tinha passado despercebido. Novamente, purifiquei e continuei purificando. Esse também, depois de três meses, tinha sumido.

Purificar me permitiu aceitar e ser humilde. Eu me sinto mais amada que nunca e eternamente grata. Purificar com o Divino me ajudou a salvar minha vida. Mal posso esperar pelo que está por vir. Estou numa grande expectativa pelo seu próximo livro, para que eu possa levar isso a outro nível... mas, vamos encarar, Joe... que tal isso para milagres da vida real! Obrigada por quem você é e pelo que traz ao universo! Obrigada... sinto muito... por favor, me perdoe... eu te amo.

– Sra. Gerry Davidson

Saúde

Pouco tempo depois que eu li *Limite zero*, tive dores de cabeça terríveis, por conta de um problema de sinusite alérgica que tive por cerca de um ano. Fiz algumas radiografias, em várias regiões da cabeça e meus seios da face estavam congestionados com algo. Eu sentia dor e pressão diariamente. O médico me deu uma receita (três medicamentos diferentes) e um analgésico. Os sintomas passavam por duas ou três semanas e voltavam com a mesma intensidade.

Um dia, tive um sonho no qual eu estava olhando minhas radiografias e, ao mesmo tempo, segurava uma borracha na mão, apagando a imagem da sinusite. Geralmente presto atenção aos meus sonhos, tenho o hábito de analisá-los. Esse sonho me pareceu bem estranho, mas não fiz nada a respeito, pois não "entendi" a mensagem naquele momento. Continuei tomando meus remédios e o problema não passava.

Vários dias depois, abri o livro *Limite zero* e me lembrei que havia uma técnica com a qual você usa uma borracha de lápis para apagar qualquer coisa que precise e bingo! Tudo fez sentido. Durante uma semana, toda noite, eu segurava minhas radiografias e apagava tudo com uma grande borracha quadrada. Ao mesmo tempo que dizia: "Eu te amo, sinto muito, por favor, me perdoe, obrigada." Eu fazia isso de cinco a dez minutos. E também visualizava uma luz branca intensa entrando no meu nariz e limpando minha cabeça. No fim da semana, nada de dor, nem inflamação, nem muco, nada! Por cerca de um mês ou dois, comecei a ter os sintomas novamente e fiz a mesma sequência e me senti muito melhor. Também tive o insight de que estava armazenando lembranças da minha sinusite; então, tive que purificar e desprendê-las. Obrigada, dr. Hew Len, por me ensinar essa técnica maravilhosa!

– **Gisel Sotelo**

Saúde

Sim, EU TENHO UM MILAGRE DO MÉTODO HO'OPONOPONO. Da primeira vez que li a informação sobre o Ho'oponopono, em 2007, não acreditei, mas, felizmente, escolhi continuar com a mente aberta para a ideia. Cinco meses depois, quando recebi a informação novamente, por correio, realmente acreditei que seria possível experimentar o Ho'oponopono em minha vida.

Dias depois, quando eu estava comendo sozinha, em um restaurante de hotel, em outra cidade, onde fui para fazer uma conferência, minha irmã me ligou para dizer que Aquiles, um velho amigo nosso, de 65 anos, estava muito doente. Ele estava em coma havia uma semana, em um hospital da Cidade do México, e ela disse que ele estava tão mal que mal conseguiam continuar a mantê-lo vivo; seu corpo não estava respondendo favoravelmente ao tratamento médico e achavam que poderia morrer em três dias.

Quando terminei a ligação, eu me lembrei do Ho'oponopono e decidi praticar a técnica. Fui lá dentro de mim, pedindo à Divindade que me dissesse o que dentro de MIM (100% responsável) tinha criado essa doença terrível em Aquiles? Meditei por alguns segundos, em silêncio profundo, e a Divindade respondeu: "Uma vez, há cerca de vinte anos, você achou que Aquiles parecia doente porque ele estava sempre falando de remédio, médicos e hospitais."

Quando recebi essa resposta, confessei a mim mesma que isso foi o que realmente pensei dele! Comecei a pedir perdão à Divindade e comecei a dizer: "Sinto muito! Por favor, me perdoe!" Eu ouvia minha voz me dizendo: "Tudo bem! Já foi apagado! Agora já está absolutamente esquecido!" De todo o meu coração, eu disse: "OBRIGADA! EU TE AMO!"

Dali em diante, toda vez que eu pensava em Aquiles, repetia para mim mesma: "Sinto muito! Por favor, me perdoe! Obrigada e eu te amo!", com o mesmo fervor. A sensação de que a energia da doença estava em volta dele tinha desaparecido e havia sido substituída por uma sensação de que Aquiles estava em perfeito estado de saúde.

DOIS DIAS DEPOIS, minha irmã me ligou novamente, dizendo que, espantosamente, Aquiles tinha despertado do coma e os médicos disseram que seus sinais vitais estavam melhorando. Então, continuei repetindo as mesmas frases seguidamente, até que fui avisada de que Aquiles tinha deixado o hospital e ido para casa vivo, completamente recuperado!

A coisa mais surpreendente e fascinante aconteceu quando Aquiles me ligou de sua casa, um mês depois, para agradecer a minha presença no hospital. Ele disse que me viu no instante em que acordou do coma. Eu queria lhe contar que nunca fui vê-lo pessoalmente, no hospital, porque ele mora em Guadalajara, Jalisco, e a Cidade do México não fica perto da minha casa. Eu realmente acredito no Ho'oponopono. EU SEI QUE É UMA TÉCNICA MARAVILHOSA! Também já provei isso em muitos outros casos.

– Ma. Elena Contreras P.

Saúde

Caro Joe,

Deixe que eu me apresente. Meu nome é Nata Touganova. Sou treinadora de crescimento pessoal e assistente de vida, na Rússia. Também sou a tradutora de *The Easiest Way* e *The Easiest Way to Understanding Ho'oponopono*, de Mabel Katz, de inglês para russo. Dentre inúmeras variedades de milagres do Ho'oponopono ocorridos em minhas experiências, escolhi o mais recente para compartilhar com você.

Numa noite, em maio de 2009, recebi um telefonema inesperado de uma das minhas alunas formadas. Ela parecia preocupada e aborrecida. Seu pequeno sobrinho, um menino de dez anos, estava se divertindo, pulando e brincando no jardim, quando, subitamente, uma imensa porta de ferro que estava recostada na casa caiu sobre o menino, atingindo sua cabeça. Ele foi levado ao hospital, em coma.

Minha aluna, tia dele, me ligou para pedir ajuda. Tudo que eu disse a ela foi: "Fique dizendo essas quatro frases, sem parar: 'Eu te amo, sinto muito, por favor, me perdoe, obrigada!'" Eu mesma, passei a noite inteira dizendo as quatro frases, até que adormeci.

Na tarde seguinte, ela me ligou novamente, dizendo que um milagre havia acontecido. O menino superou o coma, ele pediu algo para comer e estava absolutamente bem. Sua saúde já não estava em perigo e não havia sequelas do coma. O único sintoma presente era uma fissura na mandíbula inferior. Os médicos ficaram impressionados e não tinham explicação de como não houve danos ao cérebro. Minha aluna chamou isso de milagre. Chamo isso de "Ho'oponopono em ação". Muito amor! Obrigada! POI Nata.

– **Natalia Touganova**

Imóvel próprio

Eu estava tendo uma péssima sorte em manter minhas "vibrações positivas" e bons pensamentos, até que comprei o curso "The Missing Secret". Foi no mesmo momento em que nosso senhorio ligou dizendo que estava mandando uma pessoa para comprar o lugar onde morávamos e que deveríamos nos preparar para mudar para outro lugar. O grau de preocupação e estresse que recaiu sobre nós era enorme, como você pode imaginar.

Quando meu pacote chegou, abri como uma criança abrindo um doce, pela primeira vez, porque eu sabia que havia algo delicioso dentro que mudaria minha vida para melhor. Foi naquele dia que descobri que eu estava sendo minha pior inimiga. Toda a preocupação que tinha estava criando cada vez mais coisas para me preocupar. Minha negatividade quanto a me mudar estava me impedindo de realizar qualquer dos meus objetivos de escrever romances e tê-los publicados. Eu estava torcendo para usar esse minicurso como ferramenta para enriquecer minha consciência mais alta a fim de remover os impedimentos à minha abundância!

Alguns dias depois de tentar o processo de limpeza e purificação do Ho'oponopono, senti uma mudança dramática me acometer. Em uma semana, eu podia sentir quando precisava de limpeza e purificação e quando minha energia começava a ficar "grudenta". Toda manhã e toda noite, antes de ir para cama, eu purificava sobre a foto do meu senhorio. Aquilo removeu todo o ceticismo e dúvida do meu vocabulário quanto a ficarmos onde estamos.

Algumas semanas depois, recebemos outra ligação de nosso senhorio, dizendo que o cara que ele ia mandar para ver a casa não estava interessado, no fim das contas, e, se quiséssemos, poderíamos comprar o imóvel dele! Nossa família pulou de alegria, porque esse era nosso lar e não queríamos deixá-lo. Isso significava muito para nós. As palavras "Sinto muito, por favor, me perdoe, eu te amo e obrigada" chegaram a mim na hora certa. Ajudaram a que ficássemos com nossa casa! Enquanto estava dormindo, tive um sonho do Divino que dizia que eu deveria escrever um livro de poesia e esse é meu novo projeto. E também os números da loteria começaram a vir a mim com facilidade. De agora em diante, sempre que tenho uma ideia do Divino, EU AJO SEGUNDO ELA!

– Eva Wright

Imóvel próprio

Descobri o Ho'oponopono numa época em que estava em uma das minhas ladainhas comigo mesma. Eu exclamava: "PRECISO viver sem limites! De agora em diante, tem que ser limite zero." À época, eu estava lendo um livro sobre números. EU me vi querendo ser como o número zero. Dali, senti que poderia ser tudo!

Mais tarde, passei a um estágio diferente. Eu estava muito infeliz e confuso. Estava solteiro e criando um bebê sozinho. Eu era brilhante, mas não tinha foco. Estava sempre à procura do meu eu à espreita, diariamente tentando me engajar com ELE (ou parte de mim), tendo que me curvar no escuro.

Antes do encontro com o Limite Zero/Ho'oponopono, tive a oportunidade de viver numa fazenda de videiras/soja de graça. Minha filha e eu simplesmente viveríamos. Eu conseguiria passar por essa. Sobreviveria da terra. EU prosseguia meu relato.

Através de uma conversa com o dinheiro (era mais uma conversa de pobreza) que eu estava tendo com um contador, antigo companheiro de culto, ofereci para enviar-lhe *The Attractor Factor* e "The Missing Key". Enquanto eu estava procurando em meio aos meus livros para ele, achei meu presente: *Limite zero*.

Entre *The Attractor Factor* e "The Missing Key", e agora, *Limite zero*, tive aquilo de que precisava para completar meu jogo triplo. Gosto de leituras de peso; portanto, fiquei totalmente envolvido. Levei a sério. Subitamente, comecei a encarar literalmente. Descobri que essa antiga fazenda e eu tínhamos muito em comum: ambos precisávamos ser detalhados.

Purifiquei e ouvi o livro. Purifiquei e usei as quatro frases em mim e na casa. Terminei a limpeza da casa; arrumei e fiz a manutenção. Organizei um estúdio de arte e um escritório, no subsolo. O primeiro piso era simplesmente um ótimo lugar para se ESTAR.

Chegou a inspeção anual do imóvel. A senhoria ficou muito impressionada. Até então, todos os cantos da casa estavam impecáveis. Meu interior também estava perfeitamente limpo e puro. Eu estava ótimo. Estava sozinho, mas não estava ansioso.

Algumas semanas passaram depois daquela inspeção. Minha senhoria ainda estava impressionada com minha responsabilidade com toda a propriedade, apesar de minha estadia gratuita! Então, ela me pediu para mudar! O quê?! Ela propôs o seguinte: eu poderia me mudar para outra propriedade; era mais nova, num terreno menor, porém a casa era maior, mais luxuosa, numa comunidade prestigiada... tudo de graça! E tudo que eu tinha a fazer era limpar (limpar a casa e purificar a mim mesmo, meu segredo), da mesma forma como fiz com a propriedade atual.

Agora, ouça isso... eu recusei! Recusei na hora! Minha senhoria ficou em choque. A casa e eu estávamos legais, pensei. Por outro lado, a casa queria que eu fosse embora. Perplexa, minha senhoria subiu a oferta de "limpe e fique de graça" para também me conceder pagamento integral dos meus cartões de crédito com alimentação (eu só como comida orgânica. A conta é muito, muito GRANDE)!

Desnecessário dizer que aceitei o acordo e me mudei... e estou purificando. Já quase terminei a limpeza da casa seguinte, e minha senhoria já começou a mostrar a casa a alguns médicos. Essa casa que antes era difícil de vender está me pedindo para ser comprada por mim ou para que eu me mude para outro retiro seguro para mim.

– Edward IsÁWells

Relacionamentos

Prezado Joe,

Sou um artesão e já fiz mais de oitenta violões, incluindo violões para Steve Earle, Tish Hinojosa e Hank Williams, Jr. Também sou apresentador e produtor de rádio (com audiência em mais de duzentas estações públicas) e acabei de concluir meu primeiro livro intitulado *The 20-20 Creativity Solution: Focus Your Natural Creativity for Success, Happiness and Peace of Mind.* (http://the-2020book.com)

O livro é baseado na prática passo a passo, sintetizando inúmeros caminhos espirituais de autoajuda que vivenciei ao longo dos anos, sem deixar de incluir o Ho'oponopono. Incluí o que julguei o melhor de muitos métodos e os compilei em um trabalho chamado Prática 20-20 – vinte minutos à noite, e vinte minutos de manhã, algo fácil de executar e gera resultados incríveis. A prática envolve a remoção dos impedimentos à expressão criativa autêntica, através da reflexão, avaliação pessoal, gratidão, perdão, planejamento, envio de amor, visualização, afirmação, escrita livre, meditação e mantra (parece muito, mas, na verdade, é bem simples).

Antes que eu começasse a escrever o livro, oito meses atrás, tive uma experiência incrível com o Ho'oponopono. Foi logo depois que eu tinha terminado de ler *Limite zero*. Eu estava fazendo o trabalho de purificação e realmente focando em perdoar minha ex-esposa por muitos acontecimentos desagradáveis que ocorreram durante nosso amargo divórcio de três anos. Enquanto fazia o trabalho de Ho'oponopono senti que minha energia estava se afastando de minha ex-esposa e seguindo na direção do perdão a mim mesmo, pela minha parte no processo. Surpreendentemente, eu me vi olhando tudo como uma bela dança de dualismo (visualizando como um símbolo de ying-yang), e finalmente chegando a um lugar de aceitação, sendo capaz de me elevar acima da briga amarga, a um lugar espiritual de plenitude e paz.

Porém, ao colocar minha parte da dança em repouso, pude calmamente tirar minha ex-esposa do local em minha mente, onde ela habitava sem pagar aluguel, por quase oito anos. Alguns meses depois, minha esposa e eu fizemos uma viagem à Califórnia, no feriado de 4 de julho, para visitar minha filha e filho, que estavam lá com minha ex-esposa. Minha ex-esposa planejava sair assim que chegássemos, e seguir de volta de carro, para sua casa, em Las Vegas. Teria sido o habitual olá e o até logo tensos, quando chegássemos e ela saísse.

Em vez disso, o carro dela quebrou na véspera e, sendo feriado, teve que ficar na Califórnia, até que houvesse uma oficina aberta para consertar o carro. Nós a convidamos para ficar e ficar com todos nós, para passar o feriado, e ela aceitou. Passamos um tempo na praia, conversando alegremente, fizemos um churrasco legal e até acabamos na piscina quente, todos juntos! Minha ex e minha esposa se deram muito bem. Incrível! Nada disso teria acontecido sem *Limite zero* e o processo de purificação do Ho'oponopono. Obrigado, Joe!

– **John Dillon**
Coapresentador/criador
Art of the song: Criativity Radio – John Dillon

Espiritualidade

Encontrando o elo perdido... há certos passos para o sucesso amplamente ensinados que usei com sucesso e sem esforço, com alguns objetivos e com outros objetivos, tive muitas dificuldades, apesar dos meus esforços. Tive a sorte de ser apresentada ao Ho'oponopono em 1986, e tive aulas com Morrnah Simeona, que tinha atualizado esse processo e o disponibilizara ao uso de qualquer um. Ele era o elo perdido.

Quando apliquei atentamente o processo, vivenciei a tranquilidade onde antes havia resistência. Eu o apliquei a desafios físicos, financeiros, relacionamentos e até eventos. Além do processo de Ho'oponopono, Morrnah me ensinou a meditar e pedir orientação à Divindade. Deus me disse o que fazer e o que não fazer, salientou as questões do meu caminho, me disse no que trabalhar para purificar e que deu ferramentas apropriadas para utilizar em desafios específicos.

Lecionei como fazer uma rede de comunicações na cidade de Nova York, durante anos, e notei uma diferença expressiva, quando aplicava o Ho'oponopono nos eventos e quando não o fazia. As aulas que ministrei utilizando esse processo eram notoriamente diferentes. Eu recebia estacionamento gratuito reservado, tinha uma classe de adultos que adoravam e ia para casa satisfeita. Experiências extraordinárias começaram a acontecer, em decorrência de toda a purificação que eu tinha feito, usando esse processo. Comecei a receber mensagens de anjos, mestres ascendentes e outros.

Uma noite, Isaías, conhecido da Bíblia, me alertou para purificar com as mudanças terrenas. Ele disse que isso não me afetaria, mas que deveria purificar com elas e também para evocar Kamaka, um ex-instrutor de Ho'oponopono. Nós dois trabalhamos nas mudanças da terra, antes de descobrir que tivemos um terremoto local, naquela noite. Depois, Kamaka compartilhou comigo que os efeitos do terremoto teriam sido muito piores, se não tivéssemos feito o que fomos orientados a fazer.

O processo purificou tanto que, em momentos, eu podia ver o céu e receber informação pertinente a mim e outros. Perto da mesma época em que descobri o Ho'oponopono, também descobri que era capaz de me lembrar de vidas passadas. No entanto, o extraordinário era a possibilidade de reter pessoas que já tinha visto surgindo à minha frente com informações de que precisava para incluir em meu processo, já que essas lembranças estavam me afetando, mesmo hoje.

Independentemente da preocupação ou dificuldade, aplico o Ho'oponopono. Não começo meu dia sem fazer o Ho'oponopono para purificar cada pessoa, lugar e coisa com as quais vou me deparar naquele dia. Isso tem criado paz e equilíbrio em minha vida. As pessoas comentam sobre minha calma incomum. Tenho uma ferramenta útil que pode ser aplicada em qualquer coisa, em tudo. Não sei quem, o que ou onde eu estaria, sem esse presente do Ho'oponopono. Fui bem-sucedida em purificar algumas coisas com uma aplicação e, em algumas áreas, ainda estou trabalhando em novas camadas de fatores que continuam a surgir. Mas me sinto afortunada porque não importa qual seja o problema, sei que, se fizer o Ho'oponopono, tudo irá se purificar e voltar ao equilíbrio.

– Joy S. Pedersen

Espiritualidade

Ho'oponopono... que palavra fantástica e maravilhosa. Ela mudou tanto as nossas vidas e as vidas de outras pessoas, obrigada, obrigada! Minha colega e amiga Sue, acaba de comprar dois hectares de terra com uma casa bem antiga. Imediatamente, quando ela chegou na casa, ela soube que o imóvel precisava de uma grande purificação; porém, mais que a casa, a terra. Essas terras ficam em Auckland, na Nova Zelândia.

À medida que as sincronias foram trazendo outras pessoas para nossas vidas para pintar um quadro, parece que um bocado de lutas e mortes aconteceu naquelas terras e áreas da redondeza, em tempos remotos, das épocas do Maori NZ. Ao purificar a terra de almas perdidas e abençoar o solo onde tantos caíram, o solo, por outro lado, soergueu os arredores, uma área que era amaldiçoada por negócios malfadados, lares infelizes e uma alta porcentagem de suicídio adolescente.

Nós nos sentamos no centro da terra, chegando a um ponto crucial de nossa purificação. Eu sabia que precisávamos nos conectar com um espírito perdido muito poderoso que estava retendo o fluxo espiritual, impedindo que regressasse ao lar. Segundo o jeito que trabalho, o espírito vem a mim e há tempo para comunicação, depois o espírito é liberado para a luz. Enquanto me empenhava por essa comunicação, Sue e eu ingressamos no Ho'oponopono e reconhecemos muito bem a nossa participação na dor deles, e nos anos que muitos caminharam, sem pensar, sobre seus ossos, e seus ancestrais, e nossos ancestrais, e pelo perdão de todos nós.

Naquele momento, uma energia chegou com força total e surgiu uma comunicação muito especial – um momento muito comovente. Enquanto eu continuava relutando com a liberação, Sue ingressou novamente com o Ho'oponopono e com as bênçãos, e uma alma entrou na luz. Naquele momento, sentada na chuva, com o vento soprando por entre as árvores, fui empurrada para trás e senti como um corredor rumo ao oeste, muitos espíritos passaram rapidamente e se fundiram na luz. Obrigada, obrigada!

O segundo momento, igualmente emotivo, foi dentro da casa, quando me conectei com o espírito de uma mulher maori idosa, com uma Moko (tatuagem) no queixo. Novamente, muito amor, reconhecimento, perdão e responsabilidade dados por sua vida e tudo que aquele momento incrível englobava. À medida que comecei a libertá-la, comecei uma lamúria entoada (um gemido entoado) como as mulheres maoris fazem quando expressam tristeza. Aquilo foi crescendo e, quando ela partiu, o gemido foi apagando devagar. Sem jamais ter sido capaz de sequer entoar uma canção, fiquei muito grata por aquele momento, por ter a voz e pela honra de ajudá-la a seguir rumo à luz. Mana e respeito, perdão e amor, ela regressou ao lar de seus ancestrais. Sinto muito, por favor, me perdoe, obrigada, eu te amo.

– **Maggie Kay**

Peso

Pratiquei o Ho'oponopono com um adolescente teimoso, enquanto ele estava dormindo, repetindo as palavras sagradas, e ele levantou na manhã seguinte e me deu um abraço, um abraço de verdade, como não fazia há muito tempo. Ele nem me pediu dinheiro, depois! Isso me deu incentivo o suficiente para tentar o método com minha obesidade da vida toda. Eu estava purificando a ideia de que estava cansada de toda a energia negativa que acompanha a obsessão e preocupação com o que comia.

Naquele dia, ia participar de um workshop profissional. Durante a apresentação, ouvi uma movimentação atrás de mim e, quando me virei para olhar, um funcionário estava colocando uma imensa bandeja de brownies e ponche num pequeno balcão atrás de mim para nosso lanche da tarde. Eu me virei de volta em minha cadeira e percebi que a sala estava desconfortavelmente quieta. Olhei em volta, desconfiada do silêncio, achando que encontraria todos me olhando. Ninguém estava me olhando e fiquei novamente intrigada pelo silêncio.

Comecei a pensar a respeito e percebi que o silêncio não era na sala... as pessoas ainda estavam se mexendo em seus lugares, suspirando, batendo os lápis e limpando as gargantas; todos os ruídos habituais de um workshop estavam presentes. Então, percebi que o silêncio era dentro de mim, e a fonte me acertou bem no meio dos olhos. Eu instantaneamente soube que o silêncio era a falta do meu diálogo normal comigo mesma sobre comida. Tipicamente, a visão daqueles brownies teria inundado minha mente com um falatório e comentários como: "Eles parecem bons, mas você não pode comer nenhum", ou "Se você comer um daqueles, vai ficar ainda mais gorda", ou "Todo o trabalho que você teve na esteira, ontem, será arruinado com um desses", ou "Olha só, aquela bruxa magrinha, ali... ela provavelmente vai comer quatro e não vai ganhar nem meio quilo... não, não, aposto que ela nunca comeu um brownie na vida, pois tem mais força de vontade do que você, sua bunda-mole", e o falatório seguiria em frente... blá-blá-blá.

Percebi que não conseguia me lembrar de outra vez quando não tive algum tipo de diálogo interno sobre comida. Naquele dia, olhei aqueles brownies atrás de mim, e não houve nada além de silêncio. Fiquei realmente impressionada. Agora uso o Ho'oponopono regularmente. Fiz uma proteção de tela para lembrar a mim mesma de usá-lo. Fiz pequenos desenhos em aquarela com as palavras e as emoldurei pela casa, como lembretes. Não sou perfeita por causa do Ho'oponopono, mas consegui muitos progressos. E o progresso ultrapassa a perfeição a qualquer momento, só pelo fato de existir.

— **Tammy Blankenship**

Fontes

Attracting for Others e-book: www.attractingforothers.com
Attract Miracles Group: www.atractmiracles.com
Attract Money Now e-book: www.attractmoneynow.com
At Zero book: www.atzerobook.com
At Zero music: atzeromusic.com
Aligning to Zero music: www.alingningtozero.info
The Awakening Course: www.awakeningdownload.com
Beyond Manifestation event: www.beyondmanifestation.com/
Ceeport clearing stickers: http://ihhl-ceeport.com/
Chunyi Lin: www.springforestqigong.com/
Dr. Hew Len: www.businessbyyou.com/
Dr. Joe Vitale: www.mrfire.com
Dr. Joe Vitale no Facebook: https://www.facebook.com/drjoevitale
Espresso for the Soul music: http://guitarmonks.com/memp3/
"Got a Problem?" (canção Ho'oponopono): www.getupandstrut.com
Ho'oponopono: www.hooponopono.org/
Ho'oponopono produtos de banho: http://intentionallyclean.org.com/
Ho'oponopono pinturas curativas: www.healingpaintings.com/
Ho'oponopono joias e outras ferramentas de limpeza: www.intentionaltreasures.com
Ho'oponopono Meditação: http://hoooponoponomeditation.com
"I Love You" áudio: www.milagroresearchinstitute.com/iloveyou.htm
Mabel Katz: www.mabelkatz.com/

Miracles Coaching: www.MiraclesCoaching.com
Prece de Morrnah: www.MorrnahsPrayer.com
Ensinamentos de Morrnah em DVD: www.Hunaohanastore.com
The Secret Mirror: www.VitaleSecrets.com
Autoidentidade: www.self-i-identity-through-hooponopono.com
Tranformational Leadership Council speech: https://www.youtube.com/watch?v=ZTViougNWKo
The Zero Point: www.nightingale.com
Limite zero áudios: www.zerolimits.info
Limite zero livro: www.zerolimits.info
Limite zero meditação: www.Divinewhiteboard.com
Limite zero: Segundo Evento em DVD: www.zerolimitsmaui.com
Limite zero: Terceiro Evento em DVD: www.zerolimits3.com/
Zero-wise tools: http://zero-wise.com/

Bibliografia

Aaron, David. *The Secret Life of God: Discovering the Divine within You.* Boston: Shambhala Publications, 2004.
Achor, Shawn. *The Happiness Advantage.* Nova York: Crown, 2010.
Anthony, Mark. "Evidence of Eternity." Unpublished manuscript, 2013.
Aslan, Reza. *Zealot: The Life and Times of Jesus of Nazareth.* Nova York: Random House, 2013.
Audlin, Mindy. *What If It All Goes Right? Creating a New World of Peace, Prosperity & Possibility.* Garden City, NY: Morgan James, 2010.
Bainbridge, John. *Huna Magic.* Los Angeles: Barnhart Press, 1988.
———. *Huna Magic Plus.* Los Angeles: Barnhart Press, 1989.
Balsekar. *Consciousness Speaks.* Redondo Beach, CA: Advaita Press, 1993.
Barton, Bruce. *What Can a Man Believe?* Indianapolis: Bobbs-Merrill, 1927.
Beckley, Timothy Green. *Kahuna Power: Authentic Chants, Prayers and Legends of the Mystical Hawaiians.* New Brunswick, NJ: Global Communications, 2007.
Beckwith, Martha Warren. *Hawaiian Mythology.* Honolulu: University of Hawaii Press, 1977.
Berney, Charlotte. *Fundamentals of Hawaiian Mysticism.* Santa Cruz, CA: Crossing, 2000.
Besant, Annie. *Thought Forms.* Nova York: Quest Books, 1969.
Birnsteil, Sheela. *Don't Kill Him: The Story of My Life with Bhagwan Rajneesh.* Nova Délhi: Fingerprint, 2013.
Blackmore, Susan. *Consciousness: An Introduction.* Nova York: Oxford University Press, 2004.
Brennert, Alan. *Moloka'i.* Nova York: St. Martin's Griffin segunda edição, 2004.
Bristol, Calude. *The Magic of Believing.* Nova York: Pocket Books, 1991.

Canfield, Jack, Mark Victor Hansen, Sharon Linnea e Robin Rohr. *Chicken Soup from the Soul of Hawaii: Stories of Aloha to Create Paradise Wherever You Are*. Deerfield Beach, FL: Health Communications, 2003.

Carlson, Ken. *Star Mana*. Kilauea, Hl: Starmen Press, 1997.

Claxton, Guy. *HareBrain, Tortoise Mind: How Intelligence Increases When You Think Less*. Nova York: HarperCollins, 1997

―――. *The Wayward Mina: An Intimate History of the Unconscious*. Londres: Abacus, 2005.

Cunningham, Scott. *Cunningham's Guide to Hawaiian Magic & Spirituality*. Woodbury, MN: LleweUyn, 2009.

Daniel. "Arthroscopic Surgery – Just a Placebo Effect?" *Placebo Effect (blog)*, February 16, 2013. www.placeboeffect.com/arthroscopic-surgery-just-a-placebo-effect/.

DeNoyelles, Alaya. *The Sovereignty of Lave: Corning Home with Ho'oponopono*. n.p.: Sovereignty, 2012.

Devageet, Swami. *Osho the First Buddha in the Dental Chair: Amusing Anecdotes by His Personal Dentist*. Santa Fe, NM: Sammasati, 2013.

Dixon, Mathew. "*Attracting for Others*." Última revisão 2013. www.attractingforothers.com/.

Dossey, Larry. *Healing Words: The Power of Prayer and the Practice of Medicine*. Nova York HarperCollins, 1993.

Dupree, Ulrich. *Ho'oponopono: The Hawaiian Forgiveness Ritual*. Findhorn, Escócia: Findhorn Press, 2012.

Elbert, Samuel H. *Spoken Hawaiian*. Honolulu: University of Hawaii Press, 1970.

Ewing, Jim Pathfinder. *Clearing: A Guide to Liberating Energies Trapped in Buildings and Lands*. Findhorn, Escócia: Findhorn Press, 2006.

Ford, Debbie. *The Dark Side of the Light Chasers*. Nova York: Riverhead Books, 1998.

Foundation of I. *Self I-Dentity through Ho'oponopono*. Honolulu: Foundation of I, Inc., 1992.

Frank, Jay. *Hack Your Hit*. Nashville, TN: Futurehit.DNA, 2012.

Freke, Timothy. *Shamanic Wisdomkeepers: Shamanism in the Modem World*. Nova York: Sterling, 1999.

Glanz, Karen, Barbara K. Rimer e Frances Marcus Lewis. *Health Behavior and Health Education: Theory, Research, and Practice*. 3rd ed. San Francisco: Jossey-Bass, 2002.

Gutmanis, June. *Kahuna La'au Lapa'au: Hawaiian Herbal Medicine.* Waipahu, HI: Island Heritage Publishing, 1976.

———. *Na Pule Kahiko: Ancient Hawaiian Prayers.* Honolulu: Editions Limited, 1983.

Haisch, Bernard. *The God Theory.* San Francisco: Weiser Books, 2006.

Hartong, Leo. *Awakening to the Dream: The Gift of Lucid Living.* Salisbury, UK: Non-Duality Press, 2001.

Hawkins, David. *Letting Go: The Pathway of Surrender.* West Sedona, AZ: Veritas, 2012.

Herbert, Wray. *On Second Thought: Outsmarting Your Mind's Hardwired Habits.* Nova York: Broadway, 2010.

Horn, Mary Phyllis. *Soul Integration: A Shamanic Path to Freedom and Wholeness.* Pittsboro, NC: Living Light Publishers, 2000.

Husfelt, J. C., D.D. *The Return of the Feathered Serpent Shining Light of "First Knowledge": Survival and Renewal at the End of an Age, 2006-2012.* Bloomington, IN: House, 2006.

Irvine, William. *On Desire: Why We Want What We Want.* Nova York: Oxford University Press, 2006.

Ito, Karen Lee. *Lady Friends: Hawaiian Ways and the Ties That Define.* Ithaca, NY: Cornell University Press, 1999.

James, Matthew B. *The Foundation of Huna: Ancient Wisdom for Modem Times.* Kailua-Kona, HI: Kona University Press, 2010.

Jeffrey, Scott. *Doctor of Truth: The Life of David R. Hawkins.* Kingston, Nova York: Creative Crayon, 2012.

———. *Power vs. Truth: Peering Behind the Teachings of David R. Hawkins.* Kingston, Nova York: Creative Crayon, 2013.

Kaehr, Shelley e Raymond Moody. *Origins of Huna: Secret behind the Secret Science.* Dallas, TX: Out of This World Publishing, 2006.

Kaptchuk, Ted J., Elizabeth Friedlander, John M. Kelley, M. Norma Sanchez, Efi Kokkotou, Joyce P. Singer, Magna Kowalczykowski, Franklin G. Miller, Irving Kirsch e Anthony J. Lembo. "Placebos without Deception: A Randomized Controlled Trial in Irritable Bowel Syndrome." *PLoS ONE* 5, no. 12: (2010). doi: 10.1371/journal.pone.0015591.

Katie, Byron. *All War Belongs on Paper.* Manhattan Beach, CA: Byron Katie, 2000.

―――――. *Loving What Is*. Nova York: Harmony Books, 2002.

Katz, Mabel. *The Easiest Way*. Woodland Hills, CA: Your Business Press, 2004.

King, Serge Kahili. *Instant Healing: Mastering the Way of the Hawaiian Shaman Using Words, Images, Touch, and Energy*, n.p.: Renaissance Books, 2000.

Kupihea, Moke. *The Cry of the Huna: The Ancestral Voices of Hawaii*. Rochester, VT: Inner Traditions, 2001.

―――――. *The Seven Dawns of the Aumakua: The Ancestral Spirit Tradition of Hawaii*. Rochester, VT: Inner Traditions, 2001.

Lee, Palijae. *Ho'opono*. Lake Leelanau, MI: IM Publishing, 2007.

Lewis, Allan P. *Living in Harmony through Kahuna Wisdom*. Las Vegas: Homana Publications, 1984.

Libet, Benjamin. *Mind Time: The Temporal Factor in Consciousness*. Cambridge, MA: Harvard University Press, 2004.

Libet, Benjamin, Anthony Freeman e Keith Sutherland. *The Volitional Brain: Towards a Neuroscience of Free Will*. Exeter, UK: Imprint Academic, 2004.

Long, Max Freedom. *Growing into Light*. Vista, CA: Huna Research, 1955.

―――――. *The Secret Science behind Miracles: Unveiling the Huna Tradition of the Ancient Polynesians*. Camarillo, CA: DeVorss, 1948.

Macdonald, Arlyn. *Essential Huna: Discovering and Integrating Your Three Selves*. Montrose, CO: Infinity Publishing, 2003.

―――――. *Nurturing Our Inner Selves: A Huna Approach to Wellness*. Montrose, CO: Infinity Publishing, 2000.

McBride, Likeke R. *The Kahuna: Versatile Masters of Old Hawaii*. Hilo, HI: Petroglyph, 1972.

McCall, Elizabeth. *The Too of Horses: Exploring How Horses Guide Us on Our Spiritual Path*. Avon, MA: Adams, 2004.

McLaughlin, Corinne e Gordon Davidson. *The Practical Visionary*. Unity Village, MO: Unity, 2010.

Morrell, Rima. *The Sacred Power of Huna*. Rochester, VT: Inner Traditions, 2005.

Napoletano, Erika. *The Power of Unpopular: A Guide to Building Your Brand for the Audience Who Will Love You (and Why No One Else Matters)*. Hoboken, NJ: John Wiley & Sons, 2012.

Neville, Goddard. *At Your Command.* Segunda edição. Garden City, NY: Morgan James Publishing, 2005.

———. *The Law and the Promise.* Camarillo, CA: DeVorss, 1984.

Noe, Alva. *Is the Visual World a Grand Illusion?* Charlottesville, VA: Imprint Academic, 2002.

Noland, Brother. *The Lessons of Aloha: Stories of the Human Spirit.* Honolulu: Watermark Publishing, 2005.

Norretranders, Tor. *The User Illusion: Cutting Consciousness Down to Size.* Nova York: Penguin, 1998.

Patterson, Rosemary I. *Kuhina Nui.* n.p.: Pine Island Press, 1998.

Phillips, Bill. *Transformation.* San Diego: Hay House, 2010.

Pila of Hawaii. *The Secrets and Mysteries of Hawaii: A Call to the Soul.* Deerfield Beach, FL: HCI Books, 1995.

Provenzano, Renata. *A Little Book of Aloha: Spirit of Healing.* Honolulu: Mutual Publishing, 2003.

Pukui, Mary Kawena, E. W. Haertig e Catherine Lee. *Nana I Ke Kumu (Look to the Source).* Vol. 1. Honolulu: Hui Hanai, 1972.

———. *Nana I Ke Kumu (Look to the Source).* Vol. 2. Honolulu: Hui Hanai, 1972.

Quimby, Phineas Parkhurst. *Quimby: His Complete Writings and Beyond.* Sanford, MI: Phineas Parkhurst Quimby Resource Center, 2012.

Ray, Robert. *Return to Zeropoint II: Ho'oponopono for a Better Reality.* Bloomington, IN: Balboa Press, 2012.

Ray, Sondra. *Pele's Wish: Secrets of the Hawaiian Masters and Eternal Life.* San Francisco: Inner Ocean Publishing, 2005.

Riklan, David. *101 Great Ways to Improve Your Life.* Marlboro, NJ: Self-Improvement Online, 2006.

Rodman, Julius Scammon. *The Kahuna Sorcerers of Hawaii.* Hicksville, NY: Exposition Press, 1979.

Rosenblatt, Paul C. *Metaphors of Family Systems Theory.* Nova York: Guilford Press, 1994.

Rule, Curby Hoikeamaka. *Creating Anahola: Huna Perspectives on a Sacred Landscape.* Coral Springs, FL: Llumina Press, 2005.

Saunders, Cat. *Dr. Cat's Helping Handbook: A Compassionate Guide for Being Human.* Seattle, WA: Heartwings Foundation, 2000.

Schwartz, Jeffrey. *The Mind and the Brain: Neuroplasticity and the Power of Mental Force.* Nova York: ReganBooks, 2002.

Schwartz, Jeffrey e Rebecca L. Gladding. *You Are Not Your Brain: The 4-Step Solution for Changing Bad Habits, Ending Unhealthy Thinking, and Taking Control of Your Life.* Nova York: Avery, 2012.
Schwarzenegger, Arnold. *Total Recall.* Nova York: Simon & Schuster, 2012.
Seife, Charles. *Zero: The Biography of a Dangerous Idea.* Nova York: Penguin, 2000.
Shook, Victoria. *Current Use of a Hawaiian Problem Solving Practice–Ho'oponopono.* Honolulu: Sub-Regional Child Welfare Training Center, School of Social Work, University of Hawaii, 1981.
———. *Ho'oponopono: Contemporary Uses of a Hawaiian Problem-Solving Process.* Honolulu: University of Hawaii Press, 1986.
Shumsky, Susan. *Instant Healing.* Pompton Plains, NJ: Career Press, 2013.
Simeona, Morrnah. *Ho'oponopono: Complete Teachings of Morrnah Simeona.* DVD series. n.p.: Huna Research, 2007.
Simeona, Morrnah N., et al. *I Am a Winner.* Los Angeles: David Rejl, 1984.
Steiger, Brad. *Kahuna Magic.* Atglen, PA: Whitford Press, 1971.
Tabatabai, Mateo. *The Mind-Made Prison.* Seattle, WA: CreateSpace, 2012.
Vitale, Joe. *The Abundance Paradigm.* Chicago: Nightingale-Conant, 2011.
———. *Adventures Within.* Bloomington, IN: AuthorHouse, 2003.
———. *Attract Money Now.* 2010. www.AttractMoneyNow.com.
———. *The Attractor Factor: Five Easy Steps for Creating Wealth (or Anything Else) from the Inside Out.* Hoboken, NJ: John Wiley & Sons, 2005.
———. *Faith.* Toronto: Burman Books, 2013.
———. *Instant Manifestation.* Wimberley, TX: Portable Empire Publishing, 2011.
———. *The Key.* Hoboken, NJ: John Wiley & Sons, 2009.
———. *Life's Missing Instruction Manual: The Guidebook You Should Have Been Given at Birth.* Hoboken, NJ: John Wiley & Sons, 2006.
———. *The Miracles Manual.* Vol. 1, The Secret Coaching Sessions. 2013. www.MiraclesManual.com.
———. *The Missing Secret: How to Use the Law of Attraction to Easily Attract What You Want... Every Time.* Lido pelo autor. Chicago: Nightingale-Conant, 2007. Audiobook, compact disc.
———. *The Secret to Attracting Money.* Lido pelo autor. Chicago: Nightingale-Conant, 2009. Audiobook, compact disc.
———. *The Seven Lost Secrets of Success.* Hampton, VA: Morgan James Publishing, 2005.

———. *There's a Customer Born Every Minute: P.T. Barnum's 10 "Rings of Power" for Creating Fame, Fortune, and a Business Empire Today–Guaranteed!* Hoboken, NJ: John Wiley & Sons, 2006.

Vitale, Joe e Daniel Barrett. *The Remembering Process*. San Diego: Hay House, 2014.

Vitale, Joe e Hew Len, Ihaleakala. *Zero Limits*. Hoboken, NJ: John Wiley & Sons, 2007.

Wagner, David. *The Illusion of Conscious Will*. Cambridge, MA: MIT Press, 2002.

Westerhoff, Jan. *Twelve Examples of Illusions*. Nova York: Oxford University Press, 2010.

Wilkerson, Clark. *Hawaiian Magic*. Las Vegas: Clark & Dei Wilkerson, 1968.

Wilson, Timothy. *Strangers to Ourselves: Discovering the Adaptive Unconscious*. Londres: Belknap Press, 2002.

Impressão e Acabamento:
GRÁFICA E EDITORA CRUZADO